상상과 창조의 글쓰기

이상임 철학박사, 경희대 교양학부 교수

김수이 문학박사, 경희대 교양학부 교수

고인환 문학박사, 경희대 교양학부 교수

김동건 문학박사, 경희대 교양학부 교수

김진해 문학박사, 경희대 교양학부 교수

상상과 창조의 글쓰기

초판1쇄 발행 2010년 3월 8일
초판3쇄 발행 2022년 11월 1일

지은이 이상임·김수이·고인환·김동건·김진해
펴낸이 한균태
책임편집 이해미
편집 남은영, 김성률
디자인 김다혜(표지), 최모네(본문)

펴낸곳 경희대학교 출판문화원
주소 서울시 동대문구 경희대로 26
전화 02-961-0106~8
팩스 02-961-0291
설립 1960년 9월 16일 제5-8호
등록 1977년 11월 8일 제6-5호
홈페이지 www.khupress.com
전자우편 press@khu.ac.kr

ISBN 978-89-8222-376-1 (13810)

상상과 창조의 글쓰기

이상임 김수이 고인환 김동건 김진해

경희대학교 출판문화원

머리말

뭐든지 구분하고 분할해야 밥값을 했다고 생각하는 근대인들은 글쓰기도 두 가지로 나눈다. 논리적(학술적) 글쓰기와 정서적 글쓰기의 분할이 그것이다. 논리적 글쓰기는 전문가들이 자신의 연구 결과나 문제의식을 엄격한 형식에 맞추어 객관적이고 타당한 근거와 논리로 진술하는 글이다. 이에 비해 정서적 글쓰기는 개인적이고 주관적이며 사적 담화의 수준에 머무는 글이다. 그래서 학문적 담론 공간인 '대학'에서는 논리적 글쓰기가 중심이 되어야 하며, 정서적 글쓰기는 교육의 대상이 될 수 없다고 말한다.

여기에는 논리적 글쓰기를 절대적 객관성의 담지자, 다시 말해 저자와 무관한 객관적 진리가 존재하고 저자는 그것을 드러내는 매개체일 뿐이라는 가정이 깔려 있다. 진리는 자체의 내적 논리와 체계로 완결된다. 그래서 저자가 왜 그 주제를 잡았는지, 그 주제와 관련하여 어떤 문제의식과 질문을 구성하였는지, 그것이 저자나 세계와 어떤 맥락에서 닿아 있는지는 중요하지 않다. 내적 논리만 갖춘다면 그것은 진리의 자격을 획득하고 수용 가능한 대상이 된다.

그렇지만 우리 세계는 늘 흠결이 있으며 인간의 개입과 이해관계의 복잡한 뒤엉킴 속에 놓여 있다. 우리가 이해하는 세계는 인간에 의해 재해석된 세계이며 그렇기 때문에 세계는 늘 오염되어 있다. 그래서 글쓴이가 어떤 사회적 맥락에 놓여 있고 어떤 질문을 구성하느냐가 글쓰기에서 중요하다. 그래서 모든 글쓰기는 논리적(객관적)이면서 동시에 정서적(주관적)이다.

또한 학술 논문이나 리포트 작성에만 독자적인 글쓰기 방법이 있는 것이 아니다. 이와 다른 서평 쓰기, 예술 비평문 쓰기, 답사 보고서 쓰기, 자기소개서 쓰기 등 대학 생활에서 하게 되는 여러 종류의 글쓰기가 별도의 방법이 있는 것이 아니다. 모든 글쓰기는 흥미로운 주제 선정과 번뜩이는 문제의식, 그리고 그것을 풀어나가는 힘이 필요하다. 다른 무수한 가능성을 버리고 어떤 논리를, 어떤 흐름을, 어떤 글감을, 어떤 단어를 선택하는 것이다. 그것은 가능성의 숲에서 딱 한 송이의 꽃을 따는 행위이며 그 행위 자체로 자기의 고유한 우주 하나를 만드는 일이다. 그것은 일기와 같은 매우 사적인 글에서 학술 논문이라는 공적인 글에 이르기까지 모든 글쓰기를 관통하는 글쓰기의 본질이다.

그렇기 때문에 '상상하고 창조하는' 행위는 논리적 글쓰기와 모순되지 않는다. 도리어 논리적 글쓰기의 핵심이다. 상상과 창조의 정신은 인문주의의 요체로서 모든 종류의 진부함과 고정관념에 저항하는 마음이다. 통념화되어 부주의하게 쓰이는 언어에 대한 반대이다. 당연한 것을 당연하지 않은 것으로, 절대적 확신에 상대성의 균열을 확보하려는 몸부림이다. 요지부동의 분할과 배제의 논리를 휘저어놓고 재구성한다. 상상하고 창조하는 사유는 그래서 인문주의의 중심인 '비판정신'의 엔진이다.

대학생의 글쓰기 수준은 그야말로 절망적이다. 그 절망의 근원은 대학생에게 있지 않다. 그들은 하나의 정답을 가장 빠른 시간 안에 찾을 수 있는 수렴적(convergent) 사유 능력만을 유일신으로 받드는 교육체계의 희생자이다. 창의성과 다양성은 구호로만 앙상하게 나부낀다. 중고등학교를 다니며 창의적이고 다양한 사유를 추구하는 학생은 별종이거나 현실 부적응아일 뿐이다. 글쓰기는 고사하고 책읽기도 제대로 이루어지지 않았다. 책읽기는 오직 수능 시험이나 논술 시험 대비를 위한 방책이다. 그래서 스스로의 힘으로 책을 해석하고 음미함으로써 자신의 삶과 앎의 영역이 확장되는, 천지개벽의 경험을 하지 못한다. 책읽기를 하더라도 정답 찾기 능력 배양에 이용되거나 독서이력철이라는 대학입학 수단에 종속되어 버렸다. 그 속에 자유로서의 책읽기, 즐거움으로서의 책읽기, 몰입과 번민으로서의 책읽기는 끼어들 틈이 없다. 그래서 책읽기가 글쓰기로 자연스럽게 이어지지 못한다.

정답 선택 기계들이 대학에 왔다. 그런 학생들이 천둥번개를 맞지 않은 한 하루아침에 창조적이고 타인의 다른 목소리를 경청할 수 있는 발산적 사유(divergent thinking)가 가능하리라 기대하는 것은 욕심이다. 그들은 정답의 부재에 두려워하지 않는 용기를 갖기 어렵다. 복수의 답이 가능하다는 걸 받아들이기 쉽지 않다. 나와 다른 생각이 틀렸다고 할 수 없다는 걸 받아들이지 못한다. 세계는 수많은 변주들로 존재한다는 점을, 그리고 한 인간이 인생을 걸고 할 일이란 또 다른 새로운 변주를 만들어내는 것임을 받아들이기 어렵다.

수렴적 교육의 악폐는 사유 자체의 상실이다. 성찰의 여지가 없다. 하늘을 올려다보는 마음을 거부한다. '다만 연결하라'는 개인의 능동적인 의미부여 행위가 무엇인지 도무지 모른다. 그래서 그들이 쓰는 글은 구태의연함과 진부함의 덩어리이다. 열 명이 쓴 글이 한 명이 쓴 글과 다르지 않다. 차이를 만들어내지 못한다. 차이를 만드는 사유를 경험하지 못하였기 때문이다. 상상력은 고갈되고 창조력은 비틀거린다.

지난 몇 년 동안 대학에서 글쓰기 교육을 담당하면서 필자들은 이런 절망감에 휩싸였다. 이런 상황에 정직하게 대면하지 못하고, 그럴듯한 당의(糖衣)로 포장하여 흥미 본위의 글쓰기로 회피하지 않았는가 반성해 본다. 글쓰기를 통해 자아를 성찰하고 자신의 내적 고뇌와 질문이 공부와 연결되고, 그러한 실존적 몸부림과 학습이 화해하고 가까워지도록 함께하지 못한 건 아닌가 되짚어본다.

이 책은 이러한 문제의식에서 출발하였다. 경직된 이론적 논의를 최소화하고 글쓰기의 실제 과정에 필요한 사유 과정을 보여주려고 했다. 직접 글쓰기를 실행하면서 글쓰는 '몸'을 만들도록 했다. 다양한 글쓰기를 다루기도 하지만 그 밑에 흐르는 글쓰기의 기본 원리를 놓치지 않으려고 했다.

글쓰기가 자신의 학문 탐구뿐만 아니라 삶을 고양시키고 세계를 확장하는 매우 예리한 무기라는 것을 알게 되길 바란다. 그래서 모든 대학생들이 모두 저자가 되고, 대학의 문을 넘어서 생활인으로 살면서도 여전히 '저자'의 위치를 포기하지 않게 되길 바란다. 그래서 이 책이 옹색하고 헛헛하기 짝이 없는 이 세상을 직시하고, 거기에 맥없이 굴복하지 않는 삶의 주인으로 성장하는 데 보탬이 되길 바란다.

2010년 2월

집필자 일동

차례

차례

1장

글쓰기를 통해 '나'와 세상을 열자

1. '진정한 나'로 성장하기 위한 글쓰기

모든 글은 본질적으로 글을 쓰는 사람 자신의 이야기이다. 우리는 자신의 눈으로 자신의 이야기를 하기 위해 글을 쓰며, 또 써야만 한다. '다른 사람'이 아닌 '나'의 느낌과 생각과 경험을 말하는 것은 글쓰기의 가장 중요한 목적이며 필요성이다. 흔히 좋은 글쓰기의 방식으로 강조되는 창조적 글쓰기, 비판적 글쓰기, 정직한 글쓰기, 살아 있는 글쓰기 등은 모두 "자신의 목소리로 자신의 이야기를 하라"는 메시지를 담고 있다. 사실 글을 쓰다 보면 누구든 자신의 삶과 정체성의 문제에 관해 고민하게 된다. 글을 쓴다는 것은 '나는 누구인가?'라는 삶의 근원적인 문제를 끌어안고 싸우는 일과 같다. 나는 누구인가, 나는 내가 원하는 삶을 살고 있는가, 앞으로 나는 어떻게 살아갈 것인가, 나는 다른 사람들에게 어떤 존재인가, 나에게 일어난 일들의 이유와 의미는 무엇인가 등은 글을 쓰는 사람의 내면에서 자연스럽게 솟아나는 질문들이다. 글을 쓰면서 우리는 이 의문들에 대답하고 또 새로운 질문을 던지게 된다. 이러한 과정을 통해 글쓰기는 '나'의 정체성을 찾는 탐험이 되며, '진정한 나'로 성장하는 의미 있는 여행이 된다.

글쓰기를 통해 이루는 내면의 성장에는 나이의 제약이 없다. 이 성장은 평생에 걸쳐 이루어질 수 있다. 평생 우리는 글을 쓰면서 자신의 정체성을 발견하고 새롭게 설계할 수 있으며, 자신이 원하는 더욱 성숙하고 온전한 자아로 성장할 수 있다. 그런데 '나는 누구인가'라는 문제에 대한 대답은 사람마다 다를 수밖에 없다. 우리는 각자 다른 환경에서 다르게 살아 왔고, 조금씩 혹은 전혀 다른 정체성과 가치관을 갖고 있기 때문이다. 자신이 누구인가에 관해 우리는 결국 스스로 대답해야 하며, 자신만의 언어로 자신만의 글을 써야 한다. 물론 이것은 그리 쉬운 일이 아니다. 다행히 우리는 다른 사람들이 쓴 글들을 참조하면서, '나의 정체성'을 찾고 '나의 이야기'를 쓰는 다양한 방법들을 배울 수 있다. 어린 시절의 행복한 기억을 떠올리고, 자신이 좋아하는 일과 사람들과 시간과 공간에 대해 생각하며, 성장 과정의 상처와 콤플렉스와 정면으로 마주하고, 외롭고 혼란스러웠던 시간들에 관해 돌아보는 것 등이 그것이다.

다음 세 편의 글을 읽고, '나'에 관한 글쓰기를 통해 얻을 수 있는 이점을 세 가지 정도로 정리해 보자.

역

역전의 가게에서 자란 내게 세상의 모든 것은 지나가는 것들이었다. 가게는 서향이었다. 오후가 되면 빛의 각도는 날카로워졌으므로 어머니는 두 손으로 쇠손잡이를 잡고 힘겹게 차양을 드리웠다. 그러면 오랫동안 그늘이 떠나지 않았으므로 가게 안은 평화로웠다. 나는 즐겨 가게 앞에 앉아서 저무는 태양을 바라봤다. 태양이 저무는 모습은 어느 때고 장엄했다. 구름들은 덧없이 흩어졌다. 유년시절에 오랫동안 그 구름들을 바라봤으므로 나는 덧없는 것들만이 영원히 반복된다고 이제쯤 말할 수 있다.

(중략)

공항

공항에서 나는 내가 아닌 다른 존재와 나 자신 사이의 어떤 것이다. 어떤 점에서 그 둘은 같다. 온전하게 나 자신으로 돌아가는 일이 바로 내가 아닌 다른 존재가 되는 길이다. 내가 망명에 성공한다면, 내게 남는 것은 여권에 나와 있는 그 생물학적인 존재, 단독자적인 존재임이 분명하다. 내게는 이름과 성별과 나이와 국적만이 남을 것이다. 그게 바로 내가 꿈꾸는 다른 존재다. 공항에서 비행기표와 여권만 들고 출국심사대를 빠져 나갈 때마다 나는 거의 다른 존재가 된 듯한 착각에 빠진다. 그 착각은 참으로 감미롭다. 그런 점에서 공항은 환각의 극장이며 착각의 궁전이다. 그리하여 공항은 마침내 사람에 대한 절절한 역설이 되는 셈이다. 덧없이 반복적으로 스쳐 가는 것들만이 영원하다.

두말할 나위 없이 삶은 영원하다. 다만 우리를 스쳐갈 뿐이다. 출국심사대에서 이제 드디어 내가 나 자신으로 돌아간다고, 그리하여 내가 아닌 다른 존재가 된다고 생각했다면, 입국심사대를 빠져 나오면서부터는 고향으로 돌아왔다고 느끼게 된다. 입국장의 문이 열리면 거기 수많은 사람들이 귀국하는 자들을 기다리고 있다. 그들은 대부분 친지이거나 친구이거나 동료 들이다. 그들은 그저 거기 서 있는 것만으로 내가 누구인지 일깨워 준다. (중략) 여권에 기재된 바로 그 사람이었을 때는 언제였을까. 물론 타지를 떠돌 때였다. 그럼 집에 있는 이 사람은 도대체 누구란 말인가? 그 질문에 대답할 수 있다면, 그는 영원해질 수 있다. 하지만 그렇지 않다면, 조만간 그는 다시 공항을 찾아가게 될 것이다. 우리는 질문하고, 그리고 그 질문의 해답을 찾아 여행할 수 있을 뿐이다. 공항에서 우화는 반복된다.

(김연수, 「그리고 우리에겐 오직 질문하고 여행할 권리만이」, 『여행할 권리』, 창비, 2008, 279쪽과 289~290쪽)

나는 한국에서는 이국적이고, 미국에서는 동양적이다. 내가 아무리 네이티브 스피커보다 더 유창하게 영어를 해도 내 피부색으로는 미국인이 될 수 없다. 그렇다고 완전한 한국인이 될 수도 없다. 미국으로 건너와서 활동을 시작하는 이때 다시 나의 정체성을 고민해야 하다니! 모든 게 싫었다. 어딜 가도 이방인이라는 핸디캡을 벗어버릴 수 없다는 생각에 괴로웠다.

몇 주 뒤 〈로스트〉가 방영되자마자 미국 주간지에서 인터뷰 요청이 들어왔다. 이메일을 통한 서면 인터뷰였고, 질문들이 보편적이고 평범해서 별 어려움은 없었다. 그때 마침 절친하게 지내던 고등학교 친구 정혜에게서 전화가 왔다.

"잘 있었어? 뭐하니?"

"응, 주간지 서면 인터뷰가 있어서 숙제하고 있어. 이번 문항은…… 내 장점이 뭐냐는대? 정혜 네 생각은 어때? 내 장점이 뭐라고 생각해?"

마침 잘됐다 싶어 나는 정혜에게 솔직한 대답을 부탁했다.

"무엇보다도 너는 한국과 미국을 동시에 움직일 수 있는 힘이 있고……"

순간 바로 정혜의 얘기를 끊고 물었다.

"그게 무슨 얘기야? 내가 뭘 움직인다고?"

"뭐긴 뭐야. 너는 한국 관객을 울리는 동시에 미국 관객을 울리는 유일한 사람이잖아! 그렇게 엄청난 재능이 어딨냐? 그것도 각각 그 나라 언어로."

큰 해일이 머릿속을 덮치는 듯했다. 이런 답이 나오리라고는 상상도 못했다. 친구의 대답이 거대한 파도가 되어 단번에 모든 것을 쓸어버렸다. 내가 그렇게 오랜 시간 불편하게 생각했던 나의 정체성. 그 불만이 한순간에 해소되는 신비로운 경험이었다.

내가 20년 동안 단점이라고 생각해 왔던 문제가 친구의 눈에는 장점으로 보였던 것이다. 생각을 바꾸고 나니 더 큰 장점들을 놓쳐버린 시간들이 아까웠다. 조금만 더 긍정적으로 받아들였더라면 좀 더 편안하게 지낼 수 있었던 것은 물론, 스스로의 장점을 더 많이 찾아내 마음껏 능력을 발휘할 수 있었을 텐데. 아쉬움이 밀려왔다. 처음으로 내 힘, 내 장점을 내 눈앞에 드러내 보여 준 친구가 너무 고마웠다. 나는 수화기에 대고 "고마워! 고마워, 정혜야!"를 연발했다.

나는 이제 한국과 미국 양쪽에서 모두 활발한 연기활동을 펼칠 수 있는 유일한 사람으로 다시 태어났다. 1.5세, 코리안 아메리칸이라는 말은 한국과 미국을 동시에 아우를 수 있는 새롭고 멋진 표현이 되었다. 게다가 미국 드라마에서 한국말을 하는 배우라니, 얼마나 근사한가!

(김윤진, 『세상이 당신의 드라마다』, 해냄, 2007, 171~172쪽)

나는 살아오는 동안 주기적으로 잠깐씩 숨을 돌리면서 뒤를 돌아보고, 앞을 내다보고, 목표를 재평가하고, 연구결과를 재검토하고, 진행 중인 일들을 재점검해 왔다. 특히 편협한 관점을 넘어서 총체적인 인생관을 가지지 위해 나는 끊임없이 시야를 조정해 왔다. 해직은 이런 재평가를 할 수 있는 귀중한 계기였다. 내가 연루되어 있던 사회적 위기들 역시 같은 역할을 했다.

자신이 태어나 자란 사회로부터 자신의 의지와 상관없이 추방당한 나의 앞날은 어떠할까? 생명보험 제표가 어느 정도 정확하다고 가정한다면, 나는 앞으로 적어도 40년은 그럭저럭 먹고살 수 있을 것이다. 앞으로의 내 삶이 유익한 삶 — 타인들에게 이롭고, 사회에 이롭고, 내가 속한 자연에 이롭고, 내 자신에게 이로운 삶 — 이 되게 하기 위해서는 무엇을 해야 하나?

(중략)

이렇게 따져보니 내가 내릴 수 있는 결론은 딱 하나뿐이었다. 해직으로 인해 나는 새로운 차원의 사회적 임무를 띠게 되었다고도 할 수 있다. '인생역경대학'에서는 해직이 곧 승진인 경우가 심심치 않게 있다.

(스콧 니어링, 김라합 옮김, 『스콧 니어링 자서전』, 실천문학사, 2000, 261~262쪽)

1. '나'에 관한 글쓰기를 통해 얻을 수 있는 이점

2. '나는 누구인가'라는 주제에 관해 다음의 순서에 따라 써 보자.

1) 다음의 시와 소설의 한 구절을 자신의 상황에 맞게 다시 써 보자.

■ 스물세 해 동안 나를 키운 건 팔할이 바람이다.(서정주, 「자화상」)

→ (   ) 해 동안 나를 키운 건 팔할이 (   )이다.

■ 오래 전부터, 애당초부터 내게 문제가 되어 온 것은 진실이다.(잉게보르크 바하만, 『삼십 세』)

→ 오래 전부터, 애당초부터 내게 문제가 되어 온 것은 (   )이다.

2) 지나온 삶의 경험 중 '나'에게 가장 큰 영향을 끼친 일(혹은 사람, 시간, 공간 등)에 관해 써 보자.

■ 글의 완성도보다는 내용을 구체적으로 쓰는 데 초점을 두자

■ 메모 형태로 써도 좋고, 짧은 글을 완성해도 좋다

■ 선택과 집중의 전략: 많은 경험들 중 '나'를 드러낼 수 있는 중요한 경험을 고르자

3) 짧은 자서전을 쓴다는 심정으로 '나'에 관한 짧은 수필을 써 보자(200자 원고지 8매 내외).

■ 글감과 제목은 자유롭게 정하자

■ 1과 2의 초벌 글을 바탕으로 쓰자

2. 타인과 세상을 향한 글쓰기

1) 글쓰기는 대화와 사랑의 행위이다

글쓰기는 혼자 하는 일이다. 그러나 글쓰기는 독백의 행위가 아닌 대화의 행위이다. 우리는 글을 쓸 때 누군가가 읽게 될 것을 상정하고 상상하며 쓴다. 글을 쓰는 동안 우리는 특정한 사람이나 상상 속의 사람과 대화를 하는 중에 있는 것이다. 다른 사람이 내 글을 읽게 될까봐 두렵기도 하지만, 더불어 다른 사람이 내 글을 읽어 주기를 바라는 것은 글 쓰는 사람이 갖고 있는 이중적인 심리이다. 글을 쓰는 사람은 누군가를

향해 이야기하고 있는 사람이다. 그 누군가는 다른 사람일 수도 있고, 글을 쓰는 자기 자신일 수도 있다. 자신을 향해 이야기할 때조차도 글을 쓰는 사람의 마음은 타인과 세상을 향해 열려 있다. 아마도 그는 자신을 대신해 자기의 이야기를 들어주고 이해해 줄 사람을 기다리고 있는 것일 터이다. 글을 쓰는 자의 내면에는 타인과 세상을 향한 사랑이 깃들어 있다.

타인과 세상을 향해 마음을 열고 소통하기를 바라는 마음은 글쓰기의 중요한 기원이자 본질이다. 아이러니컬하게도 소통이 어렵거나 불가능한 상황에서 글쓰기의 열망은 더욱 커질 때가 많다. 무인도에 고립되었거나 감옥에 갇힌 사람이 매일 일기를 쓰고, 다른 사람에게 말하기 힘든 끔찍한 일을 겪었거나 역사의 특별한 비밀을 알고 있는 사람이 수기를 남기며, 억울한 일을 당한 사람이 고발의 글로써 호소하는 예를 우리는 종종 본다. 이러한 글쓰기는 타인 및 세상과 소통하는 길을 열어놓고, 글 쓰는 사람의 소외감과 상처를 치유하는 역할을 하기도 한다. 여기서 우리는 타인 및 세상을 향한 글쓰기와 '진정한 나'로 성장하기 위한 글쓰기가 하나로 연결되어 있음을 알 수 있다. 두 유형의 글쓰기는 개념상으로는 구별될 수 있지만, 실제로는 뚜렷이 분리되기 어렵다.

글쓰기만이 타인과 세상을 향한 대화와 사랑의 행위인 것은 아니다. 개인이 하는 모든 창조적인 작품 활동에는 이러한 지향성이 깔려 있다. 영화도 마찬가지이다. 한 예로, 안드레이 타르코프스키 감독의 영화 「희생」은 사랑하는 가족과 인류에 대한 사랑을 말하기 위해 만들어진 작품이다.

기적 없는 기적

타르코프스키의 마지막 영화 「희생」(1986)은 전적으로 '기적 없는 기적'에 바쳐진 영화다. 자신의 아들 안드류샤에게 바친 이 영화의 이야기는 "은퇴한 노배우 알렉산더의 하루 낮 하루 밤"을 다루고 있다. 영화평론가 정성일의 표현을 빌리면 '우리 세기의 마지막 우화'인 「희생」은 한마디로 '자신을 희생할 수 있는 능력을 가진 사람'에 관한 영화다.

그는 3차 대전(세계의 종말)에 맞서서 자신이 사랑하는 가족을 지켜 내고자 간절한 기도를 드리며 신에게 종말 대신에 오늘과 같은 하루가 내일 또 주어진다면 자신의 모든 것을 바치겠다고 약속한다. 그러고는 다음 날, 어제와 같이 밝은 햇살의 아침을 맞이하게 되자 그는 신에게 감사하며 가족 몰래 자신의 집에 불을 지르고는 결국 응급차에 실려 간다.

사실 이 영화는 암 투병 중이었던 타르코프스키가 자신의 영화적 유언으로 만든 것이며, 자신의 아들과 인류의 다음 세대를 위해서 영화 속 알렉산더처럼 모든 걸 희생하겠다는 각오로 찍은 영화다. 이 영화에서 기적은 알렉산더의 간구대로 다음 날 아무 일도 일어나지 않은 것이다. 다른 가족들에겐 일상적인 또 다른 하루가 시작된 것이었지만, 알렉산더는 그 하루에서 신의 은총과 기적을 본다. 그래서 자신의 모든 걸 희생한다. 그는 한마디도 하지 않겠다고 약속함으로써 자신의 '말씀', 즉 로고스 또한 신에게 제물로 바친다.

만약에 당신이 이 '기적' 같은 영화를 보면서 눈물 흘리지 않았다면, 아직 당신의 삶은 기적이 아니라 투어tour에 가까운 것이리라. 바라건대 당신 스스로가 '기적을 행하는 자'임을 믿을 것이며 세상은 너무도 많은 기적으로 충만해 있음을 믿을지어다. 아멘.(모스크바, 2004)

(이현우, 『로쟈의 인문학 서재』, 산책자, 2009, 160~161쪽)

위의 영화평을 참조하면서, '희생'에 대한 자신의 생각을 100자 정도로 써 보자.

타인과 세상을 향한 글쓰기는 우리가 살고 있는 세상의 문제점을 비판하고 해결방안을 찾는 일로 이어지기도 한다. 이때 글쓰기의 주체는 '나' 자신을 넘어 '우리'에 대한 관심과 사랑, 문제의식을 갖고, '우리가 함께 살아갈 더 나은 세상'을 꿈꾸고 희망한다. 더불어 이러한 관심과 문제의식을 다른 사람들과 공유하면서 현실적인 실천방법을 이끌어 내고자 한다.

유난히 더웠던 여름이 지나 쌀쌀해지는 요즘에도 기륭전자, 이랜드, KTX, 코스콤 비정규직 노동자들의 장기투쟁이 하염없이 계속되고 있다. 수백 일, 아니 천여 일을 일터에서 쫓겨나 사연을 호소하는 비정규직 노동자들의 절규가 끊이질 않으나, 사태는 좀처럼 해결의 기미가 보이지 않고 있다. 기륭전자의 노조 위원장이 일터로 돌아가기 위해 온몸 던져 100일 넘는 단식을 결행하고 있지만, 회사의 반응은 그 절박한 몸부림에도 아랑곳없이 냉담하기만 하다. 급기야 얼마 전 기륭전자의 어느 조합원은 정규직 신분으로 출근하고픈 이승의 꿈을 접고 저승길로 떠났다는 가슴 아픈 소식을 전해 주기도 하였다. 차별 없는 일자리, 고용불안 없는 일터를 간절히 바라는 그들의 소망은 우리 사회에서 도저히 받아들여질 수 없는 요구인가? 정규직에 비해 반쪽 월급과 하찮은 복지조건, 언제 닥칠지 모를 계약해지의 소모품 신세, 법도 비켜 가는 인권 사각지대, 대한민국 헌법의 노동권을 행사할 엄두도 못 내는 무기력한 2등 시민, 그리고 모멸과 비하로 가득한 작업장 인간관계 등등, 비정규직 노동자들의 어그러진 일상을 방치하는 우리 사회는 과연 정상적이라 할 수 있을까? 부당한 차별과 배제로 희생되어 온 그들의 온전한 인격을 되찾아 주려는 변화는 왜 이리도 만들어 가기 어려운지 참으로 안타깝고 한탄스럽기 그지없다.

(중략)

비정규직의 남용과 차별로 인해 빚어지는 사회경제적 폐해가 엄중하다는 사실은 귀가 따갑도록 지적되고 있다. 2008년 3월 경제활동인구 부가조사자료를 분석한 바에 따르면, 비정규직의 평균 월급여가 고작 124만 원이고, 저임금계층에 속하는 비정규직이 무려 381만 명에 달하며, 법정 최저임금에 못 미치는 비정규직이 193만 명인 것으로 드러났다. 임금불평등 정도로 따질 것 같으면, 선진국에서 가장 심하다는 미국보다도 월등히 높아 사회적 위화감이 날로 심각해지고 있으며, 요즘처럼 물가가 치솟는 가계수지 적자에 시달리는 가구가 30%에 이르러 가족해체의 위기에 직면하고 있는 것이다. 비정규직을 중심으로 저임금 하위계층의 가계 형편이 이렇듯 곤궁해지니 쓸 돈이 없어 민간소비의 내수기반이 위축되고 우리 경제의 지속성장에도 치명적인 걸림돌이 된다는 점이 누누이 지적되고 있다.

(이병훈, 「비정규직에게 희망의 출구는 없는가」, 최태욱·염종선 엮음,
『A4 두 장으로 한국사회 읽기 2008~2009』, 173~175쪽)

위의 글을 참조하면서, 현재 우리 사회에서 나타나고 있는 비정규직 문제의 원인, 문제점, 해결방안에 대해 각각 한두 문장으로 써 보자.

〈원인〉

〈문제점〉

〈해결방안〉

2) 미래의 세상은 더 많은, 더 다양한 글쓰기를 원한다

현대사회에서 타인 및 세상과 대화하는 글쓰기의 역할은 갈수록 더 중요해지고 있다. 우선, 현대인의 일상생활은 많은 부분 글쓰기를 통해 이루어진다. 여기에 결정적인 공헌을 한 것은 현대사회의 핵심적인 소통 매체인 인터넷과 휴대전화이다. 인터넷은 글쓰기로 소통하는 공간이며, 휴대전화의 문자는 말로 하는 직접 대화의 실시간적 제약과 긴장감을 보완하는 매력적인 소통수단이다. 직업과 소질, 취미에 관계없이 현대인은 단 하루도 글을 쓰지 않고는 살아가기 어려운 조건에 있다.

다음으로, 현대사회가 막대한 정보와 지식을 글로 축적함에 따라 글쓰기는 개인이 반드시 갖추어야 할 사회 능력이 되었다. 최근 인류의 총지식이 두 배가 되는 데 걸리는 시간이 불과 몇 년으로 단축되었다고 한다. 이 주기는 점점 더 짧아질 것이고, 그 속도 또한 빨라지게 될 것이다. 정보화 사회와 지식 사회에서 살아 남고 자신을 실현하기 위해서는 글쓰기 능력을 갖추는 것은 이제 선택이 아닌 필수 조건이 되었다.

글쓰기는 미래의 세상에서 삶의 더 큰 부분이 될 것이며, 실용적인 목적과 쓰임새를 더 많이 갖게 될 것이다. 이 말은 글쓰기가 더 이상 특정 계층과 직업인의 전유물이 아니며, 현대인이라면 피할 수 없는 삶의 요소가 되었음을 의미한다.

인터넷과 함께 새로 등장한 개념인 '집단지성'은 오늘날 글쓰기가 개인의 독자적 행위를 넘어 집단의 공동 활동이 되었음을 보여준다. '집단지성'을 설명한 다음의 글을 세 문장 정도로 요약하고, 현대사회에서 글쓰기가 활용되는 또 다른 예들에 대해 생각해 보자.

집단지성Collective Intelligence

집단지성은 다수의 인터넷 사용자들이 참여해 만들어 낸 지식과 정보의 집합체를 말한다. 웹 2.0이 표방하는 '공유, 참여, 개방'의 철학을 잘 반영하고 있다. 구글, 아마존, 위키피디아, 이베이가 집단지성이 만들어낸 대표적인 웹사이트다. 예를 들어, 아마존(amazon.com)은 단순히 책에 대한 정보를 제공하는 차원을 넘어 사용자들이 사이트에 책 리뷰를 올릴 수 있게 함으로써 집단지성의 지혜가 웹사이트에 담기도록 한다. 그리고 위키피디아(wikipedia.org)는 누구나 웹사이트에 들어와 개념을 설명하고 코멘트를 달 수 있도록 하고 이 정보를 무료로 제공하고 있다. 그래서 위키피디아는 대영백과사전에 비해 어휘도 훨씬 많으면서 정확도도 전혀 떨어지지 않는 수준을 자랑하고 있다.

이러한 집단지성을 마케팅의 한 방법으로 활용하는 기업들이 늘고 있다. 가장 접근하기 쉬운 분야가 바로 패션과 뷰티 분야이다. 지금까지는 일방적으로 소비자에게 제품을 소개하고 정보를 전달하는 방식이었다면, 집단지성 마케팅을 활용해 소비자들이 직접 제품에 대한 콘텐츠를 생산하고 이를 여러 사람들과 공유해 실제 제품으로도 만들 수 있게 창구를 열어 놓은 것이다. 또 소비자들이 직접 작성하는 후기나 제품의 활용방법을 통해 다른 소비자들에게 신뢰를 쌓는 방법도 활용하고 있다. 정부차원에서도 국민들의 다양한 의견들을 수렴하여 정책에 반영할 수 있도록 국민 신문고, 서울시 정책제안 창구인 천만 상상 오아시스 같은 사이버 공간을 마련해 두고 있다.

(김민주, 『키워드로 읽는 오늘의 세상 - 2010 트렌드 키워드』, 미래의창, 2009, 184~185쪽)

세 문장으로 요약한 후, 현대사회에서 글쓰기가 활용되는 다른 예들에 관해 써 보자.

3. '글 쓰는 나'가 갖추어야 할 긍정적인 마음과 자세

성장과 소통을 위한 글을 쓰기 위해서, '글 쓰는 나'는 어떤 마음가짐과 자세를 갖추어야 할까? '글 쓰는 나'의 마음가짐과 자세가 긍정적이라면 좋은 글을 쓸 수 있는 기본적인 준비가 된 것이라고 할 수 있다. 반대로, '글 쓰는 나'의 마음가짐과 자세가 부정적이라면 글쓰기의 출발점부터 삐걱거리게 된다. 출발부터 불안한 글쓰기의 과정이 순조롭게 진행될 가능성은 낮다. 그렇게 해서 쓴 글이 좋은 글이 되기를 기대하기도 어렵다.

글쓰기는 깊고 넓은 생각과 풍부한 감정, 세상을 바라보는 주체적인 가치관과 철학, 독창적인 표현력, 정확한 문장 구사 능력 등 다양한 요건을 필요로 하는 총체적인 활동이다. 글쓰기는 마음과 영혼을 파고드는 고차원의 정신행위일 뿐 아니라, 자리에 앉아서 오랜 시간 손으로 써 나가야 하는 힘든 육체노동이기도 하다. 위대한 작품을 쓴 작가들도 글쓰기의 고통과 두려움을 자주 호소하는 것은 이 때문이다. 글을 잘 쓰고 싶다면, 글쓰기가 어려운 일이라는 것을 처음부터 각오하고 시작하는 것이 바람직하다. 글쓰기라는 어려운 일에 도전하는 강한 의지는 '글 쓰는 나'가 갖추어야 할 가장 중요한 자세이다.

글을 잘 쓰게 되면 많은 보상이 기다리고 있으므로, 글쓰기는 도전할 만한 가치가 충분하다. 한 예로, 대학생의 학교생활과 일상은 상당 부분 글쓰기를 통해 이루어진다. 4년 내내 써야 하는 과제들, 주변 사람들과 수시로 주고받는 문자와 메일, 블로그 활동, 동아리 활동, 취업을 위한 준비 서류 등 다양한 공적·사적 영역에서 글쓰기는 대학생에게 꼭 필요한 삶의 부분이자 활동이 되었다. 지금보다 더 나은 글쓰기 능력을 갖춘다면 이 모든 영역에서 자신이 원하는 것을 얻게 될 가능성도 높아지게 된다.

글을 잘 쓰고 싶은 마음과 강한 의지가 있다면, '글 쓰는 나'의 마음가짐과 자세 또한 부정적인 것에서 긍정적인 것으로 바꾸어야 한다. 흔히, 글쓰기 경험이 많지 않고 글쓰기에 자신감이 부족한 사람들은 다음과 같은 하소연을 하곤 한다. 각자 '글 쓰는 나'의 마음속을 들여다 보면서, 이 하소연을 긍정의 마음가짐과 자세로 바꾸어 보자.

■ **"나는 글을 잘 쓰지 못한다. 글쓰기에 재능이 없다."**

→ 많은 시간과 노력을 들여 글쓰기를 꾸준히 해 본 적이 있는가?

⇒ **열심히 계속해서 써 보자. "많이 쓰면 잘 쓸 수 있다."**

정말 그럴까? '나'는 글을 잘 쓰지 못할까? 글을 잘 쓰지 못하는 것이 아니라, 글을 써 본 일이 별로 없는 것은 아닐까? '나'는 내가 얼마나 글을 잘 쓸 수 있는지 아직 잘 모르고 있다. 처음부터 글을 잘 쓰는 사람은 없다. 글쓰기에 천부적인 재능을 타고난 사람이라도 많은 시간과 노력을 들여야만 그 재능을 꽃피울 수 있다. 작가들 중에는 회사원처럼 매일 8시간씩(혹은 그 이상) 글을 쓰는 사람들이 많다. 거꾸로 말하면, 그들이 훌륭한 작가가 된 것은 매일 8시간씩(혹은 그 이상) 줄기차게 글을 썼기 때문이다. 매일 몇 시간씩 글을 쓰는데 글쓰기 실력이 늘어나지 않을 수는 없다. 이 점을 기억하자. "많이 쓰면 잘 쓸 수 있다. 최소한 지금보다는 (훨씬) 더 잘 쓸 수 있다."

■ "글쓰기가 너무 어렵고 힘들다."

→ 무조건 잘 쓰려고만 하는 것은 아닌가?
좋은 글에 대한 선입견이 있는 것은 아닌가?
다른 사람의 눈을 지나치게 의식하고 있는 것은 아닌가?
자신을 격려하기보다는 주눅 들게 하고 있는 것은 아닌가?

⇒ '나'를 칭찬하고 격려하자. "오늘은 이만큼 쓴 걸로 만족하자. 다음에는 더 잘 쓸 수 있다!"

글쓰기가 어려운 일이라는 사실을 인식하는 것은 필요하다. 하지만 글을 쓰기도 전에 글쓰기의 어려움에 먼저 압도당해서는 안 된다. 글쓰기가 어렵게 느껴지는 것은 무조건 잘 쓰려고 하기 때문일 수 있다. 처음부터 교과서나 책에서 읽은 것처럼 쓰려고 한다면, 즉 좋은 글의 기준을 저명한 필자들의 수준 높은 글에 둔다면 글쓰기는 시작하기조차 두려운 난감한 일이 될 수밖에 없다. 자신이 쓴 글을 다른 사람이 읽고 어떻게 생각할까를 지나치게 걱정하는 것도 글쓰기를 어려운 일이 되게 만든다.

우선, 내 마음이 가는 대로 자유롭고 편안하게 쓰겠다는 생각을 갖자. 글을 쓰는 동안에는 다른 사람이 자신의 글을 읽고 어떻게 생각할까 하는 걱정은 접어두기로 하자. 다 쓰고 난 뒤에 얼마든지 고칠 수 있고, 다시 쓸 수도 있다. 글이 더 좋아질 수 있는 가능성과 기회는 많이 있으며, 좋은 글의 기준 역시 다양하다. 기존의 글과는 다른, 새로운 형태의 좋은 글을 쓸 수 있는 가능성은 누구에게나 열려 있다. 그러기 위해서는 '글 쓰는 나' 자신을 끊임없이 칭찬하고 격려해야 한다. 자기 자신과의 힘든 싸움인 글쓰기 작업에서 스스로를 격려하는 것은 반드시, 그리고 지속적으로 필요한 일이다. 펜을 던지고 자리에서 일어나고 싶은 자신을 다시 붙들어 앉히고, 힘들지만 가치 있는 일에 계속해서 도전해야 한다. 지금 좀 부족하더라도 중단하고 좌절하는 대신, 자신에게 이렇게 말해야 한다. "오늘은 이만큼 쓴 걸로 만족하자. 다음에는 더 잘 쓸 수 있다!"

■ **"쓸 말이 생각나지 않는다. 무슨 말을 써야 할지 모르겠다."**

→ 혹시 생각하지 않거나, 생각하지 않으려 하는 것은 아닌가?
  나무 밑에 앉아서 사과가 떨어질 때만을 기다리고 있는 것은 아닌가?

⇒ 급할 것 없다. 천천히, 충분히 생각하자! 책을 읽거나, 산책을 하는 것도 좋다.

아무 것도 생각나지 않고, 아무 말도 쓸 말이 없다고? 그럴 수 있다. 글을 많이 쓰고 잘 쓰는 사람에게도 그런 순간은 수시로 예고 없이 찾아온다. 그런데 늘 쓸 말이 없다고 말하는 사람이 있다. 혹시 충분히 생각하지 않았거나, 생각하는 일이 귀찮고 두려워 피하고 있는 것은 아닌가? 생각하는 일에서 도망치지 말고, 충분한 시간을 갖고 천천히 생각해 보자. 윌리엄 진서는 글을 쓰는 일이란 생각을 쓰는 일이라고 말한 바 있다. 생각나지 않는 것도 생각의 일종이므로, 심지어 아무것도 생각나지 않는 상황 자체에 대해서도 얼마든지 글을 쓸 수 있다. 생각나지 않을 때는 책을 읽거나 음악을 듣거나 산책을 하는 것도 좋다. 그러다 보면 어느 순간 괜찮은 아이디어가 떠오르게 된다. 시간과 노력을 들여 생각한 만큼, 생각을 짜내고 다듬어 열심히 쓴 만큼 좋은 글이 나올 가능성은 높아진다.

■ **"글쓰기가 내 마음대로 되지 않는다. 막상 쓰면 생각과는 다른 글이 된다."**

→ 자신이 하고 싶은 말을 정확히 모르고 있는 것은 아닌가?

→ 내 생각을 정확하게 표현하기 위해 충분히 고치고 다듬었는가?

⇒ "쓰다 보면 어떻게 되겠지" 하는 마음으로 막연히 시작하지 말고, 하고 싶은 말을 한두 문장으로 명확히 정리한 후에 쓰자.

글쓰기가 마음대로, 생각대로 되지 않는 것은 '나'의 글쓰기 능력이 형편없기 때문일까? 결론을 내리기 전에 먼저 그 마음과 생각을 되짚어보아야 한다. 글을 잘 쓰겠다는 막연한 마음만 있고, 무엇을 쓸 것인지에 대한 생각이 부족한 것은 아닌가? 이것은 '글 쓰는 나'의 능력이 아닌, 생각과 자세의 문제가 된다. 생각이 분명하지 않은데 글을 분명하고 깔끔하게 쓸 수는 없다. 자신이 말하고 싶은 것을 정확히 모르는 상태에서 마음만으로 멋진 글을 쓸 수는 없는 일이다.

글쓰기는 고도의 집중력을 요구하는 행위이다. 글을 잘 쓰려면 하고 싶은 말이 분명해야 하고, 그 말을 끝까지 밀고 나가는 통제력이 있어야 한다. 그러기 위해서는 생각이 도중에 흐트러지거나 엉뚱한 방향으로 흘러가서는 안 된다. 글쓰기에 필요한 집중력은 언어를 잘 다루는 능력을 포함한다. 언어는 모호하고, 조사와 어미 하나에도 의미가 달라지는 예민한 속성을 갖고 있다. 백 퍼센트 내 마음대로 조종할 수 없는 언어라는 변수에 휘둘리지 않기 위해서는 글을 쓰기 전에 말하고자 하는 바를 명확하게 한두 문장으로 정리해야 한다. 글을 쓰고 난 후에도 더 정확하고 나은 표현을 찾아 여러 번 고치고 다듬어야 한다. 이 과정을 계속 반복하다 보면 내 마음대로, 생각대로 글을 쓸 수 있는 능력도 향상되게 된다.

■ **"글 쓰는 일이 싫다, 재미없다."**

→ 글쓰기의 즐거움을 알게 되기도 전에 글쓰기와 멀어진 것은 아닌가?
마음에서 우러난 것이 아닌 억지로 꾸민 글쓰기를 한 것은 아닌가?

⇒ 내가 좋아하는 것, 쓰고 싶은 것에 대해 쓰자. 마음이 가는 대로 자연스럽게, 정직하게 쓰자.

글쓰기가 싫고 재미없다면, 정말 쓰고 싶은 것에 관해 글을 써 본 적이 있는지 돌이켜 보자. 기쁜 일이나 상처 받은 일이 있어 밤에 홀로 일기를 쓸 때, 사랑하는 사람을 그리워하며 안타까운 심정으로 편지를 쓸 때, 여행 도중 낯선 거리에서 수첩에 이런저런 생각들을 적을 때, 블로그에 내가 좋아하는 영화나 배우나 음식 등에 관해 쓸 때, 인생의 황혼기에 지나온 삶을 정리하며 유서를 쓸 때 글쓰기가 재미없다고 생각하는 사람은 아무도 없을 것이다. 이 글쓰기의 시간들은 너무도 간절하고 충만한 것이어서, '나'는 글을 쓴다는 사실조차 잊고 거기 몰두할 것이기 때문이다.

초·중·고교 시절에 억지로 한 글쓰기 숙제가, 아니면 정반대로 글쓰기를 제대로 해 본 일이 없는 성장기가 '나'를 글쓰기에서 멀어지게 만들었을 수도 있다. 그렇더라도, 글쓰기의 즐거움과 행복을 알기도 전에 글쓰기를 재미없는 일로 단정짓는 것은 가볍고 성급한 처사이다. 글쓰기는 싫은 마음으로 억지로 할 일도, 그렇게 해서 잘할 수 있는 일도 아니다. 마음이 닫힌 상태에서 억지로 쓴다면, 아무리 많은 글을 써도 모두 허사가 되기 쉽다. 마음을 활짝 열고, 내가 정말 쓰고 싶은 것이 무엇인지 생각한 후 진심을 담아 정직하고 성의 있게 써 보자. 글쓰기의 고통과 행복이 같은 나무의 다른 줄기들이라는 사실을 알게 될 것이다.

다음 두 편의 글을 읽으면서 '글 쓰는 나'의 마음가짐과 자세에 대해 더 생각해 보자.

> 선(禪)에 다음과 같은 말이 있다.
>
> "말할 때는 오로지 말 속으로 들어가라. 걸을 때는 걷는 그 자체가 되어라. 죽을 때는 죽음이 되어라."
>
> 그러므로 글을 쓸 때는 쓰기만 하라. 열등감과 자책감으로 중무장한 채 자신과 피 흘리는 싸움은 하지 말라.
>
> (나탈리 골드버그, 권진욱 옮김, 『뼛속까지 내려가서 써라』, 한문화, 2000, 57쪽)

> 처음 작가가 되기로 마음을 먹었을 때, 나를 가장 괴롭혔던 문제는 내가 지극히 평범한 존재라는 것이었다. 내가 아는 작가란 언덕배기에서 풀 뜯어먹고 있는 소 한 마리만 봐도 그 소의 전생과 후생, 그 모든 생의 업이 떠올라 눈물이 팽 도는, 또는 곡기를 끊은 채 술만으로 이박 삼일을 보낼 수 있는, 뭐 그런 괴이한 존재들이었다. 그들은 일반인들과

는 유전자부터가 다르며 살아온 환경도 결코 범속해서는 아니 되었다.

(중략)

그랬다. 나는 지극히 평범했다. 그게 나의 콤플렉스였다. 그래서 나의 습작기와 등단 무렵은 이 콤플렉스를 인정하고 그것을 극복하는 일에 바쳐졌다. 나는 작가가 되지 못하리라. 된다 해도 그들처럼, 내가 존경해마지 않았던 선배들처럼 쓰지 못하리라는 절망에 빠져 있었던 것이다.

(중략)

모두들 지극히도 평범한 자신을 저주하며 하루하루를 보내고 있었다. 나는 그런 이야기를 쓰기로 했다. 아무것도 특별할 게 없는 그러나 그렇기에 아주 특별한 사람들의 이야기를 역시 별로 특별할 게 없는 내가, 내 방식 그대로 쓰기로 했다. 그러다 보면 길이 있겠지, 그러면서 지금도 쓰고 있다.

(김영하, 『포스트잇』, 현대문학, 2002, 155~157쪽)

2장
글쓰기의 재료는 '나의 삶'이다

1. 내가 살아온 이야기를 쓰자

1) 나의 삶, 글쓰기의 풍부한 재산

글을 쓰는 일은 무에서 유를 만드는 일과도 같다. '글쓰기란 자기 자신과의 싸움'이라는 일반적인 정의 속에는 철저히 혼자 직접 생각하고 써내야 하는 글쓰기의 어려움과 자기 극복의 의미가 담겨 있다. 글을 쓰기 위해 책상 앞에 앉았을 때 우리는 종종 쓸거리도 별로 없고 아는 것도 별로 없다는 열패감에 사로잡히곤 한다. 빈 원고지 한 장이 거대한 우주처럼 크게 느껴진다는 어느 작가의 고백은 이러한 심정에서 모두가 예외일 수 없음을 보여준다. 여기에서 벗어나는 좋은 방법이 한 가지 있다. 그것은 내가 이미 글쓰기의 재산을 충분히 갖고 있다는 사실을 생각하는 것이다. 그 재산은 바로 지금까지 크고 작은 사건과 사연들을 통해 이어져온 '나의 삶'이다. 우리는 주변에서 나이 드신 분들이 "내가 살아온 이야기를 책으로 쓰면 몇 권으로도 모자랄 것이다"라고 말하는 것을 흔히 본다. 누구나 살아온 만큼 할 이야기가 있음을 보여주는 좋은 예이다. 바꾸어 말하면, 누구든 살아온 만큼 쓸 수 있다. 글을 잘 쓰고 못 쓰는 것은 그 다음 문제이다.

글쓰기 재산에서 우리는 모두 부자들이다. 내가 살아온 삶이 바로 나의 글쓰기의 풍부한 재산이기 때문이다. 나의 가족, 나의 친구들, 내가 태어난 곳, 자란 동네와 도시, 초등학교 때의 소풍과 운동회, 선생님께 혼난 일, 실수한 일, 몸이 아파 고생한 일, 혼자만의 비밀, 다른 사람에게 받은 크고 작은 상처들, 첫사랑, 뜻하지 않은 행운, 먹고 자고 배설하는 일상들이 모두 글쓰기의 훌륭한 재료가 된다.

잊히지 않는 어릴 적의 일과 술을 마신 다음 날에 관한 두 편의 글은 글쓰기의 원천이 '나의 삶'이라는 사실을 생생히 보여준다.

마당으로 뛰어내려와 안고 들어갈 텐데 웬일인지 엄마의 얼굴은 보이지 않았다. '또 숨었구나!' 방문을 열어봐도 엄마가 없었다. '옳지 그럼 다락에 있지.' 발판을 갖다 놓고 다락문을 열었으나 엄마는 거기도 없었다. 건넌방까지 가 봐도 없었을 때에는 앞이 아니 보였다. 울음 섞인 목소리는 몇 번이나 엄마를 불렀다. 그러나 마루에서 재각대는 시계 소리밖에는 아무 대답도 들리지 않았다. 나는 두 손으로 턱을 괴고 주춧돌 위에 앉아서 정말 엄마 없는 아이같이 울었다. 그러다가 신발을 벗어서 안고 벽장 속으로 들어갔다.

나는 그날 유치원에서 몰래 빠져 나왔었다. 순이한테 끌려 다니다가 처음으로 혼자 큰 한길을 걷는 것이 어떻게나 기뻤는지 몰랐었다. 금시에 어른이 된 것 같았다. 잡화상 유리창도 들여다보고, 약 파는 사람 연설도 듣고, 아이들 싸움하는 것 구경하고 그러느라고 좀 늦게야 온 듯하다. 자다가 눈을 떠보니 캄캄하였다. 나는 엄마를 부르면서 벽장문을 발길로 찼다.

엄마는 달려들어 나를 끌어안았다. 그때 엄마의 가슴이 왜 그렇게 뛰었는지 엄마의 팔이 왜 그렇게 떨렸는지 나는 몰랐었다.

(피천득, 「엄마」 앞부분)

술을 억수로 마신 다음날 아침에 누는 똥은 불우하다. 똥이 항문을 가득히 밀고 내려가지 못하고, 가락국수처럼 비실비실 새어나온다. 똥이 똥다운 활력을 잃고 기신거리면서 툭툭 끊긴다. 이것은 똥도 아니다. 삶의 비애는 창자 속에 있었다. 이런 똥은 단말마적인 악취를 풍긴다. 똥의 그 풍요한 넉넉함이 없이, 이 덜 썩은 똥냄새는 비수처럼 날카롭게 주인을 찌른다.

간밤의 그 미칠 듯한 슬픔과 미움과 무질서와 악다구니 속에서, 그래도 배가 고파서 집어먹은 두부김치며 낙지국수며 곱창구이가 똥의 원만한 조화에 도달하지 못한 채, 반쯤 삭아서 가늘게 새어나오고 있다. 이런 똥의 냄새는 통합성이 없다. 덜 삭은 온갖 재료들이 저마다 제각기 덜 삭은 비명을 질러댄다. 그래서 이런 똥의 냄새는 계통이 없는 아우성이다. 육신을 통과하면서 육신을 먹여주고 쓰다듬어 주며 나온 똥이 아니라 육신과 싸우고 나온 똥이다. 삶은 영위되지 않고, 삶은 살아지지 않는다. 이 악취는 영위되지 않는 삶의 비애의 냄새인 것이다. 이것은 날똥이다. 날똥을 들여다 보면 눈물이 난다. 이 눈물은 미칠 듯한 비애의 눈물이다. 날똥 새어 나오는 아침의 화장실에서 나는 때때로 처자식 몰래 울었다.

날똥이여, 우리는 어디로 가고 있는가. 세월이여 청춘이여 조국이여, 모든 것은 결국 날똥이 되어 가락국수처럼 비실비실 새어나가는 것인가. 쉰 살 넘어서 누는 날똥은 눈물보다 서럽다.

선암사 화장실은 배설의 낙원이다. 전남 승주 지방을 여행하는 사람들아, 똥이 마려우면 참았다가 좀 멀더라도 선암사 화장실에 가서 누도록 하라. 여기서 똥을 누어 보면 인간과 똥의 관계가 어떠해야 하는지를 알 수가 있다.

(김 훈, 「그리운 것들 쪽으로」, 『자전거 여행 1』, 생각의 나무, 2000, 115~118쪽)

잊을 수 없는 '인상적인 경험'에 대해 써 보자(200자 원고지 6매 내외).

2) 기억해야 쓸 수 있다 - 메모하는 습관을 기르자

인간의 기억력에는 한계가 있다. 자신이 살아온 삶을 모두 기억하는 사람은 없다. 우리는 자신의 삶의 극히 적은 부분만을 기억할 수 있을 뿐이다. 우리의 삶에서 글이 필요한 이유를 여기서도 찾을 수 있다. 글은 인간의 삶과 역사를 낱낱이 기록하고 기억하는 역할을 한다. 오래 전 쓴 일기나 메모를 보노라면, 그동안 잊고 있던 일들이 어제 일처럼 되살아나기 마련이다. 지나온 삶을 섬세하고 정밀하게 기억하고 있다면, 그의 삶은 그만큼 풍부한 것이 된다. 바꾸어 말하면, 인간은 자신이 기억하는 만큼 살아온 것이라고 할 수 있다.

SF영화의 고전으로 잘 알려진 리들리 스콧 감독의 「블레이드 러너Blade Runner」(1982)는 인간과 복제인간을 구별하는 기준을 '기억'의 진위 여부로 설정한다. 인간의 기억은 실제 체험을 통해 자연스럽게 형성된 진짜의 것이지만, 복제인간의 기억은 인위적으로 조작되고 주입된 가짜의 것이다. 이때 기억은 인간의 정체성과 정체성의 내용물을 의미한다. 진짜 기억은 구체성과 세밀함, 기억하는 사람의 주관적인 내면화와 재해석을 특징으로 한다. 가짜 기억을 지닌 복제인간은 구체적인 부분들에 대한 기억과 그에 대한 재해석의 능력이 없거나 극히 부족하다. 그는 자신에게 주입된 내용 이외에는 알지 못한다. 기억이 인간의 존재와 정체성을 보장하는 증거라면, 글은 기억의 지속과 현재화를 돕는 좋은 방편이다.

기억력과 글쓰기 능력은 밀접한 상관관계를 지니고 있다. 글은 많은 부분 글 쓰는 사람의 기억으로 이루어지며, 기억을 잘하면 글을 섬세하고 구체적으로 쓸 수 있는 가능성도 높아진다. 특히 소설가들 중에는 정밀하고 탁월한 기억력을 지닌 사람들이 많다. 하지만 자신의 기억력이 별로 좋지 않다고 해서 실망할 필요는 없다. 모자라거나 빈약한 기억력은 메모하는 습관을 통해 얼마든지 보완할 수 있기 때문이다. 기억력이 뛰어난 사람도 메모하는 습관을 기르면 더욱 풍부한 글쓰기의 재산을 확보할 수 있다. 수시로 쓴 불완전하고 파편적인 메모들은 한 편의 글의 훌륭한 재료이자 밑그림이 된다.

기억이란 단순히 지나간 일을 사실 그대로 기억하는 행위를 뜻하지 않는다. 과거의 어떤 일과 사람, 사물들은 기억하는 사람의 내면에서 끊임없이 변주되고 굴절되면서 새로운 형태로 재탄생한다. 기억하는 사람은 자신이 살아온 날들을 재해석하면서 가치를 부여하고, 거기에서 의미를 발견하는 사람이다. 기억하는 사람은 지나온 삶을 다시금 생생하게 살아내면서 과거를 향해 끊임없이 상상력을 발휘하는 사람이다.

다음의 글은 기억이 우리의 과거와 현재의 삶을 얼마나 깊이 연결하고 있으며, 공간에 대한 감각 하나에도 얼마나 깊숙이 침투해 있는가를 이야기한다.

> 바슐라르의 관념은 집에 적용할 수 있을 뿐 아니라 우리에게 인접한 지역의 적절한 공간들에 대한 광범위한 감각으로까지 확장할 수 있다. 버려진 건물의 구석과 틈, 지붕 달린 버스 정류소, 창고, 벤치와 수풀, 뒷골목, 금지 구역, 꼬마들이 노는 길, 들판, 숲, 집회 장소, 공원은 어린 시절의 감각적 극장이며 집과 마찬가지로 풍부한 기억을 제공해 준다. 모험을 즐기는 아이는 낯익은 루트나 놀이 공간의 지도를 만들어 실용적인 어른들의 공간적 네트워크를 선행하는 상상의 지리를 구성해 내기도 한다. 하지만 어린 시절에 만들어진 상상의 지도가 자극하는 꿈과 환상은 어른이 된 이후의 공간에도 끊임없이 침투할 수 있다. 어린 시절에 뛰어놀던 장소를 지나가거나 구경하게 된다면 막연히 어린 시절 경험에

대한 감각적 기억 때문에 목적지를 향해 가던 기계적 발걸음을 멈추게 될 수도 있다. 가령 나는 어린 시절을 보냈던 동네 주변을 산책하다가 담장 처마 밑에서 고치를 줍던 것이나 학교 가는 아침 길에 마당 울타리에서 쥐똥나무 가지로 고리를 만들어 거미줄을 아주 많이 만들었던 기억이 났다. (중략) 내가 이런 얘기를 꺼낸 것은 감상에 빠지려는 것이 아니라 장소에 내재된 깊은 의미를 제시함과 동시에 그 장소가 우리의 일대기와 더 넓은 세계와 연결되어 있으며 이 연결고리를 이해함으로써 우리가 장소를 '알게 된다'는 이야기를 하기 위해서다.

익숙한 공간들은 대개 과거의 감각적 경험에 대한 무의식적 기억을 불러일으킨다.

(팀 에덴서, 박성일 옮김, 『대중문화와 일상, 그리고 민족 정체성』, 이후, 2008, 149~150쪽)

박완서의 장편소설 『그 많던 싱아는 누가 다 먹었을까』는 60대에 접어든 작가가 유년기와 성장기에 대한 놀라운 기억력을 통해 쓴 자전적인 작품이다. 이 소설에 붙인 〈작가의 말〉에서 박완서는, "이런 글을 소설이라고 불러도 되는 건지 모르겠다. 순전히 기억력에만 의지해서 써 보았다."고 하면서, "나이 먹을수록 지난 시간을 공유한 가족이나 친구들하고 과거를 더듬는 얘기를 하는 경우가 많은데 그럴 때마다 기억이라는 것도 결국은 각자의 상상력일 따름이라는 것을 깨닫게 된다."고 덧붙인다. 박완서가 기억하는 소학교 1학년 여름방학식 날의 장면을, 자신의 초등학교 1학년 시절을 떠올리면서 감상해 보자.

방학식날엔 선생님이 방학 동안에 시골에 가는 아이는 손들어 보라고 했다. 방학 기간에도 두 차례의 소집일이 있는데 시골에 가는 아이는 미리 신고하면 결석 처리를 하지 않겠다는 것이었다. 그때 비로소 방학을 시골에서 지낼 수 있는 아이가 한 반에 불과 두세 명밖에 없다는 걸 알았고, 여름내 서울에서 지낼 수밖에 없는 토박이 서울 아이들한테 마음으로부터 연민을 느꼈다. 너희들이 온종일 답답한 골목에서 공기나 고무줄을 하다가 기껏 어른을 졸라 일 전씩 까먹는 동안 나는 모든 것이 살아 숨쉬고 너울대는 들판에서 강아지처럼 뛰어놀 것이다.

내일이면 고개를 넘고 들을 지나고 개울을 건널 것이다. 풀과 들꽃과 두엄 냄새가 어울린 공기를 마음껏 들이마실 것이다. 상상만으로도 초여름 첫새벽에 달개비가 깔린 푸른 길의 이슬을 맨발로 밟은 때처럼 순수한 희열을 느꼈다. 그건 향수라기보다는 짐승 같은 굶주림이었고, 서울 아이에 대한 최초의 우월감이었다. 서울 아이를 불쌍하게 여길 수 있다는 것은 말할 수 없이 기분 좋은 일이었다. 그러나 너무 일찍 기분 좋아할 것은 아니었다.

방학식날 통신부를 받았다. 1학년 1학기건만 6에서 10까지의 점수로 성적을 표시할 때였다. 나는 평균은 8점이었지만 사사오입한 8인 듯 9가 둘이고 나머지는 온통 7이었고 창가(唱歌)는 최하위점인 6이었다. 엄마는 나한테 공부하라고 성화한 적도 없고, 숙제 한 번 제대로 봐 준 적이 없었다. 학군까지 어긴 극성 엄마이면서도 학교 보내는 것 외엔 공부에 따로 신경을 써 준 적이 거의 없었다. 그런 엄마가 내 통신부를 보고 기함을 하게 놀란 걸 보면 무관심조차도 내 자식은 안 가르쳐도 잘 하려니 믿은 엄마 식의 교만이 아니었던가 싶다. 그런 식으로 내버려 둬도 오빠는 늘 우등만 했고 시골 소학교에선 월반까지 한 일이 있다는 건 엄마의 큰 자랑거리였다. 내 통신부를 본 엄마의 탄식은 특이했다.

"아이구머니, 이 망신을 어쩔꼬. 내 자식 통신부도 기러기가 날아갈 줄 뉘 알았을꼬."

엄마가 7을 기러기라고 하는 데는 까닭이 있었다. 바느질 다니는 사직동 친척집 행랑어멈 아들도 소학교엘 다니는데 공부를 곧잘 한다고 어멈이 줄창 자랑을 한 모양이다. 그러나 언젠가 그 아이 통신부를 본 적이 있는데 모조리 7이었고 한문으로 흘려 쓴 七자가 나란히 늘어선 게 흡사 기러기가 날아가는 형상이더라는 것이었다. 엄마는 심각한 상황을 웃음으로 눙치는 재주가 뛰어났지만, 그 아이 통신부의 기러기는 유머 감각이라기보다는 내 자식만 제일로 치고 남의 자식을 얕잡아 보기 잘하는 엄마의 교만의 좋은 예가 아니었던가 싶다. 그걸 다 눠우칠 만큼 엄마의 낙담은 심각했다.

(박완서, 『그 많던 싱아는 누가 다 먹었을까』, 웅진출판, 1992, 93~94쪽)

기억 속의 어떤 사건이나 사람, 사물에 대해 세밀하게 서술하거나 묘사해 보자.

2. 책을 많이 읽으면 글쓰기에 유리하다

삶의 직접경험이 글쓰기의 일차적 재산이라면, 책을 통한 간접경험은 글쓰기의 이차적 재산이다. 삶의 직접경험은 여러 조건에 의해 제약받기 일쑤이지만, 이러한 한계는 책읽기를 통해 이상적으로 보완될 수 있다. 책을 많이 그리고 깊이 읽은 사람이 글쓰기에 유리한 것은 지극히 당연한 결과이다. 책읽기를 통해 우리는 사고와 견문을 넓힐 수 있을 뿐 아니라, 책에서 추린 좋은 구절들을 인용함으로써 글쓰기에 실질적인 도움을 받을 수도 있다.

읽은 책을 온전히 자신의 것으로 만들기 위해서는 책의 핵심을 간파하고, 그에 대해 비판적이고 창의적으로 해석하고 평가할 수 있는 능력을 갖추어야 한다. 일찍이 정약용은 "남의 저서에서 도움이 될 만한 요점을 추려내어 책을 만들 때에는 우선 자기 자신의 학문에 주견이 뚜렷해야 판단기준이 마음에 세워져 취사선택하는 일이 용이할 것이다"(정약용 · 박석무 역, 『유배지에서 보낸 편지』, 창비, 1991, 120쪽)라고 말한 바 있다. 읽은 책에 대한 '요약'과 '논평'은 '내가 읽은 책'을 '내가 쓰는 글'로 연결하고 전환하는 효율적인 글쓰기 방법이다. 책읽기와 글쓰기는 별개의 활동으로 분리하는 것보다는, 함께 행하여 유기적인 상승작용을 자아낼 때 더욱 큰 효과를 거둘 수 있다.

독서의 단계별 방법에 관한 다음의 글을 읽고, 2단계로 요약한 후 '신토피칼 독서법'의 단점 및 한계에 대해 논해 보자.

독서의 제3수준은 '분석 독서'다. 이것은 제1·제2수준(제1수준은 '초급 독서', 제2수준은 '점검 독서'임 - 인용자 주)보다도 복잡하고 계통적인 독서 활동이다. 읽는 책의 어려움에도 좌우되지만, 독자에게 상당한 노력을 요구하는 독서법이다.

분석 독서란 철저하게 읽는 것을 말한다. 독자로서 가능한 한도의 극히 고도의 독서법이다. 점검 독서가 시간의 제약이 있는 완벽한 경우의 가장 뛰어난 완벽한 독서법이라고 한다면, 분석 독서는 시간의 제약이 없는 경우의 가장 뛰어난 완벽한 독서법이라고 할 수 있다.

(중략)

분석 독서란, 자기가 맞붙은 책을 완전히 자기의 피가 되고 살이 될 때까지 철저하게 읽어 내는 것이다. "책은 맛보아야 할 책과 삼켜야 할 책이 있다. 또, 약간이긴 하지만 잘 씹어서 소화해야 할 책도 있다."고 프랜시스 베이컨도 말했지만, 분석적으로 읽는다는 것은 책을 잘 씹어서 소화하는 것을 말한다.

그런데 정보나 오락을 위한 독서에는 분석 독서가 필요하지 않다. 분석 독서는 무엇보다도 우선 이해를 깊이 하기 위한 것이다. 따라서 독서에 의하여 얕은 이해에서부터 깊은 이해로 정신을 향상시키려면 분석 독서의 기술을 많건 적건 터득해 둘 필요가 있다.

마지막 가장 고도의 독서 수준은, '신토피칼syntopical 독서'다. 이것은 가장 복잡하고 조직적인 독서법이며, 설령 평이하고 알기 쉬운 소재라 하더라도 독자에게는 상당한 노력이 필요한 독서법이다.

신토피칼 독서는 비교 독서법이라고도 부를 수도 있을 것이다. 신토피칼로 읽는다는 것은, 한 권뿐만 아니라 하나의 주제에 대하여 몇 권의 책을 서로 관련지어서 읽는 것을 말한다. 그러나 단순히 각 텍스트를 비교하는 것만으로는 신토피칼 독서로서 충분하다고 할 수 없다. 숙달된 독자는 읽은 책을 실마리로 하여 '그러한 책에 확실히는 쓰여 있지 않은' 주제를 스스로 발견하고 분석할 수도 있게 될 것이다. 따라서 신토피칼 독서는 독자에 대한 요구도(要求度)가 가장 높은 적극적인 독서법이 된다.

(모티머 J. 애들러 C., 도런, 민병덕 옮김, 『독서의 기술』, 범우사, 1986, 25~26쪽)

요약과 논평을 써 보자.

〈요약 1 - 본문의 1/3 분량〉

〈요약 2 - 100자〉

〈비판적 의견 - 100자〉

3장
독창적인 상상력으로 '나'만의 글을 쓰자

1. 독창적인 상상력으로 '나'만의 글을 쓰자

글은 그 글을 쓰는 사람 고유의 것이기에 독창성을 바탕으로 해야 한다. 다른 사람이 쓴 글과 비슷한 글은 한 편의 글로서 별다른 의미나 가치를 지니지 못한다. 아이디어, 어휘, 수사적 표현, 주장 등에서 독창적인 요소가 있어야만 좋은 글의 자격을 획득할 수 있다. 글을 쓰는 일에서 '표절'이 절대 용납되지 않고 비윤리적 범죄가 되는 이유도 이와 관련된다.

독창적인 글을 쓰기 위한 중요한 열쇠는 독창적이고 창조적인 상상력이다. 독창적이고 창조적인 상상력을 발휘하는 방법은 다양하다. 우리는 이전에 존재하지 않았던 새로운 단어를 만들어 낼 수 있으며, 독특한 표현을 생각해 내거나 자신만의 글의 스타일과 문체를 창출할 수도 있다. 현실의 경계를 넘는 허구적인 상상을 통해 새로운 인물과 사건, 사물, 이야기를 지어낼 수도 있다.

신화는 독창적이고 창조적인 상상력을 기르는 데 도움이 되는 좋은 텍스트이다. 신화는 고대인들의 광활하고 깊이 있는 상상력의 총합으로서, 인류의 상상력의 보물창고에 해당한다. 신화는 현대의 문학작품과 영화 속에서 계속 재해석되고 변주되면서 새로운 작품의 마르지 않는 원천이 된다. 박상륭의 『아겔다마』, 황석영의 『바리데기』,

T. S. 엘리어트의 『황무지』, 제임스 조이스의 『율리시즈』 등은 신화를 현대적으로 변용한 작품의 예들이다. 미래를 이야기하는 SF소설과 SF영화의 상당수도 과거의 신화에 기반하고 있다는 점은 흥미롭다.

우주를 한 그루의 '나무'로 상상한 고대인들의 세계관이 현재 우리의 세계에 어떻게 적용될 수 있을지 생각해 보자.

이그드라실, 신성한 물푸레나무

이 모든 우주나무 중에서도 가장 웅장하고 신비로운 것은 고대 아이슬란드의 시문집 『에다』에 나오는 이그드라실을 들 수 있을 것이다.

북유럽의 신화에 등장하는 이그드라실은 그 자체가 우주 전체를 나타내고 있다. 세계를 곧게 떠받치는 세 개의 뿌리는 엄청나게 컸는데, 첫 번째 뿌리는 신들의 세계에, 두 번째 뿌리는 카오스 시대의 거인족의 거주지에, 세 번째 뿌리는 죽은 자가 머무는 곳인 니플하임에 닿아 있다. 명계에까지 뻗친 세 번째 뿌리 근처에는 대지에 물을 공급하고 인류에게 삶의 터전을 제공하는 흐베르겔미르 샘이, 두 번째 뿌리 근처에는 지식과 지혜의 원천인 미미르 샘이 솟고 있다. 신들의 세계에 닿아 있는 첫 번째 뿌리 옆의 샘은 가장 신성한 곳으로, 운명의 신들 중 최연장자인 위르드가 돌보고 있다. 신들은 이 샘 주변에서 회의를 갖고 재판을 열어 분쟁을 해결한다. 이처럼 이그드라실은 뿌리를 통해 신들과 선사시대의 거인과 인간 조상의 영역을 잇고 있고, 줄기는 인간들이 사는 세계를 가로지르며, 나무의 우듬지는 천상의 세계에 닿아 있다.

이뿐만이 아니다. 이그드라실은 자기 속에 우주와 더불어 모든 생명체를 품고 있다. 그것은 피조물들의 거대한 안식처이다. 그럼에도 그 나무는 자기가 보호하고 있는 동물들로 인해 끊임없이 고통을 받아야만 했다.

(중략)

전투가 시작되고 신과 거인과 괴물 들이 차례차례 쓰러진다. 사방 1,450리나 되는 비그리드 평원은 피바다가 된다. 온 세상이 불길에 휩싸인다. 모든 생명체들이 멸망의 골짜기로 휩쓸려간다. 전화(戰火)의 불빛만이 태양과 달과 별들이 사라진 아수라장의 지상을 비춘다. 폐허가 된 대지는 바다 속으로 가라앉고 만다.

한 세상의 몰락 이후에 도래하는 새로운 세상은, 그러나 희망적이다. 전 우주에 걸친

화재와 폭풍에도 불구하고 이그드라실은 살아남는다. 그리고 우주나무 안에 숨은 한 쌍의 남녀 리프와 리프트라시르 또한 살아남는다. 그들은 아침이슬을 양식으로 하여 새로운 인류의 조상이 된다. 대지가 바다 속으로부터 초록빛으로 아름답게 떠오른다. 새로운 태양이 이그드라실을 비춘다. 그 태양, 우주나무의 그늘 아래 선 한 쌍의 남녀. 이제 식물들은 씨앗을 뿌리지 않아도 자라고, 모든 것은 사랑 속에서 살아갈 것이다.

모든 것이 종말이었다. 하지만 한 그루의 신성한 물푸레나무는 그 끝을 새로운 시작으로 일구어낸다.

(김영래, 『편도나무야, 나에게 신에 대해 이야기해다오』, 도요새, 2002, 32~39쪽)

지금까지 접한 문학작품이나 영화 가운데 탁월한 상상력을 보여주는 작품을 골라 감상평을 써 보자(200자 원고지 10매 내외).

2. 상상력도 연습이 필요하다

1) 상상 연습 1 - 어휘와 표현

상상력도 연습을 통해 개발하고 향상시킬 수 있다. 상상력을 최대한 발휘하고자 노력하면서 다음의 과제들을 수행해 보자.

■ **독특한 이름 짓기**

〈나의 별명〉

____

____

____

〈새로 발견된 별의 이름〉

____

____

____

〈30년 후 내가 쓸 자서전의 제목〉

____

____

____

■ **새로운 표현 만들기**

다음 상품이나 캠페인에 대한 광고 문안을 한 구절이나 한 문장으로 써 보자.

(구체적인 상황이나 대상의 특징, 상표명/캠페인명은 각자 자유롭게 정하자)

<유기농 채소>

<담배>

<결식아동 돕기 캠페인>

새롭게 다시 쓰기

다음 두 편의 시 중 한 편을 골라 패러디해 보자.

> 나는 가끔 후회한다
> 그때 그 일이
> 노다지였을지도 모르는데……
> 그때 그 사람이

그때 그 물건이
노다지였을지도 모르는데……
더 열심히 파고들고
더 열심히 말을 걸고
더 열심히 귀 기울이고
더 열심히 사랑할 걸……

반벙어리처럼
귀머거리처럼
보내지는 않았는가
우두커니처럼……
더 열심히 그 순간을
사랑할 것을……

모든 순간이 다아
꽃봉오리인 것을,
내 열심에 따라 피어날
꽃봉오리인 것을!

(정현종, 「모든 순간이 다 꽃봉오리인 것을」, 『사랑할 시간이 많지 않다』, 세계사, 1989)

네가 오기로 한 그 자리에
내가 미리 가 너를 기다리는 동안
다가오는 모든 발자국은
내 가슴에 쿵쿵거린다
바스락거리는 나뭇잎 하나도 다 내게 온다
기다려본 적이 있는 사람은 안다

세상에서 기다리는 일처럼 가슴 애리는 일 있을까
네가 오기로 한 그 자리, 내가 미리 와 있는 이곳에서
문을 열고 들어오는 모든 사람이
너였다가
너였다가, 너일 것이었다가
다시 문이 닫힌다
사랑하는 이여
오지 않는 너를 기다리며
마침내 나는 너에게 간다
아주 먼 데서 나는 너에게 가고
아주 오랜 세월을 다하여 너는 지금 오고 있다
아주 먼 데서 지금도 천천히 오고 있는 너를 ……
너를 기다리는 동안 나도 가고 있다
남들이 열고 들어오는 문을 통해
내 가슴에 쿵쿵거리는 모든 발자국 따라
너를 기다리는 동안 나는 너에게 가고 있다.

(황지우, 「너를 기다리는 동안」, 『새들도 세상을 뜨는구나』, 문학과지성사, 1983)

독창적인 비유와 수사 만들기

장마 때 강물이 내려가는 광경을 묘사한 김수영의 산문의 한 대목을 참조하여, '폭설이 내리는 광경'을 생생하게 묘사해 보자.

장마가 지면 강물 내려가는 모양이 장관이다. 황갈색으로 변색한 강물이 앞서거니 뒤서거니 달려 내려가는 것을 보면 사자떼들이 고개를 저으면서 달려 내려가는 것 같다. 높아진 수위는 사자의 등때기처럼 늠실거린다. 군데군데 하얀 거품이 이는 것은 숨가쁜 사자의 입거품인지도 모른다. 그러나 어찌 보면 이것은 수천 마리의 사자의 떼가 아니라 한 마리의 사자같이 보이기도 한다. 한 마리의 사자. 그러면 저 거센 물결들은 사자의 휘날리는 머리털이라고도 느껴진다. 그런가하면 그 사자는 머리 쪽과 궁둥이 쪽이 서로 늘어나서 동서로 잡아당긴 엿가락처럼 자꾸자꾸 늘어나기만 하고, 그 신장되는 등 위를 물결이 흘러 내려가는 것 같다. 혹은 뛰어가는 사자는, 꿈속에서 달려가는 것처럼 열심히 달려가기는 하지만 밤낮 제자리걸음만 하고 있는 것 같기도 하다.

(김수영, 「장마 풍경」, 『김수영 전집 2 - 산문』, 민음사, 1981, 47쪽)

폭설이 내리는 광경을 묘사해 보자.

2) 상상 연습 2 - 주어진 상황과 다음 이야기

상상력은 문제해결 능력이자, 이후에 일어날 상황을 예측하는 능력이기도 하다. 성석제의 단편소설의 한 부분을 읽고, 그 다음 상황을 상상해 이어쓰기를 해 보자.

절벽 위를 보자 푸른 하늘이었다. '내려가는 것은 네 맘대로지만 올라오는 것은 내 맘대로다'라는 듯 차가워 보였다. 코뿔소의 뿔처럼 치켜오른 바위 때문에 아래쪽이 얼마나 되는지 가늠할 수 없었다. 나는 소리를 질렀다. 아니 소리를 지르려고 했는데 무슨 말을 해야 할지 생각이 나지 않았다. 여보세요. 여기요. 사람 살려, 아줌마, 스님, 도와줘요…… 나는 결국 "어" 소리를 길게 냈다. 소리는 희뿌연 공간에 집어삼켜지고 나서 아무런 반향도 없었다. 자갈밭에 돌멩이를 하나 던진 듯했다.

(중략)

이대로 붙어 있으면서 물과 음식을 먹어가며 나이가 들고 늙어 죽을 수도 있다. 이대로 붙어 있을 수만 있다면 언젠가, 가령 주말에 등산객들이 지나가다 나를 발견하고 구조해 줄 수도 있다. 아직 화요일이라는 게 문제였다. 이대로 한두 시간만 붙어 있을 수 있다면, 휴대전화로 소방서에 신고해서 구조를 하러 오게 할 수 있다. 그건 어쩌면 가능할 것 같았다.

나는 최대한 천천히 왼손을 뗐다. 온몸에 힘을 주어 바위에 더 붙이고 왼팔을 바위에 붙여 마찰력을 최대한 유지하면서 바지 쪽으로 옮겨 갔다. 손가락 끝만 움직여서 마침내 전화기를 꺼냈다. 그러고는 최대한 빨리 전화기를 왼쪽 귀와 어깨 사이에 가져다 놓고 다시 왼손과 팔을 바위에 붙였다. 그렇게 하는 동안, 시간과 마찰력 손실의 영향으로 이십 센티미터 이상 밀려 내려갔다. 마찰력을 높이기 위해 뺨을 최대한 바위에 붙였다. 맨뺨의 마찰력이 옷을 입은 부분보다 더 높을 것 같다는 생각이 들면서 바위에서 뺨을 뗄 수 없었다. 뺨이 몇 개 더 있다면, 그 뺨마다 빨판이 하나씩 있다면 오래오래 매달린 채 목이 말라, 허기져서 죽거나 비바람에 맞아서 감기에 걸려 죽을 수도 있었다. 그러면 더할 나위 없이 행복한 인생이 될 것 같았다.

왼쪽 눈을 최대한 옆으로 돌려 전화기를 보았다. 수신 신호를 표시하는 기둥 역시 배터리 잔량표시처럼 하나였다. 제발, 제발. 번호를 누르려면 왼손을 다시 떼야 했다. 죽기보다 싫었다. 손을 떼자 주르륵, 하고 몸이 십 센티미터쯤 아래로 기울었다. 간신히 균형을 잡으면서 나는 119를 누르는 것을 포기했다. 혀로 연 플립 아래에 있는 번호판 가운데 1자를 왼손 엄지손가락으로 길게 눌렀다. 그리고 최대한 빨리 왼손을 제자리에 되돌려 손가락 하나하나를 다 펴서 바위에 붙였다. 등산화 위 복숭아뼈에 바위의 깔깔한 질감이 느껴졌다. 피부가 벗겨지는 중이었다. 제발. 신호가 가는 소리는 나지 않고 배터리가 다 되어간다는 경고음이 종소리처럼 울렸다. 제발. 그러는 사이에도 몸은 미끄러지고 있었다. 제발.

"여보세요."

(성석제, 「기적처럼」, 『지금 행복해』, 창비, 2008, 122~124쪽)

위 소설의 다음 상황을 상상해 이어쓰기를 해 보자.

3) 상상 연습 3 - 새로운 이야기 만들기

상상력의 최종 단계는 독창적이고 새로운 이야기를 만들어 내는 것에 있다. 9.11테러를 몇 달 전에 예측했던 저명한 미래학자 피터 슈워츠는 미래를 예측하는 것은 미래에 관한 시나리오를 작성하는 일이라고 강조한다. 미래에 각광받을 직업으로 작가가 거론되는 것도 작가가 지닌 창의적인 상상력이 미래사회를 이끌어갈 능력으로 더욱 중요하게 부상할 것이기 때문이다. 글쓰기를 통해 독창적이고 창의적인 상상력을 개발하는 연습을 꾸준히 한다면 미래사회에서 경쟁력을 지닌 인재로 성장할 수 있다.

■ 있을 법한 현재의 일들에 관한 상상

'세계맛과향주식회사'라는 실존하는 회사에 관한 글을 읽고, 우리의 세계 어딘가에 존재하고 있을 독특한 회사 또는 집단에 관해 구체적으로 상상하여 짧은 글을 써 보자.

> 유난히 날카로운 후각을 가진 사람들은 향수업계에서 일하는 경우가 많으며, 그 중에서도 상상력이 풍부하고 용기 있는 이들이 위대한 향수를 창조해낸다. 꽃, 뿌리, 동물의

분비물, 풀, 기름, 인공 향의 바다에서, 그들은 사용할 수 있는 수천 가지 향의 성분과 그것을 혼합하는 화학적 방법을 기억해야 한다. 이들에겐 건축가의 균형 감각과 작가의 솜씨가 필요하다. 요즘은 실험실에서 자연의 향을 모방해 내는데, 라일락이나 은방울꽃 혹은 제비꽃 같은 꽃들의 자연 추출물이 안정적이지 않기 때문이다. 그러나 그럴듯한 장미유를 만들어내기 위해서는 오백 가지의 성분을 혼합해야 한다. 뉴욕 10번 가의 75번 거리에는 세계적 수준의 코들이 모여 있는 세계맛과향주식회사가 있다. 이곳은 냄새를 필요로 하는 모든 기업들의 메카다. 이곳 사람들은 계절이 바뀔 때마다 백화점에 진열되는 값비싼 향수와 깡통 수프에서 고양이 밥에 이르는 모든 상품의 맛과 냄새를 만들어 낸다. 그러나 이들은 익명으로 일한다. 그러면서도 크게 히트한 골프 잡지 광고(종이 골프공을 벗겨내면 금방 깎은 잔디 냄새가 코를 찌르는)를 만들어 냈을 뿐 아니라, 놀이공원의 '동굴' 냄새, 뉴잉글랜드 삼림지대와 아프리카 초원지대, 사모아 그리고 미국 자연사박물관에 전시되는 여러 지역의 냄새를 만들어 냈다. 가짜 크리스마스트리에 티롤의 소나무 숲 냄새를 입히는 정도는 가장 간단한 기술에 속한다. 이들은 마음을 움직이는 멋진 향기를 창조하는 감각의 대필 작가며, 황홀의 창조자다. 80퍼센트의 향수가 이곳 실험실에서 만들어진다. 복도에는 겔랑, 샤넬, 디오르, 입생 로랑, 할스톤, 라거펠트, 에스티 로더 등 이곳에서 만들어낸 향수들이 진열되어 있다.

(다이앤 애커먼, 백영미 옮김, 『감각의 박물학』, 작가정신, 2004, 77~78쪽)

우리의 세계 어딘가에 존재하고 있을 독특한 회사 또는 집단을 상상하여 구체적으로 써 보자.

다가올 미래에 관한 상상

인류의 미래에 관해 예측하는 다음의 글을 읽고, 여기에 제시되지 않은 새로운 현상이나 문화, 기계 등에 관한 독창적인 상상력을 발휘해 짧은 글을 써 보자.

미래 예측에는 '와일드카드(wild card)'라는 게 있다. 인간이 상상도 할 수 없는 아주 큰 기술변화가 갑자기 나타나는 것이다. 세계미래회의 이사로 미래기술예측 전문가인 마빈 시트론(Marvin Cetron) 박사는 2014년에 대체에너지가 나와서 다른 모든 에너지가 소멸할 수 있다는 와일드카드 예측을 했다. 또 2020년이 되면 엄청난 인터넷 IT전쟁이 일어나 몇 개국이 망할 수 있다고 경고했다. 2029년 정도가 되면 나노 실험이 성공하게 되면서 지구촌의 모든 산업구조를 바꾸어 버린다고 예측했다. 즉 나노기술이 제조업을 삼키는 것이다.

2015년이 되면 텔레비전에 출연하는 배우나 탤런트의 25%가 사이버 캐릭터가 되며, 2020년이 되면 컴퓨터의 지능이 인간지능을 능가할 것으로 보았다. 또 로봇이나 인공의 지능도 생존권 등 권리를 부여받게 되며, 인공지능을 가진 곤충과 동물 로봇도 만들어진다고 보았다. 인공지능 전문가 레이 커즈와일(Ray Kurzweil)에 따르면 2032년에는 로봇이 신체적으로나 감성적으로 인간보다 우월해진다고 한다.

건강 관련 기술로는 2015년에 인공 심장이 연구실에서 배양되거나 합성되어 등장하며, 2017년에는 인공 폐, 인공 신장이 개발된다. 2017년이 되면 상류층 사이에 신체에 칩을 심는 것이 유행하게 되며, 2020년이 되면 인공 간, 인공 말초신경 개발이 가능하고, 플라그를 공격하는 나노봇이 들어 있는 치약도 등장한다. 또 완벽하게 작동하는 인공 안구가 개발되어 시력장애라는 말이 사라질 전망이다. 2030년이 되면 인공두뇌 이식이 가능해진다. 일본의 리컨연구소는 뇌가 없는 사람은 2018년에 일본에 오면 뇌를 심어준다는 광고를 낸 바 있다.

(박영숙 외, 『유엔미래보고서 2』, 교보문고, 2009, 161~162쪽)

미래의 새로운 현상, 기계 등에 대해 상상해 써 보자.

4장

글쓰기의 절차를 따르자

글쓰기는 두려움을 동반하는 고통스러운 노동이다. 원고지나 컴퓨터 화면을 앞에 두고 곤혹스러움을 느끼지 않는 사람은 거의 없다. 중요한 것은 이 솔직한 감정을 인정하고 회피하지 않는 자세이다. 일단 글쓰기 과제와 관련된 어떤 일을 시작해 보자. 주제를 키워드로 인터넷 검색을 해 본다든지, 비슷한 주제의 책을 찾아 읽는다든지, 주위 사람들에게 과제에 대한 조언을 구한다든지 무엇이든 좋다. 이러한 과정을 통해 글쓰기에 대한 중요한 단서를 얻는 경우가 많다. 단서를 얻었다면 그것을 실마리로 글쓰기의 과정에 한걸음 다가가 계획을 세워 보자. 계획을 세워 하나하나 실천에 옮기다 보면, 자신도 모르는 사이에 자신감이 생기기 시작한다. 글쓰기에서 벗어날 수 없다는 사실을 겸허하게 받아들이고, '거부할 수 없다면 즐겨라!'라는 태도로 글쓰기에 임한다면 의외의 즐거움과 보람을 얻을 수 있다.

다음의 글에는 '머리를 때리는 글이 아니라 가슴을 때리는 글'을 쓰고 싶어 몸부림치는 한 베스트셀러 작가의 '달콤한 고통'이 잘 드러나 있다.

> 나는 글쓰기는 철공을 갈아서 바늘을 만드는 과정이라고 생각한다. 지칠 정도로 너무나 더디지만 애를 쓰는 만큼 반드시 좋아진다는 거다. 내 첫 책 '바람의 딸' 시리즈와 『지

도 밖으로 행군하라』를 비교해 보라. 내가 보아도 글이 좋아졌다는 것이 확연히 드러난다. 이것이 바로 그동안 좋을 글을 쓰기 위해 그토록 몸부림치고, 가족 및 친구들을 괴롭히고 기자와 편집자들에게 비굴했던 지난 10년간의 결과다. 앞으로 10년 후면 지금의 철공이 훨씬 더 바늘에 가까운 모습이 될 것을 굳게 믿으며 오늘도 미련하게, 그러나 기꺼이 철공을 갈고 있다.

지금 이 글을 쓰면서도 나는 위에서 말한 모든 몸부림을 치고 있는 중이다. 자, 어떤가, 여러분도 머리를 때리는 글이 아니라 가슴을 때리는 글을 쓰고 싶은가? 그래서 기꺼이 이런 몸부림을 칠 마음의 준비가 되어 있는가? 그 몸부림이 달콤한 고통이 되길 진심으로 바란다. 건투를 빈다. 내게도 건투를 빌어주시길.

(한비야, 「내 글쓰기의 비밀」, 『그건, 사랑이었네』, 푸른숲, 2009, 116~117쪽)

이렇듯, 글쓰기는 시간과 노력, 열정이 투영된 역동적인 학습의 장이다. 우리는 글쓰기를 통해 생각하는 힘을 기르고 다른 사람들과 소통하는 능력을 증진시킬 수 있다. 계획을 잘 세우는 사람이 문제 해결 능력이 뛰어난 것과 같이, 글을 잘 쓰는 사람은 어떻게 쓸 것인지 치밀하게 계획하고 이를 실천에 옮긴다. 문제를 발견하고 생각의 지도를 그리는 방법, 뼈대를 세워 글을 구성하는 방법, 초고를 쓰고 수정하는 방법, 퇴고를 통해 완성하는 방법 등의 절차를 지켜 쓰는 습관을 익히면 좋은 글을 쓰는 데 도움이 된다.

1. 떠오르는 생각 포착하기 - 연상훈련

글쓰기는 떠오르는 생각을 자연스럽게 이끌어내는 데서 시작된다. 자신이 진정으로 하고 싶은 이야기가 무엇인지 거듭 생각하고 고민하다 보면 어느 순간 새로운 것이 보이기 시작한다. 누구나 새로운 이야기를 마음속에 품고 있다. 이를 어떻게 풀어내느냐가 관건이다.

글쓰기는 아이디어를 찾아 조직·배열하고, 이를 적절한 언어로 표현하는 과정으로 이루어진다. 좋은 글을 쓰려면 무엇보다도 다른 사람이 미처 생각하지 못하는 부분들을 포착하는 능력이 필요하다. 브레인스토밍, 마인드 매핑, 연상훈련 등은 창의적인 아이디어를 찾는데 도움을 주는 방법이다.

1) 브레인스토밍(brainstorming)

브레인스토밍(brainstorming)은 '두뇌'라는 뜻의 브레인(brain)과 '폭풍'이라는 뜻의 스토밍(storming)이 결합된 단어로, 두뇌폭풍을 의미한다. 이는 빠른 시간에 많은 아이디어를 내는 것에 역점을 둔 아이디어 발상법으로, '자유연상법'이라고도 한다. 브레인스토밍은 '판단을 유예하여 새로운 발상을 이끌어낸다'와 '양이 질을 낳는다'는 두 가지 원리를 바탕으로 한다.

일반적으로 다음의 세 가지 규칙을 따른다.

첫째, 창출된 아이디어를 비판하거나 평가해서는 안 된다.
둘째, 아이디어가 거칠고 산만한 것이라도 수용되어야 한다.
셋째, 아이디어의 수가 많을수록 좋다.

'첫사랑'에 대해 떠오르는 아이디어들을 나열해 보자.

___

___

___

2) 마인드 매핑(mindmapping)

마인드 매핑(mindmapping)은 두뇌활동이 핵심개념들을 상호 관련시키거나 통합하는 방식으로 이루어진다는 연구 결과를 바탕으로 하는 시각적 사고법이다.

이 방법은 아이디어를 만들어낸 순서대로 열거하는 전통적인 방식과는 달리 그것들을 주제별로 묶고 선으로 관계를 표시한다. 또한 정보를 비선형으로, 색상별로, 상징적인 형태로 조직하므로, 복잡한 아이디어를 빠르고 쉽게 파악할 수 있고 아이디어들 간의 관계를 확인하기에 편리하다. 마인드 매핑의 목적은 요점을 더 잘 기록하고 전체를 효과적으로 조직화하여 창의적인 사고능력을 증진시키는 데 있다.

'내가 버리고 싶은 것들'을 테마로 마인드 맵을 그려보자.

2. 자리에 앉아라, 그리고 생각하고 써라 - 아이디어 조직하여 초고 완성하기

내면의 목소리에 귀를 기울이고 말하고자 하는 바를 자연스럽게 이끌어내었다면, 연상을 통해 얻은 아이디어를 어떻게 조직할 것인가의 문제가 제기된다. 이는 연상된 아이디어를 가지고 생각의 지도를 그리고, 이를 문장의 형식으로 확대하여 초고를 완성하는 과정이다. 여기에서 중요한 점은 단편적 아이디어를 글의 기본 골격에 맞게 재구성하는 것이다.

'식욕 호르몬 - 식욕은 어떻게 조절되나?'(이은희, 「네이버캐스트 - 오늘의 과학」, 2009.
6.25)라는 제목의 글이 완성되어 가는 과정을 추적해 보면서 연상된 아이디어가 어떻게 글의 밑그림으로 구성되는지 살펴 보자.

1) 기본적인 글감 떠올리기

우리가 써야 할 글의 테마는 '식욕은 어떻게 조절되는가?'이다. 우선 식욕 호르몬에 대한 정확한 이해가 필요한 글이므로 이와 관련된 용어에 대한 해설이 요구된다. 따라서 아래와 같은 기본적인 글감의 단어를 떠올릴 수 있다.

식욕, 배고픔, 식욕 호르몬, 인슐린, 글루카곤, 렙틴, 그렐린, 조절

2) 핵심어 확장과 문제의식 다지기

다음으로는 '왜 식욕과 관련된 글을 써야 하는가?' 혹은 '이러한 테마의 글이 지닌 의미가 무엇인가?' 등의 문제를 제기하는 과정이 뒤따른다. 의미 있는 글쓰기는 다루고자 하는 테마를 통해 새로운 주제를 발견하고 이를 독창적인 시각으로 해석하는 과정을 포함한다. '식욕 호르몬', '식욕의 조절'에 대한 테마가 이러한 과정을 거쳐 단순한 사실을 전달하는 차원을 넘어 현실적이고 구체적인 주제로 거듭날 수 있는 것이다. 이러한 질문을 통해 기본적인 글감은 다음과 같이 확장될 수 있다.

배고픔은 식욕을 불러일으킨다.

인간은 스스로 에너지를 합성하지 못하기 때문에 먹어야 살 수 있다.

식욕은 생명 유지의 필수요소이다.

식욕은 인간의 본능이다.

배고픔으로 고통받는 사람들이 있다.

과도한 식욕으로 인한 비만은 질병의 원인이다.

조화와 균형의 삶이 필요하다.

3) 다양한 글감을 수집하여 문장의 형식으로 나열하기

다음으로는 주제와 관련하여 연상된 아이디어를 구체화하기 위해 다양한 글감을 수집하는 작업이 필요하다. 내용을 정확하고 효율적으로 전달하기 위해서는 풍부하고 다양한 자료가 필요하다. 자료가 풍부하고 다양해지면 그만큼 문장이 다채로워지고 내용이 구체화되어 좋은 글을 쓰는 데 도움이 된다. 자료는 일상생활에서 얻을 수 있는 경우가 많으므로 그때그때 메모를 해두는 것도 좋은 방법이다. 무엇보다 관련 자료에 대한 조사를 통해 글감을 넉넉하게 장만하는 것이 중요하다.

'식욕은 어떻게 조절되는가?'라는 주제와 관련하여 수집해야 할 글감은 크게 두 부분으로 나눌 수 있다. 먼저 기본적인 글감에 해당하는 식욕 호르몬, 인슐린, 글루카곤, 렙틴, 그렐린에 관련된 자료이다. 글의 본문에 들어갈 재료들이다. 관련 서적을 찾아 수집할 수 있는 글감을 정리해 보면 다음과 같다.

식욕은 배고픔과 깊은 연관을 지닌다.

배고픔은 인슐린과 글루카곤의 합동 작용에 의해 조절된다.

인슐린과 글루카곤은 췌장에서 분비되는 호르몬이다.

인슐린은 혈당을 낮추는 작용을, 글루카곤은 혈당을 높이는 작용을 한다.

이 둘의 길항작용으로 혈액 내 포도당(혈당)이 조절된다.

혈당이 조절되지 못하면 신체에 이상이 온다.

대표적인 질병이 당뇨병이다.

인슐린과 글루카곤의 길항작용이 혈당을 조절한다면, 렙틴과 그렐린은 근본적인 식욕 자체를 조절하는 물질이다.

렙틴은 식욕을 억제하는 역할을 한다.

반면, 그렐린은 식욕을 자극하는 역할을 한다.

그렐린은 주로 위장에서 분비되는데, 위장이 비어 있는 경우 그렐린의 분비량이 늘어난다.

그렐린의 분비량이 늘어나면 뉴로펩타이드 Y(NPY)라는 물질이 활성화되어 시상하부에 존재하는 섭식중추를 건드리게 된다.

이러한 신호를 통해 식욕을 느끼게 되고 먹을 것을 찾게 된다.

음식을 먹어 위장이 차고 혈당이 높아지면 그렐린의 분비가 줄어들게 된다.

이 시점에서 렙틴의 분비량이 늘어나 '배가 부르다'는 느낌이 들게 된다.

이러한 과정을 통해 인간의 식욕은 조절된다.

인간의 식욕은 인슐린과 글루카곤, 렙틴과 그렐린처럼 서로 반대 작용을 하는 물질들이 길항작용을 하면서 조절된다.

이들이 얼마나 조화롭게 분비되느냐에 따라 식욕이 조절되고, 혈당이 조절되며 나아가 건강이 유지될 수 있다.

위와 같은 식욕의 조절에 대한 기본적인 자료들을 바탕으로 이러한 주제가 지닌 의미와 효용성에 대해 생각해 보고 이를 독창적인 문제의식으로 확대하는 작업이 요구된다. 식욕의 조절이 우리의 삶에 미치는 영향은 무엇인가에 주목하여 수집한 글감은 다음과 같다.

식욕의 조절과 관련된 내용은 너무 전문적인 영역이라 할 수 있어.

식욕과 관련된 인간의 운명을 보여주는 적당한 예는 없을까?

'끝없는 배고픔'이라는 형벌을 받은 에리직톤의 이야기는 굶주림에 대한 공포가 표현된 신화이다.

인간은 식물처럼 스스로 에너지를 합성하지 못한다.

사람은 하루에 세 끼를 먹어야 한다.

음식을 먹고 싶다는 욕구는 생명을 유지하기 위한 것이다.

아직도 지구상에는 당장의 끼니 걱정을 하는 사람들이 많다.

그러나 지구 반대편에는 비만과 과식이 원인이 되어 죽어가는 사람들도 있다.

식욕이 과해도 문제가 된다.

과식은 비만의 원인이 되고, 심각한 비만은 여러 가지 질환의 발병률을 높여 생명을 위협할 수도 있다.

식욕이 인슐린과 글루카곤, 렙틴과 그렐린 같은 반대 작용을 하는 물질들의 상호작용을 통해 조절된다는 사실은, 인간이 조화와 균형이 어우러져야 살아갈 수 있는 존재로 진화되어 왔다는 사실을 보여준다.

4) 논리적 고리에 따라 연결하기

다음으로는 필요 없는 부분은 삭제하고 부족한 것은 다시 찾아 논리적 고리에 따라 연결하는 작업이 요구된다. 또한 수집된 글감을 내용과 중요도에 따라 구분하고 정리해야 한다. 유의할 점은 글의 처음, 중간, 끝에 들어갈 내용을 구별하고 정리하는 일이다.

수집한 글감을 논리적 고리에 따라 연결하면 다음과 같다.

① 처음: 에리직톤의 저주, '끝없는 배고픔'의 형벌

신화 속 에리직톤은 감히 대지의 여신을 모독하는 죄를 짓는다. → 신에게 불경을 저지른 인간이 분노한 신에 의해 벌을 받는 것은 결코 낯선 이야기가 아니다. → 그렇다면 이 이야기의 특이한 점은 무엇일까? → 그가 받은 벌이 '끝없는 배고픔'이라는 점. → 오죽하면 신화를 옮긴이는 이것을 '마음을 가진이라면 누구라도 동정할 수밖에 없는' 끔찍한 형벌이라고 이야기할까. → 이 신화에 담긴 의미는 무엇일까? → 아마도 당시의 사람들이 굶주림에 대해 느낀 공포가 반영된 모습일 듯. → 21세기를 살아가는 몇몇 선진국의 국민들은 허기로 인한 공포를 더 이상 느끼지 못하지만, 아직도 지구상에는 당장의 끼니거리를 걱정하는 사람들이 많은 것이 현실이다. → 아마도 이 신화가 쓰여질 당시에는 이러한 문제가 훨씬 더 심각했을 테고, 어떤 이들에게는 사는 동안 내내 먹어야 살 수 있는 인간의 운명이 일종의 저주로 느껴졌을 터. → 인간은 식물처럼 스스로 에너지를 합성하지 못한다. → 그렇기 때문에 먹고 싶다는 욕구는 중요하다. → 하지만 너무 많이 먹으면 또 문제가 되잖아. → 적당한 식욕은 있어야 하지만, 이것이 과해도 문제가 된다. → 사실 에리직톤도 지나친 식욕이 문제가 된 거니까. → 물론 인간은 에리직톤처럼 제 몸을 먹어치우지는 않겠지만, 과도한 식욕으로 인한 과식은 비만의 원인이 되고, 심각한 비만은 다시 여러 가지 질환의 발생률을 높여 생명을 위협할 수 있다. → 그렇다면 식욕은 어떤 과정을 통해 조절되는 것일까? 그걸 알면 비만을 막는데 도움이 될까?

② 중간: 일시적인 배고픔은 인슐린과 글루카곤이 조절한다.
근본적인 식욕은 렙틴과 그렐린이 조절한다.

우리가 어떻게 배고픔을 느끼는지부터 차근차근 따져 보자. → 배고픔은 인슐린과 글루카곤의 합동 작용에 의해 조절된다. → 인슐린과 글루카곤은 어떤 호르몬이지? → 인슐린과 글루카곤은 둘 다 췌장에서 분비되는 호르몬들인데, 인슐린은 혈당을 낮추는 작용을, 글루카곤은 혈당을 높이는 작용을 하는 물질. → 이 둘의 절묘한 길항작용에 의해서 혈액 내 포도당, 즉 혈당이 조절된다. → 그 과정을 자세하고 알기 쉽게 설명할 것. → 이 둘의 길항작용 때문에 세포들은 항상 안정적인 혈당을 공급받을 수 있다. → 만약에 깨지면? → 신체에 이상이 온다. → 이런 현상

중 대표적인 것이 바로 당뇨병.

인슐린과 글루카곤의 길항작용이 혈당을 조절한다면, 렙틴과 그렐린은 근본적인 식욕 자체를 조절하는 물질. → 식욕을 억제하는 렙틴에 대한 폭발적이었던 관심. → 그런데 왜 관심이 시들해졌나? → 실제로 렙틴이 인간의 비만을 해소하는 데는 그다지 큰 영향력을 발휘하지 못한다는 사실이 곧 밝혀져서. → 보통 비만인 사람들의 경우, 체내 렙틴 농도가 이미 높아져 있는 상태여서 추가적으로 렙틴을 주입해도 반응하지 않는 '렙틴 저항성'이 나타나는 경우가 많기 때문. → 그렇다면 렙틴은 식욕조절과 별 연관이 없는 걸까? → 아냐, 그런 것은 아냐. → 렙틴이 식욕조절에 하는 역할이 있거든. → 그렇다면 그렐린의 역할은? → 그렐린의 분비량이 늘어남과 동시에 뇌의 시상하부에 존재하는 뉴로펩타이드 Y(NPY)라는 물질이 활성화되어 섭식중추를 건드린다. → 일련의 신호를 통해 우리는 식욕을 느끼고 이 때 음식을 먹어 위장이 차고 혈당이 다시 높아지게 되면 그렐린의 분비는 줄어드는 것. → 바로 이 시점에서 렙틴의 분비량은 늘어나는데 늘어난 렙틴은 다시 CART(Coccain amphetamine regulated transcript)를 증가시켜 시상하부의 포만중추를 자극해 '배가 부르다'는 느낌을 들게 만든다. → 이런 조절 과정이 인간의 체중을 조절하도록 만드는 것. → 인간의 식욕은 한 가지로만 조절되는 것이 아니야. → 인슐린과 글루카곤, 렙틴과 그렐린처럼 서로 반대 작용을 하는 물질들이 길항작용을 하면서 조절. → 이 때 중요한 것은 두 물질의 절대량보다는 이들의 조화이다.

③ 끝: 중요한 것은 조화이다.

여기서 우리가 어떤 교훈을 얻을 수 있지 않을까? → 그게 뭘까? → 인간이 식욕을 조절하는 존재로 진화되어 왔다는 사실은, 마치 인간이 어떤 마음가짐으로 세상을 살아가야 하는지를 나타내주는 것만 같다는 생각이 든다. → 조화와 균형의 삶이 필요하다.

5) 초고 쓰기

위와 같은 과정을 통해 한 편의 초고가 완성된다. 이런 형식의 글을 쓸 때 유의할 점은 일반인들이 접하기 어려운 단어나 생소한 개념을 친숙하게 설명해야 한다는 것이다. 위의 과정에서는 글의 서두에 에리직톤의 신화를 소개하면서 독자들의 관심을 끌고 있다. 경어체를 사용하는 것도 글의 성격을 부드럽게 하는데 도움이 될 수 있다. 무엇보다 독자의 입장이 되어서 '독자들이 이 글을 잘 이해할 수 있을 것인가?', '독자들이 이 글을 이해하는 데 있어서 빠뜨린 것은 없는가?' 등을 염두에 두고 초고를 작성하는 것이 중요하다. 또한 글쓰기의 주제가 우리 삶에 어떤 영향을 미치는가를 고려하며 글을 구성하는 것이 좋다. 모든 글은 우리가 살고 있는 세계와의 대화라는 점을 잊지 말아야 한다.

'재기'라는 키워드를 가지고 한 연예인의 컴백을 분석한 글의 집필과정을 재구성해 보았다.

1. 아이디어 연상하기

재기, 김국진, 라디오 스타, 프로그램에 적응하지 못하는 모습, 점점 변해가는 모습, 자기의 새로운 모습을 깨달음, 새로운 전성기, 인간은 죽을 때까지 배우며 산다는 공자의 말, 성장담.

2. 문장의 형식으로 나열하기/논리적 고리에 따라 연결하기

요즘 재기란 말이 너무 흔하다. → 김국진이 컴백했다. → 요즘 김국진을 보면 컴백한 직후와는 다른 모습을 보인다. → 왜 그런 걸까? → 처음 〈라디오 스타〉에 나왔을 당시 그는 다른 출연자들과 장단을 맞추지 못하였다. → 다른 출연자들이 뭐라고 한마디 하면 화내고 정색하고. → 그 이유는 뭘까? 왜 그는 그때 다른 출연

자들과 장단을 맞추지 못했던 걸까? → 예전의 김국진의 타이틀을 버리지 못하고, 자신의 불행했던 과거가 개그의 소재가 되는 것을 받아들일 수 있을 만큼 여유가 없었기 때문이지. → 하지만 요즘은 그러한 것들을 버리고 새로운 캐릭터를 만들면서 승승장구하고 있지. → 예를 들면 '회춘댄스'나, '원펀치 쓰리 강냉이' 같은 것들. → 김국진의 이러한 행보는 단순히 컴백을 뛰어넘어 한 사람의 성장담으로 봐도 무방하다는 말씀! → 그럼 우리가 여기서 얻을 수 있는 삶의 지혜는 무엇일까? → 그건 사람은 누구나 성장해 나간다는 거겠지. → 공자님도 그랬잖아, 사람은 죽을 때까지 배우고 산다고.

3. 개요 짜기

- 처음 : 재기(컴백)이라는 단어가 어울리는 김국진

  1. 요즘 재기라는 말이 범람한다.

  2. 다른 어떤 연예인보다 김국진의 재기가 반갑다.

- 중간 : 김국진의 재기 과정

  1. 전혀 적응하지 못했던 때

  1-1. 처음에는 전혀 적응하지 못했다.

  1-2. 여러 사람들에게 비판을 받기도 했다.

  2. 점점 변해가는 김국진

  2-1. 자신의 위치를 깨닫고 이를 받아들임.

  2-2. 새로운 전성기를 맞고 있다.

- 끝 : 김국진의 재기가 가지는 의미

  1. 사람은 죽을 때까지 배우고 산다는 공자의 말

  2. 그냥 재기가 아니라, 하나의 성장담으로 봐도 무방하다.

위에서 제시된 과정을 그대로 따라가면서 한 편의 글을 완성해 보자(800자 내외). 자신이 쓴 글과, 제시된 과정을 통해 완성한 저자의 원문을 찾아 비교해 보자.

(원문 출처 : 김은형, 「아저씨의 맛: 맞으면서 커야 한다니깐」, 『씨네 21』, 2009.3. 제2호)

3. 고치기 - 글쓰기 능력 향상의 지름길

짧은 시간에 훌륭한 글을 쓰기는 쉽지 않다. 여러 번 다듬고 고쳐 쓰는 과정에서 생각을 새롭게 정리하고 더 좋은 표현들을 찾게 되어 빼어난 글이 탄생하는 것이다. 글을 쓰는 과정에서, 그리고 글을 쓴 다음에도 반드시 다시 한 번 생각하고 고치는 작업이 필요하다.

고쳐 쓰기는 틀린 글자 고치기, 문장의 표현 고치기 정도에서 끝나서는 안 된다. 교정은 부분적인 것에서부터 맥락과 단락, 논의 방향, 글 전체의 구조를 재구성하고 변화시키는 데까지 나아가야 한다. 고쳐 쓰기만 충실하게 해도 글쓰기 능력은 괄목할 만큼 뚜렷이 향상된다.

고쳐 쓰기의 과정에서 유의해야 할 점은 아래와 같다.

- 같은 문장이나 문구, 단어를 되풀이하지 말 것.
- 불필요한 부분을 과감하게 삭제할 것.
- 제3자의 눈으로 검토할 것.
- 컴퓨터 화면으로 교정하지 말고 종이에 프린트해서 읽을 것.
- 소리 내어 읽어 볼 것.

다음은 '자동차가 인류에게 어떤 영향을 끼쳤을까?'라는 주제로 한 학생이 쓴 글이다. 고쳐 쓰기의 과정을 통해 글이 어떻게 나아지고 있는지 살펴 보자.

「자동차, 위대한 유산」

(1) 아침 아홉시 수업이 있는 날은 월요일, 수요일, 목요일 3일이다. 경기도 일산에서 학교까지 지각하지 않고 도착하려면 새벽 다섯 시에 일어나야 한다. 자칫 10분이라도 늦게 일어난다면 영락없이 지각을 하게 될 것이다. 10분. 달콤한 꿈을 꾸는 잠깐 사이 내가 지나게 될 도로엔 어마어마한 수의 자동차들이 몰려들 것이다. 이런 경험은 현대를 살아가는 사람들이라면 누구든 겪어 보았을 것이다. 그만큼 자동차는 현대를 살아가는 사람들에게 없어서는 안 될 필수품의 역할을 하고 있다.

(2) 인류의 교통수단은 효율적으로 변화해 왔다. 인류가 처음 등장했을 때에는 목적지까지 직접 걸어 다녔고 그 다음엔 가마를 만들어 인력을 사용해 이동했다. 하지만 사람의 힘에는 한계가 있고 시간도 오래 걸리기 때문에 말과 같은 동물을 이용해 좀 더 신속하게 멀리까지 갈 수 있게 되었다. 이처럼 교통수단은 점점 빠르고 편리하게 발전해 왔다. 그렇지만 자동차가 발명되기 전까지는 생명체의 힘에 의존해 이동했기 때문에 지속성과 시간 문제 등 여러 가지 한계점이 있었을 것이다.

(3) 이러한 한계점을 극복하기 위하여 프랑스의 포병장교 니콜라스 조셉 퀴뇨가 자동차를 발명하였다. 그 뒤 무수히 많은 발전을 통해 지금의 우리가 타고 있는 자동차에 이르게 된 것이다.

(4) 자동차는 우리에게 편리함과 시간절약이라는 선물을 주었다. 사람이 아닌 기계에 의존하기 때문에 인간이 겪는 수고는 옛날에 비하면 새 발의 피다. 우리는 서울에서 부산까지 5~6시간 안에 갈 수 있다. 자동차가 없었다면 서울에서 부산까지 가는 일은 매우 드물고 힘든 여행길이 되었을 것이다. 다행히 우리는 자동차가 발명되고 난 후에 태어났기 때문에 휴가철이나 주말에 가벼운 마음으로 부산을 다녀올 수도 있게 되었다.

(5) 그러나 자동차의 발전은 현재 우리가 감당하기 어려울만한 역기능을 야기하기도 했다. 가장 큰 문제로 꼽히는 것은 교통사고와 환경오염 그리고 주차 문제 등인데, 이 세 가지는 자동차가 가져온 편리함과 이점에 견주어 봐도 그 대가가 상당하다. 교통사고의 경우는 너무 직접적이고 심심찮게 접하기 때문에 우리가 바로 피부로 느낄 수 있다. 한편,

환경오염의 경우는 20년 전까지만 해도 심각한 문제가 아니었다. 하지만 계속된 발전과 많아진 자동차의 수 때문에 요즘 들어서 문제가 가속되고 있다.

(6) 인류의 오랜 연구와 시도 끝에 만들어진 그리고 앞으로도 계속 발전될 자동차. '만약 없었다면……'이라는 가정만으로도 우리에게 많은 불편함을 느끼게 할 자동차가 불편함을 편함으로 바꾸고자 노력했던 인류의 갈망이 남긴 위대한 유산이라는 것을 기억해야 할 것이다.

윗글의 흐름은 다음과 같이 정리할 수 있다.

- 서론: (1) 자동차는 우리 삶의 필수품이 되었다.
- 본론: (2) 자동차의 발명과 역사 1
  (3) 자동차의 발명과 역사 2
  (4) 자동차의 긍정적인 영향
  (5) 자동차의 부정적인 영향
- 결론: (6) 자동차는 인류가 남긴 위대한 유산이다.

이 글의 문제점을 세부적으로 살펴 보자. '자동차는 현대인의 삶에 필수품이 되었다'가 서론의 주제문이다. 이 논지를 이끌어 내기 위해서는 자동차가 현대인의 생활에 얼마나 깊숙이 자리잡고 있는지를 보여주는 것이 자연스럽다. 자동차의 보급률에 관한 통계자료 같은 객관적인 정보를 제시하거나 자동차를 이용하지 못했을 때 겪게 되는 개인적인 경험 등을 제시하면서 화제를 도입하는 것이 좋다. 그런데 이 글은 출근시간에 겪게 되는 교통정체 상황을 예로 들면서 현대인의 삶에서 자동차가 차지하는 비중을 설명하고 있다. 이러한 부정적인 예시는 '현대인에게 자동차는 삶의 필수품이다'라는 긍정적인 명제를 뒷받침하기에는 썩 어울린다고 보기 어렵다. 따라서 서론에 제시된 예화는 다른 예화로 바꾸는 것이 바람직하다.

다음 본론을 살펴보자. 이 글은 '자동차가 인류에게 어떤 영향을 끼쳤을까?'라는 주제에 따라 쓴 글이다. 그런데 본론의 절반에 해당하는 (2)와 (3)은 '자동차의 발명과 발전의 역사'로 채워져 있다. 자동차의 발전사를 조망하면서 이에 덧붙여 자동차 발전의 각 역사적 단계마다 자동차가 인류에게 끼친 영향에 관한 내용을 풀어내는 방식으로 서술했다면 주제에 부합하는 적절한 내용이 되었을 것이다. 그러나 이 글은 자동차의 발전사만을 단조롭게 서술함으로써 주제와 다소 동떨어진 내용을 서술하고 있다는 인상을 주고 있다. 뿐만 아니라 그 분량도 지나치게 많이 설정되어 있다. (4)와 (5)는 각각 자동차가 인류의 삶에 끼친 긍정적인 영향과 부정적인 영향을 다루고 있다. 긍정적인 점으로는 편리함과 시간절약을 꼽고 있고 부정적인 점으로는 교통사고, 환경오염, 주차문제 등을 들고 있는데, 이는 자동차의 순기능과 역기능을 균형 있게 서술하고 있다기보다는 누구나 쉽게 생각할 수 있는 상투적인 주장을 나란히 제시하고 있다는 인상을 준다.

결론에서 글쓴이는 이런저런 순기능과 역기능에도 불구하고 자동차는 인류의 삶의 질 향상에 기여한 위대한 유산이라는 주장으로 마무리하고 있다. 여기에서는 '자동차가 인류에게 어떤 영향을 끼쳤을까?'라는 주제에 대한 문제의식, 곧 글쓴이의 관점을 찾아보기 어렵다. 명확한 관점이 없기 때문에 자동차가 인류의 삶에 이바지해 온 순기능에도 불구하고 역기능이 초래되고 있는 문제적 상황을 어떻게 바라봐야 할 것인가, 자동차의 보급과 발전을 축소시켜야 하는가, 아니면 역기능적 요소를 최소화하는 방향으로 개선해야 할 것인가 등의 비판적 문제의식을 발견하기 어렵다. 자동차 예찬론을 쓸 것이라면, 자동차의 부정적인 측면을 결론의 바로 앞 단락에 제시할 까닭도 없으며, 그에 대해 길게 상술할 필요 또한 없을 것이다.

이 글의 가장 큰 문제점은 글쓴이가 '무엇을 말하고자 했는지', '어디에 초점을 맞추고 글을 쓰려고 했는지'가 분명하게 드러나지 않는다는 것이다. 이는 글을 구상하는 단계에서 주제를 명료하게 설정하지 못했기 때문에 발생한 문제이다. 이 글을 고칠 때 가장 중점을 두어야 할 점은 '자동차가 인류에게 미친 영향'에 대한 글쓴이의 관점, 즉 주제에 대한 문제의식 부분이다. '긍정적인 부분도 있고, 부정적인 부분도 있다'라는 식보다는 '긍정적인 부분도 있지만, 부정적인 부분이 있으므로 고쳐야 한다'라든지 혹은 '부정적인 부분이 있지만, 긍정적인 부분이 훨씬 많으니 앞으로 어떻게 해야 한다'라는 식으로 주장을 제시해야 한다는 것이다. 한 편의 글 속에는 어떤 식으로든 자신의 관점이 들어가 있어야 한다. 그 관점을 정한 후, 자동차의 긍정적인 영향이나 부정적인 영향 중 하나에 무게감을 싣고 글감을 찾는 것이 좋다.

이러한 조정 과정을 거쳐 글쓴이는 아래와 같이 자신의 글을 수정했다. 두 글을 비교하면서 다시 한 번 읽어 보자.

「자동차, 위대한 유산」

서울과 같은 대도시를 원거리에서 조망할 때 가장 먼저 눈에 들어오는 것은 수많은 고층빌딩들과 함께 그 빌딩숲을 가득 메우고 있는 자동차들일 것이다. 빌딩들 사이를 빠르게 오고가는 자동차들의 움직임은 대도시의 삶에 신선한 활력과 기운을 공급하는 혈맥과 같은 인상을 준다. 실제로 차량들의 이동이 없다면 대도시의 기능은 순식간에 마비되고 말 것이다. 집을 나서면 가장 먼저 마주치게 되는 대상이 자동차일 정도로 미로 같은 도로를 가득 메운 자동차들의 운행은 현대인들에게 익숙한 풍경이다. 통계청이 발표한 '2008 한국의 사회지표'에 따르면 지난해 말 기준 자동차 등록대수는 1,679만 4,000대로 전년에 비해 2.2% 늘어났다고 한다. 가구당 0.72대의 자가용을 보유하고 있다는 말이다. 자동차라는 발명품은 현대를 살아가는 우리에겐 없어서는 안 될 필수품의 역할을 하고 있다.

하지만 이러한 필수품이 우리에게 좋은 점만 가져다주었을까? 물론 자동차의 발명으로 우리의 생활이 굉장히 편리해진 것은 사실이다. 자동차는 아주 먼 거리를 단시간에 이동할 수 있게 해 준다. 속도도 빠를 뿐더러 자동차 이전의 교통수단들, 이를테면 인력이나 동물의 힘을 빌린 운동수단들에 비해 휴식 없이 지속적인 이동이 가능하다는 것도 큰 장점이다. 또한 철도나 배, 비행기 등에 비해 운전자의 의도에 따른 이동의 자유도가 높다는 점도 자동차만의 매력이라 할 수 있다. 이러한 특성으로 인해 자동차는 다른 교통수단에 비해 빠르게 우리의 삶 깊숙이 들어오게 되었고, 이는 자가용의 대중적인 보급으로 이어졌다. 특히, 이동의 자유도가 높은 자가용은 여행을 편리하게 했다. 기차나 버스 등 대중교통 수단을 이용해 여행을 하려면 출발 시간을 확인하고 거기에 맞게 움직여야 한다. 또한 모르는 사람들과 함께 움직여야 한다. 하지만 자가용은 그렇지 않다. 자가용은 '기다리는 시간'을 없애줌으로써 시간을 절약할 수 있게 만들었다. 이러한 이유 때문에 사람들은 너도나도 자동차를 구입했다.

하지만 기하급수적으로 늘어난 자동차는 환경문제, 주차문제, 교통문제 등 여러 가지 문제점을 발생시키기도 했다. 도로를 장악한 자동차들은 엄청난 매연을 내뿜는다. 길을 걷다 자동차가 매연을 내뿜으며 도로 위를 달리는 모습을 보면, 그 새까만 연기들을 우리가 마시게 된다는 생각에 저절로 인상이 찌푸려진다. 환경문제만이 아니다. 주택가나 아파트 단지처럼 가구들이 밀집한 지역에서는 주차문제가 주민 간의 새로운 갈등 요소로 등장하고 있다. 우리 집 부근만 해도 주차문제 때문에 이른 아침이나 늦은 밤에 싸움이 일어나는 경우가 허다하다. 교통사고 또한 자동차의 증가가 가져온 문제점 중 하나이다. 아이러니하게도, 자동차가 가져다 준 가장 큰 장점 중의 하나인 '시간의 절약'이 교통사고를 증가시키고 있는 것 같다. 우리는 자동차로 인해 시간을 절약할 수 있게 되었고, '빠름과 효율성'을 추구할 수 있게 되었다. 이러한 속도의 시대는 '기다림의 여유'를 점점 사라지게 했다. 즉, 자동차가 가져다 준 편리함과 효율성이 우리를 더욱 더 조급하게 만들고 있는 것이다. 더 빨리 가고 싶고, 더 먼저 도착하고 싶은 조급한 마음이 잦은 교통사고를 일으키는 심리적인 원인이 아닐까 싶다.

자동차는 편리함을 추구하는 인류가 개발한 위대한 발명품의 하나이다. 하지만 이러한 발명품이 환경문제와 주차문제, 교통사고 등 여러 가지 사회문제를 일으키고 있는 것 또한 사실이다. 지금 이 시간에도 자동차는 인류에게 편리함과 효율성을 선사하기 위해 끊임없이 진화하고 있다. 자동차의 디자인과 성능만을 업그레이드하는 데 몰두하기보다, 자동차로 인해 생겨난 문제점을 줄일 수 있는 방안도 함께 모색하는 것이 우리가 받은 위대한 발명품을 후손들에게 제대로 물려줄 수 있는 방법이다.

'자동차가 인류에게 미친 영향'이라는 주제로 초고를 써 보고(1,000자 내외), 위의 과정을 참고하여 고쳐 쓰기 연습을 해 보자.

5장

주제와 구성은 글의 뼈대이다

1. 글의 주제 - 한 편의 글은 하나의 질문을 향한다

주제와 구성은 글을 지탱하는 두 기둥이다. '무엇을'(주제) '어떻게'(구성) 쓸 것인가의 문제는 글쓰기의 핵심요소이기 때문이다.

'무엇을 쓸 것인가?'에 대해 생각하는 것은 글쓰기의 시작이다. 자신이 관심이 있거나 잘 알고 있는 테마를 주제로 선정하는 것이 좋으며, 읽는 사람이 공감을 느끼거나 흥미를 느낄 수 있는 주제이면 더욱 좋다.

글쓴이의 입장에서 보았을 때 글의 주제는 '무엇을 쓸 것인가?'라고 스스로에게 묻는 것과 같다. 다시 말해 글쓴이 자신이 최초의 독자가 되어 글의 목적과 방향에 대해 질문하고 답하는 것이 주제를 설정하는 과정이라고 할 수 있다. 요컨대 한 편의 글이 지니는 주제의 명확성은 하나의 분명한 질문을 통해 구성된다. 따라서 글을 쓰기 전 자신이 말하고자 하는 바를 스스로에게 질문하는 형태로 주제문을 만들어 보는 것이 효과적이다.

다음은 '광고'를 테마로 글을 작성한 학생들의 발표문 제목이다.

- 광고와 현대인의 생활
- 광고, 자본주의 사회의 꽃
- 광고, 빛 좋은 개살구?
- 광고, 과연 예술이 될 수 있는가?

제목에 반영된 글쓴이의 문제의식이 무엇인지 생각해 보고, '광고'를 테마로 주제의식이 반영된 글의 제목을 지어 보자.

____

____

____

주제를 설정할 때 유의할 사항을 살펴 보면 다음과 같다.

1) 주제는 구체적인 것이어야 한다.

글을 쓰고자 할 때 주의해야 할 점은 쓰고자 하는 내용의 중심이 구체적이어야 한다는 것이다. 써야 될 글의 분량에 맞지 않는 지나치게 커다란 주제를 설정하게 되면 내용이 피상적이고 추상화되기 쉽다. '정치'나 '인생'에 대해서 글을 쓴다면, 그와 관련된 개인적인 체험 내용을 말하는 정도로 주제를 한정하는 것이 좋다. '이성 간의 사랑'에 대한 글을 쓰고자 한다면 짝사랑, 풋사랑, 첫사랑 등 여러 종류의 사랑이 서로 다른 성향을 가지고 있다는 점을 염두에 두고 쓰고자 하는 주제를 구체적으로 설정하는 것이 좋다.

2) 주제는 관심을 가지고 있는 것이어야 한다.

자기가 쓰고 싶은 테마에서 주제를 정하는 것이 좋다. 그렇지 않을 경우, 기분이 내키지 않아 지지부진한 글이 되기 쉽다. 자신이 관심을 가지고 있는 분야에서 자신 있게 쓸 수 있는 주제를 선정하는 것이 좋다.

3) 주제는 잘 알고 있는 것이어야 한다.

글쓴이가 관심을 가지고 있는 테마가 모든 글의 주제로서 적절하다고 할 수는 없다. 아무리 관심이 있는 주제일지라도 거기에 대한 충분한 지식 없이는 쓸 수 없기 때문이다. 충분한 지식 없이 쓸 경우 상투적이거나 유형화된 내용을 반복하는 데 그칠 수 있다.

4) 주제는 독창적 문제의식을 담고 있어야 한다.

주제에는 글쓴이의 문제의식이 반영되어 있어야 한다. 이러한 문제의식이 글의 독창성을 살리는 밑거름이 된다. '세계화의 빛과 그림자'라는 테마로 글을 쓴다고 할 때, 일반적으로 세계화의 장점과 단점을 나열하고 이를 보완해야 한다는 주장으로 글을 마무리하기 쉽다. 이런 성격의 글은 인터넷에서 검색하면 쉽게 찾을 수 있는 내용들의 조합에 가깝다. 여기에서는 자신만의 독창적인 문제의식을 찾아보기 어렵다. 세계화가 나의 삶에 미치는 영향은 무엇이고, 내가 바라보는 세계화는 어떤 것인가 등의 문제의식을 담아내는 주체적 주제를 설정하는 것이 좋다. 소재가 진부하더라도 문제적 시각에서 주제가 정립되면 신선한 글이 될 수 있다.

다음 글에서 필자가 던지고 있는 문제의식을 질문 형식의 문장으로 요약해 보고, 이 질문에 대한 답을 주제문으로 작성해 보자.

> 셰익스피어의 「리어왕」은 한때 왕이었던 리어의 처참한 몰락을 통해 사람살이의 비극적인 모습을 그린 희곡이다. 흔히 리어는 욕심 사나운 두 딸 때문에 모든 것을 잃어버리고 모욕과 분노를 겪은 것으로 생각되지만 실제로는 사람다운 삶을 오직 '필요성'의 잣대로만 재단하는 그런 세계가 사실은 얼마나 비극적인 결과를 초래하는지를 묻는 작품이

라고 할 수 있다. 늙은 리어는 세 딸 가운데 자신을 가장 사랑한다고 허풍을 떤 두 딸에게만 영토를 물려준 뒤 자신은 100명의 수행원들을 데리고 두 딸의 왕국을 오가며 편하게 살 수 있을 거라고 생각한다. 하지만 리어의 낭만적인 생각은 이내 본색을 드러낸 두 딸들의 현실논리 앞에 여지없이 무너진다. 먼저 불필요한 수행원 수를 줄이지 않으면 받아줄 수 없다고 한다. 큰딸은 100명은 많으니 50명으로 줄이라고 하고, 둘째딸은 50명도 많다며 25명으로 줄이라고 한다. 그러자 다시 큰딸은 우리가 돌봐드리니 실은 한 명도 필요 없다고 되받아친다. 두 딸의 배은망덕에 격분한 리어는 사람의 삶을 필요성으로 논하지 말라며 이렇게 고함친다. "오, 필요를 논하지 말라! 가장 미천한 거지도 가장 보잘것없는 것이나마 여분을 갖는다. 자연이 인간본성에 필요한 것 이상을 허락지 않는다면 인간의 삶은 짐승만큼 비천할 것이다." 늙은 왕은 마침내 사랑하던 막내딸도, 드넓은 영토도, 왕의 지위도 모두 잃어버린 채 껍데기만 남아 거지와 광대와 광인들과 함께 황야에서 비극적인 죽음을 맞이하게 되지만, 끝끝내 리어는 두 딸들이 말한 필요성의 현실논리에 순응하지 않는다. "싫다! 늑대나 올빼미와 한 무리가 되어 필요성의 날카로움에 쥐어뜯기느니 맹세코 모든 거처를 버리고, 모든 증오에 맞서 싸우는 편을 택하겠다."

리어의 말대로 사람이 단지 생을 연명하기 위한 것, 그 이상을 삶에서 누릴 수 없다면 우리는 더는 사람이라고 할 수 없을 것이다. 두 딸들에게 '불필요한' 것을 모두 빼앗기고 광야를 헤맸던 미친 리어처럼 그런 삶에서는 인간 정신이 깊이 병들 수밖에 없기 때문이다. 소위 불필요한 것은 모두 빼앗기고, 오직 필요한 것만 허용되는 삶이란 짐승처럼 그저 생계를 유지하기 위해서만 사는 삶이며, 이런 '헐벗은 삶'을 강요하는 사회에서는 당연하지만 예술이나 인권은 결코 뿌리내릴 수 없기 때문이다. 왜냐하면 필요성의 논리로 보면 마치 물이 빠진 갯벌이나 물이 고인 늪지가 모두 불필요하게 보이듯이 예술이나 인권도 불필요하게 보이기 때문이다. (중략)

지금처럼 오직 경제논리로만 삶을 저울질하게 되면 그동안 필요성의 영역 밖에 존재했던 모든 것들이 점차 필요성의 영역 안으로 넘어오게 된다. 곧 나무는 목재가 되고, 강은 운하가 되며, 갯벌은 용지가 된다. 이렇게 자연이 그저 쓰고 버리는 자원이 되면 다음엔 사람도 그저 쓰고 버리는 인력이 된다. 그래서 필요성의 논리가 횡행하는 사회는 말할 수 없이 고통스럽고 비극적일 수밖에 없다. 왜냐하면 불필요할 때는 희소하지 않던 것들이 일단 필요성의 테두리 안에 들어오게 되면 갑자기 희소해지기 때문이다. 가령 물은 희소하지 않지만 수자원으로 바뀌면 늘 부족하게 되고, 땅은 희소하지 않지만 택지로 바뀌면 늘 부족하게 된다. 마찬가지로 사람은 부족하지 않지만 인력으로 바뀌면 경쟁력 있는 인적 자원은 늘 부족하게 된다. 이런 사회는 오직 경쟁에 의해서만 움직인다. 사람들은 더 많은 필수품을 확보하기 위해 한정된 자원을 두고 경쟁하게 되고, 일평생 이런 악다구니에 시달리다보면 인간의 존엄성도, 아름다운 예술도 마침내 사라지게 되는 것이다. 이 땅에서 짐승처럼 살지 않으려면 우리는 무엇보다도 보이지 않는 불필요한 것들의 필요성을 깊이 깨달아야 한다. 극작가 이오네스코는 이렇게 말했다. "만약 우리가 쓸모없는 것의 유용성과 쓸모 있는 것의 무용성을 이해하지 못한다면 예술을 이해하지 못하게 될 것이다. 그리고 예술을 이해하지 못하는 나라는 바로 노예와 로봇의 나라가 될 것이다." 예술이나 인권은 노예나 로봇에게는 아무런 의미가 없다. '필요성'이나 '효율성'의 논리에 갇혀 있는 한, 우리가 자유인으로 살 수 있는 가능성도 닫히게 될 수밖에 없다.

(박혜영, 「'필요'만 허용되는 헐벗은 삶이여」, 〈한겨레신문〉, 2009.4.17)

---

2. 글의 구성 - 처음, 중간, 끝

구성은 글에 통일적인 맥락을 부여하는 일이다. 이는 구체화되고 체계화된 문장의 설계도를 만드는 작업이라고 할 수 있다.

글을 구성할 때는 처음, 중간, 끝을 분명하게 제시하여 각 단계별 성격이 분명하게 드러나도록 해야 한다.

■ 서론: 글을 쓰는 동기나 목적, 글에서 다루고자 하는 문제의 범위나 성격, 문제에 접근하

는 방법과 시각을 제시한다.

■ 본론: 여러 가지 객관적인 근거를 들어 문제에 대한 글쓴이의 견해를 논증하는 단계이다.

■ 결론: 본론에서 논의된 내용을 간략하게 요약하면서 해당 문제의 해결에 대한 전망을 제시한다.

다음의 글을 '처음-중간-끝'의 과정으로 요약하여 개요를 짜 보자.

① 세계화는 여전히 뜨거운 우리 시대의 쟁점이다. 세계화를 가속화하려는 국제회의들이 열릴 때마다 으레 격렬한 반대시위가 벌어지고, 세계화를 주제로 다루는 학술대회에서도 아직 의견이 대립하고 있다. (중략)

② 거시적 관점에서 보면, 세계화의 가장 큰 특징은 여러 문명들의 전면적이고 총체적인 만남이라 할 수 있다. 이때 어떤 사람은 세계화를 힘을 가진 서구 문명이 힘이 약한 문명들을 패퇴시키고 흡수, 통합하는 과정으로 이해한다. 말하자면 세계화란 불평등과 빈곤의 심화 과정이며 문화의 다양성을 말살하는 과정이다. 이것이 토인비나 헌팅턴의 문명충돌이론이다.

③ 또 어떤 사람은 세계화의 이상을 여러 문명들의 공존에서 찾기도 한다. 모든 문명이 자신의 독자적인 정체성을 유지하면서 교류의 폭을 넓혀가는 것이 이상적이라는 것이다. 이것이 문명 다원주의다.

④ 필자는 세계화를 문명의 충돌이나 공존 대신에 문명의 융합 과정으로 이해하고자 한다. 내가 이런 주장을 하는 근거는 문명의 충돌이론은 세계화의 부정적 측면만을 지나치게 강조한 것이고, 문명 다원주의는 세계화의 본질을 보지 못했다고 생각하기 때문이다.

⑤ 미국을 중심으로 한 서구 문명이 세계화를 주도하고 있는 것은 사실이다. 또 세계화로 인해 빈부의 격차가 세계적으로 심화되었다는 통계나, 환경이 더욱 파괴되었다는 주장도 틀린 것은 아니다. 그렇지만 이 모든 문제도 이제 세계화의 틀 속에서 해결해야 될 것으로 보인다. 반세계화의 시위 자체가 시민단체들의 세계적 연대에 의해 진행되고 있듯이,

빈곤의 심화나 불평등, 반전평화, 지구 생태계의 보존 등도 모든 국가, 모든 문명이 하나되어 세계적 차원에서 해결하지 않으면 안 될 상황이다.

⑥ 동양의 여러 나라들이 근대화에 성공했거나 성공할 가능성이 높아지면서, 그 동안 서양 문명에 눌려 잊어버리고 있던 자신의 정체성을 찾으려 하고 있다. 비서구 문명들이 자존심을 회복하고 자신의 정체성을 찾으려는 것은 좋은 일이다. 그렇지만 이러한 자세는 동시에 닫힌 문명주의로 빠질 위험성을 내포한다. 제국주의에 대항하기 위한 닫힌 민족주의가 또 하나의 독단이듯이 문명 보편주의에 대항하기 위한 닫힌 문명주의는 또 하나의 독단이 될 수 있다.

우리가 정체성을 과거의 원형적 정체성에로의 회귀에서 찾으려는 것은 잘못이다. 정체성은 미래지향적 창조적 관점에서 추구해야 된다. 정체성은 불변의 동일성과 같은 것이 아니기 때문이다.

⑦ 융합은 필연적으로 새로운 창조를 함축한다. 많은 사람들이 동양의 사상에서 인류의 미래를 구원할 메시지를 찾고 있다. 우리는 우리 스스로 잊어버리고 있던 동양 문명의 보물을 다시 찾아야 한다. 그렇지만 이것으로 만족할 수는 없다. 진정한 구원의 메시지는 이를 바탕으로 보다 새롭고 인류 보편적인 보물을 만들어낼 때만 찾아질 것이기 때문이다. 최근 비나 박진영 같은 젊은 연예인들이 보여준 한류의 세계화가 하나의 실례다.

(이한구, 「세계화와 문명의 융합」, 〈국민일보〉, 2007.6.6)

글감을 어떻게 배열하느냐에 따라 구성의 성패가 좌우된다. 잘 짜인 구성은 글의 논지를 심화·발전시키면서 글쓴이의 주장을 효과적으로 전달하는 데 기여한다. 위의 글에서 글쓴이는 우리 시대의 뜨거운 쟁점인 세계화의 문제를 아래와 같은 구성으로 전개하고 있다.

① 처음(문제제기): 세계화는 현재진행형의 쟁점이다.

② 중간1-1: 세계화를 바라보는 관점 - 문명 충돌론

③ 중간1-2: 세계화를 바라보는 관점 - 문명 다원주의

④ 중간2-1: 세계화를 바라보는 글쓴이의 관점 - 문명 융합론

⑤ 중간2-2: 문명 융합론의 관점에서 세계화를 바라보아야 하는 이유1

⑥ 중간2-3: 문명 융합론의 관점에서 세계화를 바라보아야 하는 이유2

⑦ 끝(전망 제시): 융합은 세계화를 새로운 방향으로 선도할 원리이다.

'처음'에서는 문제 상황인 세계화의 쟁점을 명료하게 구체화했고, '중간'에서는 세계화를 바라보는 두 가지 관점을 소개하고(②, ③), 이를 바탕으로 자신의 관점을 부각시키고 있다(④). 이어 자신의 논지를 뒷받침하는 논거를 제시함으로써 글의 신뢰도를 높이고 있다(⑤, ⑥). '끝'에서는 자신이 주장한 '문명 융합론'의 핵심 개념인 '융합'을 다시 한번 강조하면서 앞으로의 전망을 제시하고 있다(⑦).

다음의 글을 '처음-중간-끝'의 형식으로 분석해 보았다. 빈 칸에 알맞은 내용을 채워 보시오.

① 미국 스탠퍼드 대학 기계공학과에서 박사과정을 밟고 있는 김상배 연구원의 발명이 시사주간지 타임의 '2006년의 발명'으로 선정되어 화제가 되고 있다. 그는 열대지방의 건물벽을 자유자재로 기어다니는 도마뱀의 일종인 도마뱀붙이의 발 구조를 모방하여 이른바 '끈적이로봇(stickybot)'을 만들어냈다. 발바닥에 수백 개의 인공 미세섬모를 가진 이 작은 로봇은 1초에 4㎝의 속도로 유리와 타일 등 미끄러운 벽면을 유유히 기어다닌다. 미국 국방부는 그의 발명품을 스파이 로봇으로 활용할 방법을 구상 중인 것으로 알려졌다.

② 언제부턴가 옷을 만들 때 지퍼나 똑딱이(스냅·똑딱단추) 대신 사용하고 있는 찍찍이(벨크로)는 스위스의 조르주 드 도메스탈이 동물의 털에 들러붙어 먼 곳으로 이동하도록 진화한 식물의 씨를 흉내 내어 만든 것이다. 찍찍이는 이제 각종 의류나 가방은 물론 인공심장에 심실을 접합시키는 데에도 사용되고 있다. 강철섬유는 거미가 집을 짓기 위해 뽑아내는 거미줄을 모방하여 만든 것이다.

③ 얼마 전 세계적으로 유명한 전자회사의 부장님이 내 연구실을 찾아왔다. 초콜릿폰이며 슬림슬라이드폰 등을 만들어내고 있지만 휴대폰은 이미 약간의 디자인 경쟁을 제외하곤 한계점에 도달했다는 것이다. 그래서 까치, 말벌, 귀뚜라미, 소금쟁이 등 동물들의 의사소통 메커니즘을 연구하고 있는 우리 연구진과 브레인스토밍 회의를 제안했다. 그러다 보면 전혀 새로운 신개념의 휴대폰을 개발할 수 있을지 모른다는 생각에 돈 버는 일과는 거리가 멀어 보이는 생물학자를 찾아온 것이다.

그는 신입사원 면접에서 내 연구실 출신의 학생을 만나면서 이런 생각을 하게 되었다고 했다. 동물의 행동과 생태나 연구하던 사람이 전자회사에 와서 뭘 할 수 있겠느냐는 그의 의도적으로 삐딱한 질문에 내 학생은 다음과 같이 답했다 한다. "전자공학만 공부한 사람을 수백 명 모아 놓아본들 그 머리들에서 나오는 아이디어란 다 고만고만할 것입니다. 강화도 갯벌에서 흰발농게 수컷이 집게발을 흔들며 암컷을 유혹하는 행동을 연구한 저 같은 사람의 머리에서 잘못하면 대박칠 아이디어가 나올지도 모르죠." 그럼에도 불구하고 그 학생을 경쟁 회사에 빼앗긴 그는 아예 그를 길러낸 연구실을 찾기로 한 것이다.

④ 인간은 태초부터 지금까지 늘 자연에서 배우며 살아왔다. 유럽의 동굴벽화와 울진의 암각화만 보더라도 고대의 인간들이 동물의 행동을 세심하게 관찰했음을 알 수 있다. 먹이동물의 습성을 유심히 관찰하던 '과학자'가 있던 동굴벽화의 집안이 그런 것에는 관심조차 갖지 않고 마구잡이로 사는 사람들만 있는 집안보다 훨씬 잘 먹고 잘 살았을 것은 자명한 일이다. 이제 이런 연구를 보다 체계적으로 해야겠다는 세계학계의 움직임이 일고 있다. 그래서 나는 지난봄 이화여대로 자리를 옮기면서 '의생학연구센터'를 만들었다.

의생학(擬生學)은 자연이 이미 고안해놓은 구조, 기능, 섭리 등을 인간의 삶에 응용하려는 노력을 하나의 체계적인 학문으로 정립하기 위해 내가 새롭게 만들어낸 말이다. 자연을 배워 응용하려면 기존의 지식체계를 넘나들 수 있는 융합 또는 통섭(統攝)이 절대적으로 필요하다. 기업과 사회는 이미 컨버전스와 퓨전의 시대를 맞고 있다. (중략)

⑤ 모든 걸 쪼개어 분석하던 환원주의의 20세기가 저물고 통섭의 21세기가 열렸다. 섞여야 아름답고, 섞여야 강해지고, 섞여야 살아남는다. 학계, 기업, 사회가 함께 섞여야 한다. 이런 거대한 변화의 선봉에 일찍이 비빔밥을 개발한 우리 민족의 모습이 보인다.

(최재천, 「'비빔밥 정신'이 21세기를 이끈다」, 〈조선일보〉, 2006.11.23)

① 처음1(화제 제시1): 도마뱀붙이를 모방한 '끈적이로봇'의 발명 소식

② 처음2(화제 제시2): (   )

③ 중간1: (   ) - 학제 간 통섭의 사례1

④ 중간2: 의생학연구센터의 설립 - 학제 간 통섭의 사례2

⑤ 끝(전망 제시): (   )

3. 글을 구성하는 다양한 방식들

1) 글을 시작하는 여러 가지 방법

글의 도입부는 필자가 그 글을 쓴 목적을 알려야 하는 부분이므로 간단한 몇 개의 문장으로 말하고자 하는 내용을 요약하는 것이 좋다. 서론은 글 전체를 몇 개의 문장이나 문단으로 압축한 것이기 때문에 화려한 미사여구 대신에 육하원칙에 따라 최대한 간결하게 서술하는 것이 좋다.

언론인들은 '30-3-30 법칙'을 통해 기사의 제목과 도입부의 중요성을 강조한다.

> 언론인들은 '30-3-30 법칙'을 자주 언급합니다. 여기서 30, 3, 30은 각각 30초, 3분, 30분을 일컫습니다. 독자들이 기사를 읽을 때, 처음 30초 동안은 제목이나 부제, 사진, 그래픽 요소, 기사의 도입부 등을 살펴본다는 것입니다. 독자들은 처음 30초 안에 기사를 읽을 것인지 말 것인지를 결정합니다. 만일 읽기로 마음먹었다면 다음 3분 동안 기사의 도입부를 읽습니다. 그리고 도입부가 흥미롭다면 30분 동안 기사를 끝까지 읽는다는 것입니다. 기자와 편집자는 처음 30초를 3분으로 늘리고, 다시 3분을 30분으로 늘리기 위해 안간힘을 쓰는 것입니다.
>
> 기사만 그런 것은 아닙니다. 모든 글이 제목과 도입부에서 결정납니다. 시처럼 짧은 글에서도 제목이나 첫 연이 진부하면 독자들은 눈을 돌려버립니다. 소설은 굳이 설명이 필

요 없습니다. 보고서나 논문도 마찬가지입니다.

(이문재, 『글쓰기의 최소원칙』, 룩스문디, 2008, 211~212쪽)

이처럼 도입부에서 독자의 관심을 끌지 못하는 글은 절반의 실패를 했다고 봐도 무리가 아니다.

① 속담, 격언, 예화 등을 인용하여 시작하는 방법

속담이나 경구, 우화, 명언이나 일화, 통계, 보도 자료, 역사적 사실 등을 인용하여 문제를 유도해 가는 방법이다. 인용한 내용은 쓰고자 하는 글의 논지에 적합하면서도 가급적 다른 사람들이 잘 쓰지 않는 참신한 것이어야 한다. 그리고 내용의 출처를 밝히는 것이 원칙이다.

"세계문명에 있어서 유럽은 그 절대적 우월성을 누려왔다. 모든 훌륭한 정신적 소재가 유럽에 의해서 흡수되고 다듬어져서 다른 지역으로 퍼져나갔다. 유럽은 앞으로도 그런 특권적인 지위를 지켜나가야 할 텐데, 그것은 과연 가능할 것인가?"

이것은 제1차 세계대전의 생생하고 깊은 상처를 체험한 폴 발레리가 1919년에 쓴 『정신의 위기』에서 제기하고 있는 물음의 취지이다. 그는 이 문제를 살핌에 있어서, 유럽이 멸망하더라도 다른 지역의 문명이 그 대신 훌륭한 역할을 이어가리라는 폭넓은 전망에서 이야기하고 있는 것이 결코 아니다. 그의 불안의 밑바닥에는 '유럽문명의 멸망 = 문명의 멸망'이라는 등식이 깔려 있다. 그러나 우리들 비유럽인이 볼 때, 이 불안은 매우 아니꼽고 터무니없는 교만의 표현이기도 하다. 발레리의 유럽 중심주의는 정신적 제국주의라고 외쳐대고 싶은 정도이다.

그러나 이런 즉각적인 감정적 반응을 가라앉히고 좀 더 이성적으로 생각해보자. 그리고 우리들 자신이 바로 발레리와 같은 생각을 해왔던 것이 아니겠는가 하고 자문해보자. 그들 서양 사람들의 간사하고 능숙한 언변에 홀려들었건, 혹은 우리의 주체적이면서도 객관적인 판단에 의해서였던, 우리는 자신의 처지가 열등한 것이라고 느껴 왔고 그 극복을 위해서 유럽을 모범으로 바라보아온 것이 아니었던가? 근대화란 곧 서구화 그 자체는 아닐망정 적어도 서구적인 사상과 지식과 기술의 수용을 의미해 온 것이 아니었던가?

(정명환, 「민족문화를 위하여」, 『이성의 언어를 위하여』, 현대문학, 2003, 92쪽)

② 구체적인 경험이나 일화로 시작하는 방법

이 방법은 논제와 관련하여 자기 자신이나 주변의 사람들이 일상생활에서 겪은 체험이나, 보고 들은 사실 또는 사회에서 일어난 일 등으로 글을 시작하고, 이를 바탕으로 주제를 도입하거나 문제를 제기하는 방식이다. 이 방식은 논제의 범위가 넓은 경우에 효과적이다.

얼마 전 한국에서 열린 국제 축구 대회의 한 경기에서 텅 빈 관중석을 보고 놀랐다. 한국 팀이 출전하지 않는 경기에 한국인들은 전혀 관심이 없음을 보여준 것이다. 한국인들이 박세리, 박찬호에 열광하는 이유도 경기 그 자체보다는 그들이 한국인의 자긍심을 높여 주고 있다는 데에 있다. 국내 언론들은 스포츠 스타뿐만 아니라, 국제 사회 각계 각층에서 두각을 나타내는 경제인, 문화예술인들을 자랑스러운 한국인으로 추켜세운다. 한민족의 피가 흐르고 우리 민족의 자존심을 높인 사람이면 누구나 자랑스러운 한국인으로 추대한다. 심지어 외모만 한국인이지 한국어도 못하고 대한민국 국적을 갖고 있지 않은 엄연한 외국인까지 한국인으로 취급한다. 우리는 이렇게 해서라도 한국 민족의 정체성을 인정받고 자랑하고 싶어한다. 나는 이런 모습이 민족의 열등감과 빈약한 문화 정체성의 표현이라고 본다.

(현택수, 「혈통주의 벗어난 문화다원주의」, 『일상 속의 대중문화 읽기』, 고려대학교 출판부, 2003, 249쪽)

③ 비유적인 표현으로 시작하는 방법

다음 글의 도입부는 글의 주제를 다른 것에 빗대어서 이야기를 풀어가고 있다. 이 방법은 난해하거나 설명하기 어려운 것을 사람들에게 널리 알려진 이야기나 사실에 빗대어 서술하는 것으로 고도의 사고 능력이 작용하는 서술방법이다.

디지털에 관한 설명을 하고 있는 어떤 책에서 신데렐라에 관한 이런 이야기가 있었다. 요정의 도움으로 궁중의 파티장에 찾아간 신데렐라는 자정이 되자 한쪽 유리구두만 남겨두고 급히 집으로 돌아갔다. 왕자님은 신데렐라를 못 잊어 유리구두를 가지고 그 발에 맞는 임자를 한명씩 찾기 시작했다. 그리고 많은 노력 끝에 마침내 신데렐라를 찾게 된다. 그런데 과연 현실이라면 그런 방법으로 신데렐라를 찾을 수 있을까? 찾지 못했을 가능성이 많다. 가령 왕자님은 수많은 관리를 풀어 전국의 소녀들에게 구두를 신겨봐야 할 것인데, 이런 경우 엄청난 시간이 소비된다. 또 구두에 맞는 발을 가진 소녀가 아마 수만 명은 될 것이다. 이들을 확인하는 데도 엄청난 시간이 필요하다. 이렇게 1년 여의 시간을 보내고 나면 정작 구두의 주인공 신데렐라는 발이 훌쩍 커져 더 이상 그 구두를 신을 수가 없게 될지도 모른다.

만일 신체상의 특징을 기호화하여 분류해 두었다면 신데렐라를 찾는 데 하루도 걸리지 않을 것이다. 눈동자 색깔, 머리 색깔, 키, 목소리, 발 사이즈, 피부색, 얼굴형, 체형 등이 코드화 되어 있다면 신데렐라를 찾는 것은 엄청나게 쉬워진다. 뿐만 아니라 신데렐라를 찾는 데 들어가는 경비와 노력도 엄청나게 절약할 수가 있다. 이처럼 디지털이란 지식에 관련된 여러 정보들을 수량화, 기호화하는 것으로 시간과 경비를 절약한다는 의미에서 경제학적 효율성과 밀접한 관련이 있다.

사전적으로 디지털(digital)이란 손가락이란 뜻으로, 라틴어 디지트(digit)에서 온 말이다. 손가락으로 1,2,3 등등을 셀 수가 있다. 그래서 손가락은 0과 1을 이용하는 디지털 방식을 상징한다. 반면에 아날로그(analog)는 사전적으로 "있는 그대로 모방한다"라는 개념이다. 예컨대 아날로그 방식의 TV는 소리, 빛, 전기 등의 파장을 갖는 것으로 디지털 TV보다 자연에 가깝다. 반면에 디지털 TV는 화상이나 음성신호를 컴퓨터 파일이나 CD에서와 같이 디지털 신호를 바꾼 것으로 아날로그 방식에 비해 선명한 화질을 얻을 수 있다.

(정희모, 「아날로그와 디지털」, 『NEO 소포트웨어 저작권』, 2003.11)

④ 시사성 있는 화제로 시작하는 방법

서두에서 글 전체의 주제를 암시하는 문제제기를 하려면 시사성 있는 화제로 글의 도입부를 장식하는 방식이 효과적이다. 이 경우 서두는 본론에서 다룰 내용을 위한 전제가 되거나 기초적인 사실 정보를 제공하는 기능을 하게 된다. 아래의 글은 시사적 화제를 통해 자신의 입장을 표명하면서 글을 시작하고 있다.

2009년은 잔인하게 시작되었다. 시민 5명과 경찰 1명이 불에 타죽는 참사가 벌어졌다. 한국사회가 웬만큼 발전과 진보를 이뤘다고 자족하려 할 때마다 우리의 뒷덜미를 잡는 야만적 사건이 일어나곤 했지만, 용산 참사는 여느 사건과 다르게 느껴진다. 민주주의의 진전으로 국가공권력에 의해 시민들이 죽임을 당하는 일만큼은 없으리라고 생각해왔기 때문이다. 민주화의 기초가 억압적 국가기구의 민주화에 있음을 생각할 때, 이는 민주주의의 근간이 흔들리고 있음을 보여준 징표가 아닐 수 없다.

건설자본 중심의 재개발방식이 가진 제도적 폭력 그리고 그 과정에서 야기되는 철거민에 대한 용역업체의 적나라한 물리적 폭력은 어제오늘의 일이 아니다. 부유층은 물론 중간계층까지 부동산개발 열풍에 휩쓸리는 바람에 철거민들의 고통은 의당 받아야 할 사회적 관심을 받지 못했을 뿐이다. 하지만 이번 사건에는 그 이상인 면이 있다. 참사가 일어난 용산 제4지구 재개발지역은 올해 2월에 착공이 예정된 곳이었다. 그전에 철거를 마무리하지 못하면 용역업체는 지체보상금을 토해내야 할 처지였다. 이 때문에 철거가 무리하게 강행되었고 주민의 저항 역시 그만큼 격렬할 수밖에 없었는데, 문제는 저항하는 철거민을 진압하는 데 경찰이 적극 나섰다는 것이다. 토지와 도시공간이라는 공유자산을 사적 이윤창출의 근원으로 전환하는 건설자본의 이익추구는 그런 공유자산을 팔아넘기는 국가권력 없이는 불가능하다. 그리고 용산 참사는 자본과 국가권력이 결탁의 정도를 넘어 한몸이 되었음을 보여주는 사례다.

(김종엽, 「스스로 다스림의 한해를 시작하며」, 『창작과비평』, 2009년 봄, 2~3쪽)

2) 글을 마무리하는 여러 가지 방법

글에서 종결부라 하면 대부분 본론에서 논의했던 내용을 요약, 정리하는 형식을 생각하기 마련이다. 하지만 그리 간단하지만은 않다. 글의 흐름을 타고 자연스럽게 마무리되어야 하며 독자들에게 깊은 인상을 남겨야 하기 때문이다. 시간이 부족하거나 힘이 빠져서 허술하게 끝냈다면 거의 아무 말도 안 한 것이 되기 쉽다. 독자들은 마지막에 본 정보에서 가장 강한 인상을 받는다.

① 인용문으로 마무리하는 방법

인용은 글의 서두에서 독자의 관심과 흥미를 유발하는 데도 요긴하지만, 결론에서 독자들에게 인상적인 여운을 남김으로써 글의 주제를 강조하는 데도 유용하다.

불후의 업적으로서의 책이 아닌, 수정과 변화를 거듭하는 것으로서의 책이 우리에게 주는 메시지는 '진리에의 의지'가 아니다. 그것은 '자기 극복의 의지'이다. 나는 이 글을 리처드 로티의 다음 이야기로 마무리하고자 한다. 우연에 대한 각별한 애정, 이것이 '자기 극복의 의지'의 원동력이며 미래의 책을 거부감 없이 받아들이는 출발점이다. 하이퍼텍스트라는 새로운 자루에는 새 술이 필요하다. 그것은 '우연'이라는 술이다.

> 아주 옛날에 우리는 눈에 보이지 않는 세계 너머에 놓여 있는 어떤 것을 숭배할 필요를 느꼈다. 17세기가 시작되면서 우리는 과학에 의해 기술되는 세계를 신성한 무언가로 봄으로써, 신에 대한 사랑을 진리에 대한 사랑으로 바꾸고자 했다. 18세기가 시작되면서 우리는 우리 자신의 내면 깊숙한 영적, 시적 본성을 또다시 신성한 무언가로 봄으로써 과학적 진리에 대한 사랑을 우리 자신에 대한 사랑으로 바꾸고자 했다.
>
> …… 이제 우리는 어떤 것도 숭배하지 않아도 되는 그리고 어떤 것도 신성한 무언가로 간주하지 않아도 되는 그리고 우리의 언어, 의식, 사회 등 모든 것을 시간과 우연의 산물로 다룰 수 있는 그런 지점에 도달했다. 프로이트의 말을 빌면, "우연을 우리의 운명을 결정할 만한 가치가 있는 것으로 다룰 수 있는" 시점에 도달

했다. (Richard Rorty, *Contingency, Irony and Solidarity*, Cambridge Univ. Press, 1989, p.22)

(배식한, 『인터넷, 하이퍼텍스트 그리고 책의 종말』, 책세상, 2000, 167쪽)

② 자신의 견해를 밝히며 마무리하는 방법

다음 글의 지은이는 동서양의 문화적 충돌 현상을 둘러싼 다양한 견해들에 대한 자신의 입장을 밝혔다. 이처럼 선택적 판단의 결말 쓰기를 통해 글쓴이의 생각을 설득력 있게 주장할 수 있다.

나는 동양과 서양의 문화가 서로의 문화를 수용하여 중간쯤에서 수렴될 것이라는 이 세 번째 견해가 '문화 차의 미래'에 대한 가장 타당한 견해라고 믿는다. 동양과 서양은 서로의 장점을 수용하여 두 문화의 특성이 함께 공존하는 문화 형태를 만들어 나갈 것이다. 마치 요리의 재료들이 각각의 속성은 그대로 지니면서도 서로 어우러져 하나의 새로운 요리를 만들어내듯이, 두 문화는 새로운 통합을 맞이할 것이다. 그 통합이 두 문화의 가장 좋은 특성들만을 모아 놓은 걸작이 되기를 기대해 본다.

(리처드 니스벳, 최인철 옮김, 『생각의 지도』, 김영사, 2004, 230쪽)

③ 전망이나 주장을 제시하면서 마무리하는 방법

다음 글은 전망이나 미래 예측에 관한 주장을 제시하면서 글을 종결하는 방법을 보여준다. 특정한 사회 현상에 대한 문제점을 드러내고 다수에게 지금의 상태를 개선해야 한다는 각성을 요구하며 글을 마치고 있다.

이처럼 황사에 관한 전망은 밝지 않다. 모두 중국과의 협력을 말하지만, 위에서 살핀 것처럼 협력할 길이 마땅치 않다. 따라서 우리는 개인적으로나 사회적으로나 황사와 더불어 사는 것을 준비해야 한다. 어두운 소식이지만, 이것은 야심찬 젊은이들에겐 기회를 내놓기도 한다. 우리 삶에 스며드는 황사의 영향을 줄이는 방법들과 기구들을 생각해내서 사회에 공헌하는 데 개인적으로 성공할 가능성이 있는 것이다.

(복거일, 「황사로 흐릿한 하늘 아래」, 『현명하게 세속적인 삶』, 경덕출판사, 2006, 59쪽)

다음은 동거를 주제로 어느 학생이 쓴 글이다. 아래 글의 제목을 달아보고 서문을 써 보시오(300자 내외). 또한 이 글과 반대 입장에 서서 동거문화를 부정적으로 바라보는 글을 작성해 보시오(1,000자 내외).

제목 :

동거는 급속하게 변화하는 현대사회 속에서 출현하고 있는, 다양한 형태의 개인 및 가정적 삶의 하나로 확산되고 있다. 동거라는 것은 혈연관계나 친척관계가 아닌 두 남녀가 공식적으로 혼인신고나 결혼식을 하지 않은 채 살아가는 것을 말한다. 과거의 동거는 집안의 극심한 반대나, 경제적 이유 등 예외적인 상황에서 주로 선택되었다. 그러나 현재는 의식이 많이 바뀌어가고 있으며, 이를 주선해주는 인터넷 홈페이지도 등장하고 드라마, 영화, 소설 등 대중매체에서도 공공연히 다루어지고 있다.

그러나 아직도 이러한 동거문화에 대해 부정적인 입장을 취하는 사람들이 있다. 그들은 동거가 '사회 불안정'을 초래한다고 말한다. 결혼이라는 끈으로 두 집안이 묶이지 않은 채 단순한 개인끼리의 결합인 동거는 쉽게 어긋날 수 있기 때문이다. 또, 동거는 분명 결혼을 못하는 이유가 있기 때문에 주위로부터 축복받을 수 없다고 한다. 양가 부모는 어떤 합당한 이유가 있으므로 그들을 결혼시키지 않았을 것이다. 그럼에도 불구하고 둘끼리만 좋다고 해서 동거를 시작한다면, 그것은 도피행위이고 나중엔 후회하게 되며 책임 또한 지지 못할 것이다.

물론 위의 의견이 틀린 것은 아니지만 과장된 측면이 없지 않다. 먼저, 동거와 헤어짐이 반복되면 '사회 불안정'이 초래된다는 점을 살펴보자. 커플이 동거라는 결정을 쉽게 내릴 리가 없다. 한 지붕 아래에서 사는 '사실상의 결혼'이나 마찬가지인 동거를, 교육수준이 높다고 하는 우리나라 성인 남녀들이 이것저것 따져보지도 않고 연애하듯 결정하겠는가? 아니라고 본다. 두 번째 입장 또한 잘못된 생각이다. 사람과 사람이 만나 같이 사는 과정에서 가장 중요한 것은 주위의 축복이 아니라 그 둘의 의사이다. 물론 주위상황을 무시할 수는 없지만, 그것이 둘의 의사를 저지할 만큼 중요한 것은 아니라는 말이다. 따라서 반대 입장의 의견은 주객이 전도된 것이라고 할 수 있다.

동거는 현시대에 알맞은 생활양식이라 할 수 있다. 결혼으로 인해 수많은 사회관계를 맺기 전에 결혼생활을 체험해보고 결혼을 결정하기 때문이다. 하지만 그 선택에 있어서는 신중해야 할 것이다. 일단 결혼은 하게 되면 서류상에 낙인이 찍힌다. 그 사람의 전체 모습을 다 알지도 못한 채 내린 결정에 인생을 거는 것이다. 그러나 결혼의 예행연습을 미리 하는 동거는 그렇지 않다. 상대방의 몰랐던 단점을 파악할 수 있게 된다. 따라서 이혼율 또한 감소시킬 수 있다. 오늘날 세계 정상 수준으로 치솟는 우리나라의 이혼율을 고려해 볼 때 매우 긍정적인 측면이다.

동거를 함에 있어서 가장 큰 문제는 동거 자체가 법적으로 인정된 것이 아니기 때문에 상속 문제, 육아 문제 등이 나타날 수 있다는 것이다. 하지만 프랑스가 1990년에 '민사적 동반자계약에 관한 법률안'을 제정한 바와 같이 조만간 우리나라도 동거 가족에 대한 법률안이 만들어질 것이다. 다만 아직도 우리 사회엔 퇴폐적이고 음성적인 동거문화가 우리의 의식 속에 자리 잡고 있어 부정적 시각이 남아있는 것도 사실이다. 이러한 시각을 떨쳐내고 올바른 동거문화가 정착될 때, 우리의 가족사회는 더욱 풍요로워질 것이다.

6장

다양한 진술 방식을 활용하자

1. 어떻게 말할 것인가?

학생들은 요약 정리의 달인이다. 자신의 생각을 간결하게 한두 마디로 압축해서 표현하는 능력이 탁월하다. 반면, 일정한 분량으로 자기 주장을 길게 설명하거나 논리적으로 설득하는 일에는 서툴다. 주어진 주제에 대해 몇 마디 하고 나면 할 말이 없다는 것이다. 정해진 분량을 지켜 글을 써내야 할 경우, 이런 요약 정리 능력은 난감할 수밖에 없다. 하고 싶은 말을 다 했는데 분량이 얼마 되지 않을 때, 나머지 분량을 채울 일이 감감하다. 리포트 짜깁기의 유혹에 빠지는 것도 이 때문이다. 휴대전화로 문자를 보내거나 인터넷 기사에 댓글을 다는 데에는 아무 어려움이나 불편을 느끼지 않으면서 편지를 쓰거나 자신의 주장이 드러난 글을 쓰는 데에는 부담을 느끼는 이유가 무엇일까?

예를 들어 보자. 영화를 본 후 영화 사이트에 별점이나 100자 평 등을 남겨 본 경험은 누구나 한번쯤 있을 것이다. 그러나 영화평을 써야 한다면 문제는 달라진다. 형식도 문제지만 가장 큰 문제는 분량이다. 이때 다양한 진술 방식을 활용한다면 글을 길게 쓰는 일은 그다지 어려운 일이 아니다. 영화 별점 평가에서 별 네 개를 주었다면 그것은 '이 영화는 대체로 재미있었다'는 의미일 것이다. 이것이 자신이 주장하고 싶은 바,

즉 주제이다. 여기서 분량을 늘려 영화평을 쓰기 위해서는 주제를 뒷받침할 수 있는 근거들을 제시하면 된다. 예시나 비교, 분석 등을 통해 영화가 얼마나 재미있는지 설명을 할 수도 있고, 대중들이 재미를 느끼는 요소가 무엇인지, 이 영화는 그러한 요소들을 얼마나 가지고 있는지 논리적으로 증명을 할 수도 있으며, 영화의 줄거리를 서술하거나 인상 깊었던 장면을 묘사하면서 영화에 대한 자신의 생각을 피력할 수 있다. 이처럼 다양한 기술 방법을 통하여 자신의 주장을 더욱 명확히 드러내게 되는데 이러한 설명, 논증, 묘사, 서사 등의 방법을 진술방식이라고 한다.

한 편의 글이 한 가지 진술방식으로만 전개되는 경우는 거의 없으나 설명문에서는 설명의 방식을, 논설문에서는 논증의 방식을 주로 사용하게 되며, 문예문이나 실용문에서는 묘사나 서사를 주로 사용하기도 한다. 그러나 자신의 주장을 드러내기 위해서는 이 모든 방식을 잘 익혀 고루 활용할 수 있어야 한다.

2. 진술 방식의 종류

1) 설명(exposition)

설명은 어떠한 대상, 즉 사물이나 개념, 사실이나 사건 등에 대해 풀어 그 본질을 밝히는 것으로서 '~은 무엇인가'에 대한 대답에 해당한다. 설명에는 정의, 지정, 예시, 비교, 대조, 분류, 구분, 분석 등의 다양한 방식이 있다.

① 정의와 지정

■ 정의

정의는 대상을 가리키는 낱말의 의미를 분명하게 밝혀주는 것으로, 가장 본질적인 속성을 파악하는 것이 핵심이다.

정의를 내리는 방법으로는 다음의 두 가지 방식이 있다.

외연적 정의: 채소란 배추, 무, 당근, 양파, 감자, 시금치 등이다.

내포적 정의: 채소란 밭에서 기르는 농작물이다.

외연적 정의는 개념[채소]이 가리키는 대상[배추, 무, 당근……]들을 열거하는 방식으로, 직관에 의존하는 비교적 쉬운 정의 방식이다. 반면, 내포적 정의는 개념의 대상들이 공통적으로 가지고 있는 성질이나 특징(밭에서 기르는, 농작물)을 기술해야 하므로 분석과 통찰의 과정이 필요한, 비교적 까다로운 정의 방식이다.

사전적 정의는 내포적 정의의 가장 대표적인 형태인데, 이때는 유(類)와 종차(種差)에 의한 정의 방식이 사용된다.

피정의항	정의항	
종개념	종차	유개념
삼각형	세 개의 선분으로 둘러싸인	평면도형
홀아비	아내를 잃고 혼자 지내는	사내
침대	사람이 누워 잘 수 있도록 만든	가구

삼각형은 평면도형의 한 종류이다. 평면도형에는 삼각형 외에도 사각형, 오각형 등의 다른 종들이 있는데 이들과 삼각형을 구별시켜 주는 차이를 '종차'라고 한다. 즉 '세 개의 선분으로 둘러싸인'이라는 특징은 삼각형을 다른 평면도형들과 구별시켜 주면서 삼각형을 정의하는 중요한 내용이다. 이처럼 유개념에 종차를 덧붙여 대상을 정확하게 가리키는 방식은 아리스토텔레스가 제안한 '유와 종차에 의한 정의'이다. 이 방식은 까다롭기는 하나 종차를 통해 개념의 본질적 특성을 드러낼 수 있다는 장점을 지닌다.

이처럼 내포적 정의 방식에서는 본질적 특성을 정확하게 포착하는 종차를 찾는 것이 관건인데 문제는 이것이 쉽지 않다는 점이다. 예를 들어 '인간은 도구를 사용하는 동물이다'라고 했을 때, 동물의 한 종인 인간은 '도구를 사용하는'이라는 본질적인 특성으로 인하여 다른 동물들과 구별될 수 있다. 그러나 인간만이 유일하게 도구를 사용하는 것은 아니라는 사실을 상기한다면 이 정의는 옳은 정의라고 할 수 없다. 사전적 정의만으로 어떤 개념이나 사항에 대한 설명이 충분히 이루어지기는 어려워 실제 글에서는 예시나 분류, 비교나 분석 등 다양한 설명 방법을 활용하여 개념이나 속성, 관련 사항을 충분히 설명하기도 하고, 때로는 필자의 견해를 부가하기도 한다. 이러한 정의를 '확대 정의'라고 한다.

엔트로피 법칙! 이제 새로운 세계관이 떠오르고 있다. 이 세계관은 역사를 구성하는 틀로서의 기계론을 결국 대치하게 될 것이다. 아인슈타인은 엔트로피를 "모든 과학에 있어 제1법칙"이라고 주장했다. 아서 에딩턴(Arthur Edington) 경은 이 법칙이 "전 우주를 통틀어 최상의 형이상학적 법칙"이라고 말했다. 엔트로피 법칙은 열역학 제2법칙이다. 제1법칙은 우주 안의 모든 물질과 에너지는 불변하며, 따라서 창조될 수도 없다고 가르친다. 단지 그 형태만 바뀔 뿐이다. 제2법칙은(엔트로피 법칙)은 물질과 에너지는 한 방향으로만 변한다고 규정한다. 즉, 유용한 상태에서 무용한 상태로, 획득 가능한 상태에서 획득 불가능한 상태로, 질서 있는 상태에서 무질서한 상태로 변한다는 것이다.

본질적으로 제2법칙이 의미하는 바는 이렇다. 우주 안의 모든 것은 일정한 구조와 가치로 시작해서 무질서한 혼돈과 낭비의 상태로 나아가며, 이 방향을 거꾸로 되돌리는 것은 불가능하다. 엔트로피란 우주 내 어떤 시스템에 존재하는 유용한 에너지가 무용한 형태로 바뀌는 정도를 재는 척도이다. 엔트로피 법칙에 따르면, 지구상이건 우주건 어디서든 질서를 창조하기 위해서는 더 큰 무질서를 만들어내야만 한다.

(제레미 리프킨 지음, 이창희 옮김, 『엔트로피』, 세종연구원, 1996, 20~21쪽)

내포적 정의를 사용할 때는 몇 가지 유의해야 할 점이 있다.

첫째, 정의는 종의 본질적 속성을 기술해야 한다. '극장은 사람이 많이 모이는 곳이다'와 같은 정의는 참이기는 하나 본질적인 속성을 기술하고 있지는 않아서 정확한 정의라고 할 수 없다.

둘째, 정의는 순환적이어서는 안 된다. '수학은 수에 관한 학문이다'와 같은 정의는 피정의항의 정보를 되풀이하고 있을 뿐, 내포적인 특성을 드러내지 못하고 있다.

셋째, 정의는 너무 넓어서도 너무 좁아서도 안 된다. 예를 들어, '홀아비는 혼자 사는 남자'라고 했을 때의 정의는 너무 넓다. 혼자 사는 남자에는 혼자 사는 총각도 포함되어 있기 때문이다. '국문학은 한글로 된 문학이다'라고 정의하는 것은 너무 좁은 정의이다. 이렇게 좁은 정의에서는 한글 창제 이전 한자나 향찰, 이두 등으로 창작된 방대한 양의 한국문학은 배제될 수밖에 없다.

넷째, 정의는 모호하거나 비유적인 표현을 사용해서는 안 된다. 정의의 목적은 의미를 명료화하는 것이다. '이슬비는 아주 가늘게 내리는 비다'라는 정의의 경우, '가늘다'의 의미가 명료하지 못하다. 따라서 비슷한 형태를 보이는 보슬비나 가랑비 등과 구별되지 않는 모호한 정의가 된다. '간호사는 백의의 천사다'라는 정의 또한 비유적인 표현을 사용한 예로서 이 역시 올바른 정의라고 보기 어렵다.

다섯째, 부정적인 정의를 피한다. '불만', '몰상식' 등과 같이 본질적으로 부정적인 의미를 가진 개념들이 아니라면, 긍정적인 정의가 가능한 경우에는 긍정적인 정의를 해야 한다. 즉, '안심은 불안한 마음이 없는 것이나'라는 정의는 긍정적인 정의가 가능한데 부정적인 정의를 한 경우이다. '안심은 모든 걱정을 떨쳐 버리고 마음을 편히 가지는 것이다'라고 정의하면 긍정적인 정의가 된다.

사물이나 개념의 본질적인 속성을 드러내고 있다는 점에서 정의는 최대한 객관성을 유지하고 있는 것처럼 보인다. 그러나 개념 정의의 경우에는 대상에 대한 필자의 이해와 사고가 정의와 밀접한 관련을 가지기도 한다. 가령, '죽음'의 경우, 사전적 정의는 '생명활동이 정지되어 다시 원상태로 돌아오지 않는 생물의 상태로서 생의 종말'이라고 되어 있다. 그러나 의학적 관점에서 '죽음'의 정의는 간단하지 않다. '심장의 활동이 정지한 시점'으로 보느냐 '인간의 모든 기능을 제어하는 뇌 특히, 뇌간의 기능이 완전히 상실한 시점'으로 보느냐에 따라 심장정지설과 뇌사설로 나뉘어 각각 다른 정의를 내리고 있다. '죽음'의 정의를 둘러싸고 존엄사와 안락사 논란이 끊이지 않는 것은 이처럼 '죽음'의 정의가 시각에 따라 달라질 수 있기 때문이다.

어떤 개념이나 대상의 정의는 시대나 사회 변화에 따라 달라지기도 한다. 예를 들어, '열녀'의 경우, 조선 초기 『삼강행실도』의 열전에 나오는 열녀들은 정절뿐만 아니라 자식 교육, 시부모 공양 등 여성으로서 본이 될 만한 행적을 남긴 인물을 가리킨다. 그러나 임병양란을 거치면서 정절을 지키기 위해 자결하는 여성들이 등장하기 시작하면서 17세기 후반, 특히 18~19세기의 '열녀'는 순절하는 여성을 가리키는 것으로 '열녀'의 정의는 바뀌게 된다. 이처럼 개념이나 대상에 대해 어떻게 정의하는가 하는 문제는 시대나 사회, 이데올로기나 필자의 가치관 등의 문제와도 밀접하게 관련되어 있다.

■ 지정

정의와 비슷한 것으로 지정이 있다. 간단하고 명백하게 어떤 대상을 직접 설명해 주는 방식으로, 주로 '무엇인가', '누구인가'에 대한 대답의 형태로 나타난다.

다음 글은 각각 '역사란 무엇인가', '오리엔탈리즘이란 무엇인가'에 대해 설명하고 있다.

> '역사란 무엇인가'라는 물음에 대한 나의 최초의 대답은 결국 다음과 같은 것이 되겠다. 역사란 역사가와 사실의 부단한 상호작용의 과정이며, 현재와 과거의 끊임없는 대화이다.
>
> (E.H. 카아 지음, 곽복희 옮김, 『역사란 무엇인가』, 청년사, 1985, 38쪽)
>
> 오리엔탈리즘이란 동양을 지배하고 재구성하며, 위압하기 위한 서양의 스타일이다.
>
> (에드워드 사이드 지음, 박홍규 옮김, 『오리엔탈리즘』, 교보문고, 1991, 18쪽)

지정은 대상의 특징을 나타내기 때문에 종개념과 유개념을 사용하는 정의와는 구별된다. 즉, '인간은 사고할 줄 아는 동물이다'라고 했을 때, '인간'은 '동물'의 한 종이며 '사고할 줄 안다'는 종차를 지닌다. 따라서 이 문장은 참이며 그 역 또한 참이므로 '정의'라고 할 수 있다. 그러나 '역사란 현재와 과거의 끊임없는 대화이다'라고 했을 때, '역사'는 '대화'의 종개념이 아니다. 따라서 이 문장의 역은 참이 될 수 없으므로 '정의'가 아닌 '지정'이 된다.

다음 단어의 사전적 정의를 찾아보고, 지정의 방법으로 설명해 보자.

나	사전적 정의	
	지정	
사랑	사전적 정의	
	지정	
친구	사전적 정의	
	지정	
대학	사전적 정의	
	지정	
생명	사전적 정의	
	지정	

위의 단어 중 하나를 골라 확대정의를 해 보자.

시대나 사회 변화에 따라 정의가 바뀌는 것들의 예를 찾아보고, 어떻게 달라졌는지 비교해 보자.

② 예시

예시는 구체적인 사례를 들어 설명하는 방식이다. '예컨대', '예를 들면' 등과 같은 표현과 함께 쓰기도 하는데 일반적인 개념이나 추상적인 개념을 설명할 때 매우 유효한 설명 방식이다.

가장 기초적인 분자생물학적 과정들과 몇 가지 거대한 해부구조에서와 같이 거의 모든 이들이 동일한 반응 양태를 가지는 경우도 있다. 지질학적인 시간 척도로 오래전에 지금의 보편 형질들이 처음으로 생겨나기 시작했을 즈음에도 틀림없이 유전자 변이들이 있었을 것이다. 하지만 자연 선택은 그 변이의 폭을 좁혀 결국에는 제거해 버렸다. 물론 그렇지 않은 경우도 있다. 예컨대 모든 포유류는 손가락과 발가락이 각각 10개씩 있으며 환경의 차이에 따른 그것의 변이는 실제로 없다. 따라서 반응 양태는 정확히 단일한 상태, 즉 10개의 손가락과 10개의 발가락이다. 하지만 대부분의 경우에 인간은 유전적으로 상당히 다르다. 심지어 문화의 보편자로 여겨지기에 충분한 형질의 경우에도 마찬가지이다. 변이를 최대한 이용하고 건강과 재능을 증진시키며 인간의 잠재력을 실현하기 위해서라도 유전과 환경 둘 다의 역할을 이해하는 일은 필수적이다.

(에드워드 윌슨 지음, 최재천·장대익 옮김, 『통섭』, 사이언스북스, 2005, 251쪽)

많은 신화가 최초의 인간이 돌에서 나왔다고 얘기한다. 이 모티프는 중앙 아메리카의 위대한 문명(잉카, 마야)뿐만 아니라 남아메리카의 몇몇 부족의 전승, 그리스인과 셈 족, 코카서스 산맥 지역, 그리고 일반적으로는 소아시아에서 오세아니아에 걸쳐 입증된다. 데우칼리온은 인간이 세상에 다시 살 수 있도록 등 뒤로 '그 어머니의 뼈'를 던졌다. 대지모의 이 뼈들은 곧 돌들이었으며, 근원, 불멸의 실재, 그리고 새로운 인류를 출현시킬 모태를 표현하고 있었다. 돌이 절대적 실재, 생명, 신성성을 표현하는 원형적 이미지라는 점은 세계의 모태인 대여신(大女神)과 동일시된 생식석으로부터 태어난 신들에 관한 수많은 신화를 통해서 증명된다. 구약성서에는 돌에서 인간이 태어났다는 고대 셈 족의 전승이 보존되어 있는데, 기독교의 종교적 민간 전승이 훨씬 고양된 의미로 이 이미지를 수용하여 구세주에 적용시킨 점은 놀라운 일이다. 루마니아의 어떤 지역에서는 성탄절이 되면 그리스도가 돌에서 탄생했다고 말한다.

(미르치아 엘리아데 지음, 이재실 옮김, 『대장장이와 연금술사』, 문학동네, 1999, 47쪽)

과학자들이 과학과 관련된 윤리적 문제에 눈을 감아서는 안 될 이유는 또 있다. 최근에는 연구 주제의 선정에서부터 그 결과의 배포에 이르기까지 연구비를 지원하는 집단이나 기관의 영향력이 점점 커지고 있기 때문이다. 예를 들어, 대규모 제약 회사의 연구비를 받는 생물학자와 의사들의 연구는 소위 많은 돈을 벌게 해주는(즉 많은 사람이 앓는) '블록버스터 치료약'(blockbuster drug)에 집중되지 소수의 사람들이 앓는 질병은 상대적으로 무시하는 경향을 보인다. 게다가 연구비를 지원한 기업이 원하던 결과가 나오지 않았을 때 과학자들의 논문 출판을 막는 경향도 있다. 영국의 거대 제약사인 부츠(Boots)사가 연구비를 댄 과학자의 연구 결과가 자신들에게 불리하게 나오자 이를 출판하지 못하도록 했다는 예는 잘 알려진 경우이다. 비슷한 예는 또 있다. 담배 회사 필립모리스의 경우 자신들에게 불리한 연구 결과에 압력을 넣어 세간의 지탄을 받은 일이 있다.

(홍성욱, 『홍성욱의 과학 에세이: 과학, 인간과 사회를 말한다』, 동아시아, 2008, 221쪽)

③ 비교와 대조

비교와 대조는 두 개 이상의 대상을 설명하는 데 있어 관계를 염두에 두고 공통점과 차이점을 기술함으로써 각 대상의 특성을 드러내는 설명 방식이다. 비교는 주로 공통점에, 대조는 주로 차이점에 주목한다는 점에서 각각 구분하기도 하지만, 비교의 경우에도 대상들의 차이를 드러내기도 하므로 비교를 대조까지 포함하여 넓은 의미로 사용하기도 한다.

비교는 어떤 판단이나 결정을 내릴 때 흔히 사용하는 방법이다. 두 가지 이상을 비교하면 판단이나 결정에 효과적일 뿐만 아니라 그 대상의 본질이나 특성이 더욱 잘 드러나게 된다.

비교를 통한 설명 방식은 비교 기준별 기술 방식과 비교 대상별 기술 방식, 크게 두 가지로 나뉜다. 전자는 비교 기준에 따라 A와 B 두 대상을 차례로 번갈아 가며 기술하는 방식이고, 후자는 대상 A에 대해 일괄적으로 기술한 후 대상 B에 대해 기술하는 방식이다.

노인부부가계와 노인독신가계의 비목별 월평균 소비 지출액은 <표 2>에 비교되어 있다. 노인부부가계의 월평균 소비 지출액수는 902,742원, 노인독신가계는 356,156원으로 노인부부가계가 약 2.5배 더 많은 지출을 하고 있는 것으로 나타났다. 지출비목별로 살펴보면 주거비를 제외하고 노인부부가계와 노인독신가계의 다른 모든 비목의 월평균지출액수에는 유의한 차이가 있었다. 노인부부가계와 노인독신가계 간에 가장 큰 차이를 보이는 비목은 외식비였는데 노인부부가계가 노인독신가계에 비해서 6.4배 정도 많은 지출을 하고 있었다. 그 다음으로 큰 차이를 보였던 비목은 교육비로서 노인부부가계가 약 5.3배 많았고, 교양오락비와 교통통신비도 각각 3.4배 정도 많은 지출을 하고 있는 것으로 나타났다. 한편 주거비는 통계적으로 유의한 차이를 보이지 않았으며, 광열수도비도 그 차이가 적어 노인부부가계가 노인독신가계에 비해 약 1.7배 정도 많은 지출을 하고 있었다.

(여윤경, 「노인부부가계와 노인독신가계의 소비패턴 비교」, 『한국가정관리학회지』 제21권 5호(통권 제65호), 한국가정관리학회, 2003, 6쪽)

여자들은 목표 지향적이라기보다 관계 지향적이다. 그들은 자신의 능력 대신에 자기가 지닌 따뜻함과 사랑과 관심을 표현하고 싶어한다. 화성인 둘이서 점심 식사를 하러 갈 때는 계획에 대한 논의나 사업상의 목적 등 해결해야 할 일이 있을 경우이다. 그들에게 있어 레스토랑에 간다는 것은 쇼핑을 하고 요리를 하고 설거지를 하지 않고도 손쉽게 음식을 먹을 수 있는 하나의 능률적인 방법이다. 반면에 금성인들이 함께 점심을 먹으러 가는 것은 우정을 돈독히 하고 관계를 풍요롭게 하는 계기이다. 여자들이 레스토랑에서 나누는 대화는 의사와 환자 사이에 오가는 상담만큼이나 내밀하고 솔직한 것일 수가 있다.

(중략)

금성에서는 조언과 충고가 관심의 표시로 받아들여진다. 금성인들은 어떤 일이 잘되어 가고 있을 때도 더 잘 될 수 있을 거라는 믿음을 갖고 있다. 무엇이든 좀 더 낫게 만들고 싶어하는 것이 그들의 천성이다. 누군가를 좋아하게 되면 금성인들은 어떤어떤 점들은 이러이러하게 해 보면 훨씬 낫겠다든가 예뻐 보이겠다든가 하는 등의 이야기를 서슴없이 해준다. 조언을 하고 건설적인 비판을 아끼지 않는 것이 그들의 사랑법이다.

화성인들은 사뭇 다르다. 그들은 해결책을 보다 중시한다. 만일 어떤 일이 제대로 돌아가고 있다면 굳이 바꿀 필요가 없다는 것이 그들의 신조이다. '고장이 나지 않는 한 고치지 말라'는 것이 그들이 흔히 쓰는 표현이다.

(존 그레이, 김경숙 옮김, 『화성에서 온 남자 금성에서 온 여자』, 친구미디어, 1993, 36~37쪽)

첫 번째 글은 비교 기준별 기술의 예로, 노인부부가계와 노인독신가계의 소비패턴을 비교하는 글인데, 지출 비목별로 두 대상을 번갈아가며 설명하는 방식을 취하고 있다. 두 번째 글은 비교 대상별 기술방식으로, 금성인(여성)과 화성인(남성)을 비교 대상으로 삼고 있는데 금성인의 속성을 먼저 나열하고 화성인의 속성을 나열하고 있다.

어느 방식으로 비교하더라도 비교를 할 때는 다음과 같은 몇 가지 사항에 유의해야 한다.

첫째, 대상 A에서 언급된 요목은 대상 B에서도 언급하는 것이 좋다.

둘째, 대상 A에 관련된 요목의 순서는 대상 B의 경우에도 그대로 지켜지는 것이 좋다.

셋째, 대상 A를 언급한 부분과 대상 B를 언급한 부분의 분량은 비슷한 것이 좋다.

넷째, 특히 분량이 많은 일괄 비교의 경우, 대상 B의 요목들을 나열할 때 대상 A의 해당 요목을 간략히 상기시켜 주는 것도 좋은 방법이다.

다음 예문은 비교 기준별 기술과 비교 대상별 기술을 함께 사용한 예이다. 예시 방법을 활용하여 밑줄 친 부분을 설명해 보자.

구디(Goody, 1987)는 구어와 문어의 차이점을 어휘 및 통사 측면에서 보다 구체적으로 언급했는데, 그에 의하면 어휘 관점에서 볼 때 문자 언어는 음성언어에 비해 다음절의 어휘를 사용하는 경우가 많고, 개념을 명사의 형태로 표현하거나 추상적으로 나타내는 경우가 많다. 그에 비해 음성언어는 동사 표현이 많고 구체적이고 체험적인 개념의 언어를 사용하는 경우가 많다. 또한 문자언어는 해당 언어의 원형 언어에 의존한 표현(영어의 경우 라틴 어휘)이 상대적으로 많으며 문장 요소로서의 형용사의 사용이 빈번한 반면, 음성언어는 문자언어에 비해 어휘의 중복이 심하며 인칭대명사의 사용이 상대적으로 많은 경향이 있다. 둘째, 통사 관점에서 볼 때 문자언어는 음성언어보다 복잡한 통사규칙을 많이 가지고 있으며, 문장간 대등한 구조보다는 종속구조를 이루는 경우가 많고, 단언문이나 가정법, 수동태의 쓰임이 많으며, 동명사, 분사, 귀인 형용사, 조동사 등의 사용이 많다. 그에 비해 음성언어는 관사보다는 지시사, 지시적 수식어의 사용이 많으며, 통사 규칙이 비교적 단순하고, 의문문, 감탄문이 많으며 간투사로 말의 흐름을 조절하는 경우가 많다.

(윤태진 외, 「문자문화, 구술문화, 영상문화의 진화와 상호작용」, 『IT의 사회·문화적 영향 연구』, 정보통신정책연구원, 2004, 26~27쪽)

④ 분류와 구분

분류와 구분은 두 개 이상의 사물이나 개념에서 종류를 가르는 작업이라고 할 수 있다. 분류는 일정한 기준에 따라 비슷한 성질을 가진 것끼리 개념이나 개체를 묶는 것이다. 예컨대 개, 돼지, 토끼, 호랑이, 원숭이는 '동물'로 분류될 수 있고, 개나리, 진달래, 장미, 소나무는 '식물'로 분류된다. 즉, 하위개념(종개념)을 상위개념(유개념)으로 묶어서 설명하는 방법이다. 구분은 전체를 두 개 이상의 독립된 범주로 나누는 것이다. 분류의 역과정이 되겠는데, 상위개념을 하위개념으로 나누어 설명한다. 예를 들면, 생물은 '동물'과 '식물'로 구분되고, 동물은 다시 '척추동물'과 '무척추 동물'로 구분된다. 분류를 하려면 구분이 되어 있어야 하고, 구분을 하려면 분류가 이루어져야 하므로 분류와 구분은 항상 짝을 이룬다.

분류나 구분을 할 때 주의해야 할 점이 있다. 예를 들어 보자. 백화점의 소비층을 젊은 여성, 주부, 남성, 어린이로 구분할 경우, 이 구분은 좋은 구분이라고 할 수 없다. 우선, '젊은'과 '젊지 않은'을 구분할 수 있는 기준이 분명하지 않다. 또, 성별을 기준으로 구분을 한 것인지, 나이를 기준으로 구분을 한 것인지 알 수 없으며 소비층 구분에서 '노인'이 빠져 있다. 또한 젊은 여성과 주부는 서로 겹치는 경우가 생기게 된다. 요컨대, 분류나 구분에서는 다음의 네 가지 규칙을 지켜야 한다.

첫째, 구분의 기준이 명료(clear)해야 한다.

둘째, 구분의 기준이 하나로 통일(uniform)되어 있어야 한다.

셋째, 구분은 총괄적(exhaustive)이어야 한다.

넷째, 구분은 배타적(exclusive)이어야 한다.

가면은 그 목적과 기능에 따라 풍요제의 가면, 벽사가면, 신성가면, 의술가면, 추억가면, 영혼가면, 전쟁가면, 장례가면, 입사가면, 토템가면, 기우가면, 수렵가면, 예능가면 등으로 분류할 수 있다.

(전경욱, 『한국 가면극 그 역사와 원리』, 열화당, 1998, 51쪽)

천하에 두려워할 대상은 오직 백성뿐이다. 백성은 홍수나 화재 또는 호랑이나 표범보다도 더 두려워해야 한다. 그런데도 윗자리에 있는 사람들은 백성들을 업신여기면서 가혹하게 부려먹는데 어째서 그러한가?

이미 이루어진 것을 여럿이 함께 즐거워하고, 늘 보아 오던 것에 익숙하여 그냥 순순하게 법을 받들면서 윗사람에게 부림을 당하는 사람들은 항민(恒民)이다. 이러한 항민은 두려워할 것이 없다. 모질게 착취당하여 살가죽이 벗겨지고 뼈가 부서지면서도, 집안의 수입과 땅에서 산출되는 것을 다 바쳐서 한없는 요구에 이바지하느라, 혀를 차고 탄식하면서 윗사람을 미워하는 사람들은 원민(怨民)이다. 이러한 원민도 굳이 두려워할 필요는 없다. 자신의 자취를 푸줏간 속에 숨기고 몰래 딴 마음을 품고서, 세상을 흘겨보다가 혹시 그때에 어떤 큰일이라도 일어나면 자기의 소원을 실행해 보려는 사람들은 호민(豪民)이다. 이 호민은 몹시 두려워해야 할 존재이다. 호민이 나라의 허술한 틈을 엿보고 일의 형편을 이용할 만한 때를 노리다가 팔을 떨치며 밭두렁 위에서 한번 소리를 지르게 되면, 원민은 소리만 듣고도 모여들어 모의하지 않고서도 소리를 지르고, 항민도 또한 제 살 길을 찾느라 호미, 고무래, 창, 창자루를 가지고 쫓아가서 무도한 놈들을 죽이지 않을 수 없는 것이다.

(허균, 「호민론」)

다음 글은 선교사의 시각으로 우리나라의 문화를 설명하고 있는 글이다. 우리나라의 모자를 몇 가지로 분류해 놓고 있는데 이 분류와 구분이 옳은지 이야기해 보고, 더 적절하게 분류할 수 있는지 생각해 보자.

조선은 세계적으로 유명한 모자의 나라이다. 종류는 다양하지만 변화가 없다. 아마존 밀림에서 머리 위에 걸쳐 있는 가지로부터 떨어지는 뱀을 막아주는 우산처럼 생긴 것을 제외하고는 조선이야말로 모자의 첨단을 걷는 나라이다. 모자는 아마도 챙에서 꼭대기까지 2피트 정도 되는데 규격이 동일하다. 그 소재는 말총, 비단, 대나무이며 모자 폭이 좁아 머리에 잘 맞지 않아 망건을 쓰고 갓 끝으로 턱 밑에 묶는다. 어떤 사람들은 끈 대신 아름다운 호박이나 거북의 등껍질로 만든 구슬을 실에 꿰어 쓴다. 이것은 정장용 모자로 우리가 쓰는 중절모나 실크 해트에 해당한다.

대체로 한 번에 한 개의 모자를 쓰지만 어떤 때는 세 개를 함께 쓴다. 첫 번째가 망건이고 그 위에 과거를 보았거나 학자의 서열을 나타내는 모자를 쓰고, 그 위에 갓을 쓴다. 과거에 합격한 사람의 모자는 특이하게도 2층으로 되어 있다. 앞 쪽의 이마 부분은 낮고 여기서부터 모자는 머리 중심에 이르면 층을 이룬 다음 뒤쪽으로 와서 높아진다. 대궐에서는 외출용 모자는 쓰지 않으며 관리의 모자 대신에 그와 비슷하게 생긴 모자를 쓴다. 그 모습은 날개같이 생긴 부착물이 모자 뒤 쪽에 붙어서 귀 바로 위에서 둥글게 양쪽으로 퍼져 내려온다. 이 날개처럼 생긴 것이 안쪽으로 둥글게 퍼진 것은 왕의 명령을 위해 시자(侍者)나 신하들이 귀가 항상 열려 있다는 것을 상징한다. 왕도 그와 같은 종류의 모자를 사용하지만 뒷날개가 위로 치켜 올라 있다. 즉 그에게는 아무도 명령할 자가 없음을 뜻한다.

(중략)

신분이 다르면 모자의 모양도 다르다. 군인들은 거친 촉감의 동일한 모자를 쓴다. 기생들은 독특한 모자를 쓴다. 과거가 시행되는 날이면 선비들은 지원자임을 나타내기 위해 특별하게 생긴 모자를 쓴다. 여자들은 겨울에만 모자를 쓴다. 소년이나 남자들도 챙이 없는 털모자를 쓴다. 장옷으로 얼굴을 가리는 것이 그들에게는 모자 역할을 해준다.

(G. W. 길모어, 신복룡 역주, 『서울풍물지』, 1999, 집문당, 105~107쪽)

⑤ 분석

분석은 어떤 대상이나 사상을 개별적인 구성 성분이나 요소, 성질 등으로 나누어서 설명하는 방식이다. 분석은 그 대상이 구체적인 물질이냐 아니냐에 따라 물리적 분석과 개념적 분석으로 나누기도 하고, 그 작용에 따라 어떤 대상의 기능에 대한 해답의 형태를 지닌 기능적 분석, 어떤 사건의 계기적인 단계를 밝히고자 하는 연대기적 분석, 어떤 대상의 원인과 결과를 밝혀내는 인과적 분석 등으로 나눌 수 있다. 여기서는 논리적인 설명에서 가장 많이 쓰이는 인과 분석의 예만 살펴보겠다.

이민의 형태는 다양하다. 결혼이민 발생을 이론적 틀에서 간략하게 살펴보면, 배출과 흡입 요인이 서로 작용하면서 사람들은 한 나라에서 다른 나라로 이동한다. 배출 요인으로는 경제적 어려움, 빈곤, 실업, 정치적 혼란 등을 꼽을 수 있다. 한마디로 말하면, 좀 더 좋은 기회, 좀 더 좋은 환경을 찾아 이동하게 된다는 것이다. 그 배후에는 전 지구적 자본주의 체계, 송출국과 유입국 사회와 정부, 국제결혼중개업체 등 다양한 사회적 요인이 작동하고 있다. 자본주의 세계체계에서 나라들 간의 불균등 발전과 여성의 상품화, 가난과 실업이 만연한 송출국 사회와 자국인 여성 송출을 장려 또는 방관하는 정부 정책, 국제결혼을 성사시킴으로써 영리를 추구하는 국제결혼중개업체 등은 국제 혼인 이주를 증가시키는 원인으로 파악되고 있다.

(차옥숭, 「국제혼인 이주여성 피해실태의 원인분석과 해결방안 모색」, 『담론201』 11권 2호, 한국사회역사학회, 2008, 145쪽)

대부분의 논리적인 글은 현상적으로 나타난 결과에 대한 원인 분석이라 할 수 있다. 정치나 사회 현실에 대한 분석, 과학 현상에 대한 설명 등은 어떤 일이나 현상이 왜 일어났으며, 그 영향은 어떠한 것인지 분석한다. 이러한 인과적 과정을 분석할 때에는 무엇보다 원인과 결과를 너무 단순화시켜서는 안 된다. 주요한 원인과 부차적인 원인, 내부적 원인과 외부적 원인, 직접적 원인과 간접적인 원인 등을 세심하게 가릴 줄 알아야 하며, 여러 원인들을 단순히 나열하는 데 그치는 것이 아니라, 그것들을 일정한 기준에 따라 구분하여 어떤 일이나 사건을 더욱 체계적으로 분석해야 한다.

2) 논증(argument)

논증은 어떤 주장이 옳다는 것을 증명하거나 정당화하는 서술 방식이다. 어떤 주장을 펼쳤을 경우, '왜'라는 물음을 제기할 수 있는데 그에 대한 논리적인 이유를 제시하는 방식이 바로 논증이다. 따라서 논증은 어떤 주장과 그 주장에 대한 근거로 구성되어 있어, 모든 논증에는 하나의 결론과 적어도 하나의 전제가 포함되어 있다고 말할 수 있다.

이때, 주장이 참인가 거짓인가는 중요하지 않다. 논증의 관건은 자신의 주장을 얼마나 잘 설득하는가 하는 것이기 때문이다. 즉, 논증에서 가장 관건이 되는 것은 주장의 타당성을 얼마나 잘 설득하는가 하는 것인데 논증에서의 설득은 감성이 아닌 논리에 호소하는 방식을 취해야 한다. 요컨대 논증에는 주장을 적절히 뒷받침하는 근거(논거, 이유)가 제시되어야 하고, 전제(근거)로부터 결론(주장)이 이끌어지는 추론 과정이 분명하게 드러나야만 한다.

우리는 사고를 하는 과정에서 어떤 생각을 근거로 해서 다른 생각을 이끌어 내는 경우가 있다. 이런 사고 과정을 '추론(inference)'이라고 하는데, 논증은 바로 이런 사고 과정을 언어로 표현한 것이다.

가장 대표적인 논증으로는 연역논증과 귀납논증이 있다.

연역논증은 논리적 규칙에 의하여 전제로부터 필연적인 새로운 결론을 이끌어 내는 사고 작용을 말한다. 대개 일반적인 지식이나 보편적 원리를 전제로 하여 특수한 지식이나 원리를 도출해 내는 방법으로 다음과 같은 삼단논법의 예가 가장 대표적이다.

동물은 모두 죽는다.
사람은 모두 동물이다.
사람은 모두 죽는다.

연역논증에서는 전제가 결론에 대해 결정적인 근거를 제공한다. 즉, 결론의 내용은 이미 전제에 함축되어 있다고 보는데, 그렇기 때문에 연역논증에서 전제들이 모두 참이라면, 결론은 반드시 옳다. 즉 연역논증은 전제와 결론간의 논리적인 비약이 없다고 주장되는 논증이므로 연역논증은 주장의 확실성을 보장하기 위해 주로 활용된다.

> 정보화와 포스트모던 사회의 등장으로 언어와 문화의 범주가 재편되고 모든 인간 활동과 분야에서 '새로움'이 강제되고 있다. 인문학도 예외는 아니다. 정보화가 현대사회의 필연적 조건으로 받아들여지면서 인문학도 정보화의 구성적 거대권력에서 벗어날 수 없다고 판단하기에 이르렀다. 더욱이 디지털 미디어를 중심으로 하는 정보화는 포스트모더니즘의 전복적 사유와 맞물리면서 현대사회의 탈근대성(post-modernity)을 가장 적나라하게 표상해주는 동시에 이를 구체화하는 것으로 인식되었다. 정보화는 단순히 고급 기술이거나 물적 기반이라기보다는 인간과 삶의 구성력으로 작용하고 있는 새로운 문화현상이며 시대적 특징이라는 것이다. 이에 따라, 정보화의 특성과 영향력에 대한 인문학의 관심은 피할 수 없는 필연적인 문화적 풍토로 간주되기 시작하였다.
>
> (조지형, 「인문학의 '위기'와 디지털 인문학」, 김도훈 외, 『디지털 시대의 인문학, 무엇을 할 것인가』, 사회평론, 2001, 155쪽)

위의 글에서 주장하는 바는, 인문학이 포스트모던 사회의 정보화와 무관하지 않다는 것이다. 이를 뒷받침하기 위하여 정보화와 포스트모던으로 대표되는 일련의 사회변화를 대전제로 하고, 이에 따른 인문학의 변화를 소전제로 하고 있다.

귀납논증은 경험에 기초한 둘 이상의 특수 명제에서 새로운 일반화 명제를 도출해내는 방식으로, 유비논증, 열거에 의한 귀납, 인과논증, 가설연역법 등이 있다. 그럴 듯한 증거를 제시함으로써 결론이 옳다는 것을 증명하는 방식이다.

> 첫머리에 말한다.
>
> 대체로 옛 성인들이 예악(禮樂)으로 나라를 일으키고, 인의(仁義)로 가르침을 베풀려

하면 괴이, 완력, 패란(悖亂), 귀신에 대해서는 어디에서도 말하지 않았다. 그러나 제왕이 일어날 때에는 부명(符命)을 받고 도록(圖籙)을 받는 것이 반드시 보통사람들과는 다른 점이 있었고 그런 뒤에 큰 변화가 있어 천자의 지위[大器]를 장악하고 [제왕의] 대업을 이룰 수 있었다.

그러므로 하수(河水)에서 [팔괘] 그림이 나오고, 낙수(洛水)에서 글이 나오면서 성인이 일어났던 것이다. 무지개가 신모(神母)를 둘러싸 복희(伏羲)를 낳았고, 용이 [신농씨의 어머니인] 여등(女登)과 관계를 맺어 염제(炎帝)를 낳았으며, [소호씨의 어머니인] 황아(皇娥)가 궁상(窮桑)이라는 들에서 노니는데 자신을 백제(白帝)의 아들이라 일컫는 신동(神童)이 있어 [그와] 교합하여 소호(少昊)를 낳았고, 간적(簡狄)은 [제비]알을 삼켜 설(契)을 낳았으며, 강원(姜嫄)은 거인의 발자취를 밟고 기(棄)를 낳았고, 요의 어머니는 임신한 지 열네 달 만에 요임금을 낳았으며, 용과 큰 못에서 교합하여 패공(沛公)을 낳았다. 이로부터 그 뒤에 일어난 일을 어찌 다 기록할 수 있겠는가?

그렇다면 삼국의 시조가 모두 신비스럽고 기인한 데서 나온 것이 어찌 괴이하다 하겠는가? 이는 「기이(紀異)」편을 모든 편의 첫머리에 싣는 까닭이며 의도다.

(일연, 김원중 옮김, 「삼국유사 서문」, 『삼국유사』, 민음사, 2009, 33~34쪽)

위의 글에서 일연은 '삼국의 시조가 모두 신비스러운 데서 탄생했다는 것이 괴이할 것이 없다'고 주장하고 있는데 그 주장을 뒷받침하는 근거로 옛 중국 시조들의 기이한 탄생을 열거하고 있다. 이처럼 귀납논증은 결론이 옳다는 것을 증명하기 위해 그럴듯한 증거를 전제로 제시함으로써 주장을 넘어서서 그것이 가지고 있는 지식을 확장한다.

이스터 섬의 주민들은 정교한 의식과 기념비 제작에 몰두했다. 의식의 일부는, 폴리네시아의 글로는 유일하게 알려진 것으로 대사라기보다는 일련의 주술 도구라고 할 수 있는 롱고롱고(rongorongo)를 암송하는 것이었다. 이러한 정교한 의식의 절차, 수많은 석조대, 깊게 양각한 바위 조각들, 47채의 특수 가옥의 잔재는 오롱고라는 지역에서 행했던 새 숭배를 위한 것이었다. 의식활동의 핵심은 아후였다. 이 섬에는 해안 지역을 중심으로 300여 개의 석조대가 세워져 있다. 상당수의 아후들이 하지, 동지, 춘분, 추분에 맞춰진 고도로 복잡한 천문학적인 배열을 가지고 있다는 점에서 섬 주민의 지적 수준을 가늠할 수 있다. 각 아후에는 이스터 섬 사회의 독특한 기념물로서 오늘날까지 남아 있는 거대한 석상이 1개에서 15개까지 세워져 있다.

(중략)

이스터 섬 사람들이 이 돌을 운반하기 위해 사용한 방법이 바로 그들 사회 전체의 파멸을 부르게 된다. 수레를 끌 동물이 없었기 때문에 그들은 나무 둥치를 롤러로 삼아 사람의 힘으로 섬을 가로질러 돌들을 운반했다. 섬의 인구는 5세기 무렵의 작은 집단에서 점점 늘어나 전성기인 1550년에는 7,000명에 이르렀다. 시간이 갈수록 씨족 집단의 수가 증가했고 아울러 이들 간의 경쟁도 치열해졌다. 16세기에 이르러서는 수백 개의 아후와 600여 개의 거대한 석상들이 건설되고 조각되었다. 그러다가 사회의 절정에 이르자 반이 넘는 석상들을 라로라라쿠 채석장 주변에 미완성으로 남겨 둔 채 갑자기 붕괴해 버렸다. 붕괴의 이유와 이스터 섬의 〈미스터리〉를 이해하는 열쇠는 다름 아닌 섬 전체의 삼림 벌채로 인한 거대한 환경 파괴이다.

(중략)

이스터 섬의 운명은 더 큰 의미를 지닌다. 이스터 섬과 마찬가지로 지구에는 인간 사회와 그 요구를 충족시킬 수 있는 자원이 제한되어 있다. 섬의 주민들처럼 인류도 지구를 떠날 방법이 없다. 세계의 환경이 어떻게 인류의 역사를 만들었으며 어떻게 인간이 그들이 살아가는 세계를 만들고 변화시켰던가? 이 섬의 원주민들과 같은 전철을 밟은 사회는 없었을까? 지난 200만년 동안 인간은 늘어가는 인구와 점점 복잡해지는 기술 문명과 진보하는 사회를 감당하기 위해 더 많은 식량을 확보하고 더 많은 자원을 뽑아 쓰는 데 성공을 거두었다. 하지만 과연 인간은 자신들이 사용할 수 있는 자원을 치명적으로 고갈시키지 않고, 자신들의 생명 보전체계를 돌이킬 수 없을 만큼 파괴하지 않는 방법을 찾아내는 데에 이스터 섬의 주민들보다 성공적이었는가?

(클라이브 폰팅, 「이스터 섬의 비극」, 『녹색평론』 제26호, 녹색평론사, 1996년 1~2월, 10~14쪽)

위의 글 또한 귀납논증의 예인데, 이스터 섬 원주민의 운명에서 인간과 환경의 문제를 유추해 내고 있다. 귀납논증에서 꼭 기억해야 할 것은 전제가 결론에 대해 근거를 제공하기는 하나, 결정적 근거가 아니라 개연적 근거를 제공할 수 있을 뿐이라는 것이다. 즉 귀납논증은 그 논증이 아무리 성공적이라 하더라도, 전제와 결론 사이에는 논리적인 비약이 있을 수밖에 없으며 그렇기 때문에 귀납 논증에서는 전제들이 모두 참이라고 해도 결론이 반드시 참이라고 기대할 수는 없다.

다음 글은 그러한 귀납논증의 한계를 뚜렷하게 보여주는 예이다.

사신(史臣)은 논한다.

신이 들으니 옛적에 여와씨(女媧氏)가 있었으나 이는 바로 천자(天子)가 아니고 복희씨(伏羲氏)를 도와 구주를 다스렸을 따름이었다. 저 여치(呂雉)와 무조(武氏)도 어리고 약한 임금을 만나 조정에 나앉아 법령을 내고 들이고 하였으나 사서에 공공연히 왕이라 일컫지 않고 다만 고황후(高皇后) 여씨(呂氏), 측천황후(則天皇后) 무씨(武氏)로만 썼다. 천도(天道)로도 양(陽)은 강하고, 음(陰)은 유하며, 인사(人事)로도 사내는 높고 계집은 낮은데 어찌 할머니들이 안방을 나와서 국가의 정사를 결단하는 것을 용허하겠는가. 신라가 여자를 추대하여 왕위에 앉힌 것은 진실로 난세의 일이니, 그러고도 나라가 망하지 않은 것은 요행이다.

(김부식, 신호열 옮김, 「신라 본기」 제5, 『삼국사기』, 동서문화사, 2007, 117~118쪽)

김부식은 중국의 여와씨, 고황후 여씨, 측천무후 등의 예를 들어 선덕여왕의 경우처럼 여성을 공공연하게 왕이라고 칭하는 것이 참람한 일이라는 논리를 펴고 있다. 따라서 선덕여왕이 여자로서 왕위에 오른 것은 하늘의 이치를 거스르는 일이며, 이 때문에 선덕여왕 말년에 비담·염종 등이 일으킨 반란은 당연한 귀결이라는 논리인데 전제들은 모두 참이나 결론은 참이라고 할 수 없다. 이러한 논리는 논증 과정에서 일어날 수 있는 오류 중의 하나로, 성급한 일반화의 오류라고 할 수 있다.

논리적인 글은 논리적인 사고에서 비롯된다. 평소에 논리적인 사고를 하는 훈련을 쌓아야 논리적인 글을 쓸 수 있다.

여러분의 가치관은 무엇인가? 연역논증이나 귀납논증의 방법 중 한 가지 방법을 사용하여 여러분의 가치관이 옳다는 것을 증명해 보자(500자 내외).

3) 묘사(description)

묘사는 어떤 대상이나 사물, 현상을 그대로 그려 내는 것이다. 따라서 언어로 표현하되 마치 그림을 그리듯이 표현해 내는 서술방식을 일컫는다. 여기서 유의할 점은 대상의 전모를 밝히거나 관찰자의 눈에 비친 모든 세부 사항을 제시하는 것이 아니라는 점이다. 그림의 예를 들면 쉽게 이해가 된다. 원뿔을 그린다고 할 때, 화가가 원뿔의 옆면을 보느냐, 윗면을 보느냐, 아랫면을 보느냐에 따라 다른 모양이 그려질 것이다. 뿐만 아니라 빛의 각도, 분위기, 화가의 개성 등에 따라 원뿔은 각각 다르게 묘사될 것이다. 언어적 묘사 또한 마찬가지다. 가장 지배적인 인상을 중심으로 대상을 서술하되 관찰자의 시점이나 태도, 위치, 개성, 분위기 등에 따라 글쓴이의 주관적인 느낌이나 인상을 위주로 서술할 수도 있고, 대상을 객관적으로 서술할 수도 있다.

후자인 객관적 묘사를 과학적 묘사라고도 하는데 가능한 대상을 정확하게 묘사함으로써 객관적인 정보 전달에 치중한다. 다음 예로 든 코끼리에 대한 두 가지 묘사를 비교해 보면 과학적 묘사와 문학적 묘사의 차이를 알 수 있다.

이번에 코끼리를 한 열 자국 밖에서 보았는데 그때 동해서 보았던 것을 생각할 만치 비슷해 보였다.

몸뚱이는 소 같고 꼬리는 나귀 꼬리에다 약대 무릎, 범 발통에 털은 짧은 잿빛이요, 어질어 보이는 모습에 소리는 처량하고 귀는 구름장같이 드리웠고, 눈은 초생달 같고, 두 어금니는 크기가 두 아름은 되고 길이는 발 나마 되겠으며, 코는 어금니보다 길어 구부리고 펴는 것이 자벌레 같고, 꼬부리기는 굼벵이 같고, 코끝은 누에 꽁무니 같은데 물건을 끼우는 것이 족집게 같아서 두루루 말아 입에 집어넣는다.

(박지원, 리상호 옮김, 「상기(象記)」, 『열하일기 中』, 보리, 2004, 471~472쪽)

코끼리 [elephant]

장비목 코끼리과 동물의 총칭. 장비목 코끼리과.

코는 근육질로 되어 있으며, 윗입술과 더불어 길게 자라서 사람의 손과 같은 역할을 한다. 머리는 거대하며, 머리 꼭대기를 덮고 있는 뼈는 수많은 공기세포로 이루어져 있다. 두개골은 짧고 높다.

목은 짧으며, 네 다리는 큰 몸을 지탱하기 위하여 굵게 발달되어 있다. 발은 넓고 평평하며 바깥쪽으로 휘어져 있는데, 육질부로 된 발뒤꿈치로 지탱하고 있다. 몸 표면에 굵은 센털이 조잡하게 나 있다. 위턱의 앞니는 길게 자라서 상아라고 하는 1쌍의 송곳니가 된다.

내형적으로는 흉막강(胸膜腔)을 볼 수 없고, 소화기 계통은 반추동물에 비해 단순하여 위(胃)는 1개뿐이다. 장은 소장이 약 17.3m, 맹장이 약 80㎝, 대장이 약 7.6m이다. 간은 다른 초식동물에 비하여 크기가 비교적 작다.

(『두산백과사전』)

문학적 묘사는 구체적인 사물에 빗대어 코끼리를 묘사를 하고 있는 반면, 과학적 묘사는 구체적인 수치를 밝혀 묘사하고 있음을 볼 수 있다. 색깔, 크기, 무게, 거리 등을 묘사하기 위해서는 구체적인 단어를 사용하는 것이 좋은데 과학적 묘사의 경우 수치화된, 더욱 객관적인 정보를 제공하고 있는 것을 볼 수 있다.

묘사의 방식 중에서 가장 중요한 것은 대상을 관찰하고 시점을 정한 뒤 배열의 순서를 정하는 일이다. 이때 배열의 순서는 일정한 방향성을 가지는 것이 좋다. 즉, 위에서 아래로, 전체적인 것에서 세부적인 것으로, 눈에 띄는 두드러진 특징에서 사소한 특징으로 일정한 방향을 가져야 한다. 다음 글은 마치 카메라가 움직이며 촬영하듯 입구에서 안쪽으로 들어가며 가게 구석구석을 묘사하고 있다.

그의 가게는 작은 판잣집이나 다름없었지만, 다마스쿠스에서 가장 훌륭한 가게라 해도 전혀 과장이 아니었다. 입구 위쪽에는 마흐무드라는 이름과 함께 가게의 유일한 메뉴인 케밥을 가리키는 선명한 문구가 적힌 멋진 문패가 걸려 있었고, 길게 이어진 공간에는 오른쪽 벽을 따라 두 개의 식탁과 여섯 개의 의자가 놓여 있었다. 맞은편에는 기다란 고기 진열대가 세워져 있고, 그 사이로 통로치곤 좁지만 그래도 제법 넉넉한 공간이 일직선으로 나 있었다. 마흐무드 작업 공간 너머에 있는 선반에는 칸칸이 오이와 야채 장아찌를 담은 병들과 양념병, 접시, 컵, 사기 주전자 들이 늘어서 있고, 좁은 통로 끝에는 문 위에 꽃과 야자수 사진 들을 덕지덕지 붙여 화려하게 치장한 냉장고가 있었다. 이 장식의 압권은 질투하는 시선에 대해 경고하는 활모양 글씨체의 금언이었다.

"질투의 눈은 멀고 말지니!"

냉장고라고 해봤자 얼음 조각들로 냉장을 하는 낡은 상자에 불과했지만, 그건 마흐무드의 대단한 자랑거리였다.

(라픽 사미, 이상훈 옮김, 『파리 젖 짜는 사람』, 소담출판사, 2009, 17~18쪽)

다음은 신윤복의 그림을 묘사하고 있는 글이다. 자신이 가장 좋아하는 그림을 하나 골라 그 그림을 묘사해 보자(500자 내외).

신윤복의 빨래터의 사내, 「계변가화(溪邊佳話)」, 간송미술관

왼쪽에는 체구도 늠름한 젊은 사내가 활과 화살을 든 채 고개를 돌려 오른 쪽을 바라보고 있다. 활쏘기 그림은 풍속화에서 여러 점 보이는데, 대개 활쏘기를 연습하는 장면이다. 하지만 이 그림의 한량은 산속에서 사냥 중에 있다. 왼팔의 팔찌는 활을 쏠 때 옷소매가 활시위에 걸리지 않게 여미도록 만든 것이다. 젊은이는 복색을 보아 아직 벼슬하지 않은 한량이며, 산속에서 짐승을 쫓다가 개울가에서 여인네들을 만났다. 맨 위쪽에 옷을 털어 펼치고 있는 여자는 나이가 들어 보인다. 얼굴을 잔뜩 찌푸리고 있는데, 낯선 남자가 바라보고 있어서인가? 그 아래 빨랫방망이를 든 여자는 중년으로 한창 방망이질에 열중하고 있다. 한량의 시선은 어디로 향하고 있는가? 애매하지만, 머리를 만지고 있는 여자에게 가 있지 않은가. 처녀 앞에는 가체의 일부가 남아 있고 또 머리를 땋고 있으니, 긴 어여머리를 한창 틀어 올리고 있는 참이다. 이 젊은 여인은 머리를 감았거나 아니면 목욕을 했을 터이다.

(강명관, 『조선 사람들, 혜원의 그림 밖으로 걸어 나오다』, 푸른 역사, 2001, 84쪽)

4) 서사(narration)

서사는 시간의 흐름에 따라 사건이 진행되는 과정을 서술하는 것이다. 즉 '어떤 일이 발생했는가', '어떻게 발생했는가'에 대한 대답의 형식을 취하게 되는데 여기서 중요한 것은 의미이다. 서사의 사건은 단순한 사건들의 연속이 아닌 유기적인 일련의 사건들로, 시간 흐름에 따른 단순한 변화를 내포하는 동시에 의미 있는 변화를 내포해야 한다. 따라서 서사는 사건을 다루는 데 있어 움직임, 시간, 의미의 세 가지 기본적인 요소를 지닌다.

이처럼 상황의 추이를 보여 주고자 할 때 서사는 긴요한 진술 방식이 된다. 따라서 소설 등의 문학 작품을 비롯하여 역사 서적이나 신문의 사건 기사 등에서 흔히 볼 수 있으며, 자서전, 일기나 자기 소개서 등에서도 활용된다.

송편을 세 번 빚을 만큼의 시간, 곧 세 해가 흐른 뒤에 토끼의 말대로 어떤 처녀가 그의 집으로 들어왔을 때 동네 사람들이 황만근을 보는 눈이 달라졌다. 그 처녀는 이웃 군에서 농기계상을 하는 사람의 수양딸이었는데 어떤 이유로 자살을 하러 '물'에 들어갔다. 기왕 물에 빠지려면 인적이 없는 곳에 빠지는 게 좋았겠지만, 죽으려는 마음이 급해서 동네 어귀에 들자마자 곧바로 물에 몸을 던졌다. 그런데 동네 어귀, 길 아래 물가에 조그만 집 마루에서 지나다니는 사람에게 인사를 하기 위해 늘 바깥을 내다보는 눈이 있음을 몰랐다. 그 눈의 주인은 처녀의 허리가 물에 들어가는 중에 뒤에서 "짬깜, 짬깜!" 하고 뛰어왔다. 그러고는 혀 짧은 소리로 무슨 말인지를 했는데 처녀는 알아듣지 못했다. 처녀를 건져낸 황만근은 "빨개동이맨쭈로물에서모욕하마우엄하고미기잡아여"하는 중얼거림을 수십번은 되풀이했다. 요지인즉 '어린아이처럼 저수지에서 멱을 감으면 목숨을 버릴지도 모르고 더불어 옷을 버릴 수 있다'는 것이다. 황만근의 집에 끌려온 처녀는 황만근의 어머니가 내준 옷으로 갈아입고 황만근의 어머니와 함께 뜬눈으로 밤을 지냈다. 그러고는 무슨 마음을 먹었는지 황만근의 집에 그대로 머물게 되었다. 어쩌면 그 무렵이 황만근의 인생에서 가장 빛나는 때였는지도 모른다.

(성석제, 『황만근은 이렇게 말했다』, 창작과 비평사, 2002, 25~26쪽)

위의 글은 문학작품의 일부로 황만근이라고 하는 주인공이 아내를 얻게 된 사건을 서술하고 있다.

이러한 상황 속에서 당대의 노동 현실을 단적으로 드러낸 충격적인 사건이 발생하였다. 1970년 11월 13일 서울 청계천변 평화시장 앞길에서 어느 청년 노동자가 자신의 몸에 석유를 끼얹고 분신자살하였다. 그는 불길에 휩싸인 채 "근로기준법을 준수하라!", "우리는 기계가 아니다"라고 외치다가 쓰러졌다. 병원에 실려 가서도 "내 죽음을 헛되이 하지 말라!"고 부르짖은 그는 "배가 고프다……"라는 말을 마지막으로 숨을 거두었다. 그는 당시 나이 23살의 피복 공장 노동자 전태일(全泰壹)이었다.

(한국민중사연구회 편, 『한국민중사』 2, 풀빛, 1986, 335쪽)

위의 글은 역사서의 예로, 1970년 청계천에서 있었던 노동자 전태일의 분신 사건을 서술하고 있다. 역사서나 신문 기사의 경우, 객관적 시각을 유지하는 것이 보통인데, 이처럼 객관성을 유지하는 서사는 '설명'으로 볼 수도 있다.

서사의 제시 방법에는 요약적 제시와 장면적 제시, 두 가지가 있다. 요약적 제시는 시간과 공간의 간략한 제시로 사건의 특징적이거나 개괄적인 면만을 제시해 나가는 방법이고, 장면적 제시는 현실의 시간과 같은 속도로 사건의 현상을 제시하는 방법이다.

> 춘향 어미 봉사의 지팡이를 잡고 길을 인도할 제,
>
> "봉사님 이리 오시오. 이것은 돌다리요 이것은 개천이요. 조심하여 건너시오."
>
> 앞의 개천이 있어 뛰어 볼까 무한히 벼르다가 뛰는데 봉사의 뜀이라는 게 멀리 뛰진 못하고 올라가기만 한 길이나 올라가는 것이었다. 멀리 뛴단 것이 한가운데 가 풍덩 빠져 놓았는데 기어 나오려고 짚은 게 개똥을 짚었지.
>
> "어뿔싸, 이게 정녕 똥이지."
>
> 손을 들어 맡아 보니 묵은 쌀밥 먹고 썩은 놈이로고. 손을 내뿌린 게 모진 돌에다가 부딪치니 어찌 아프던지 입에다가 훌쓸어 넣고 우는데 먼눈에서 눈물이 뚝뚝 떨어지며,
>
> "애고 애고 내 팔자야."
>
> (정하영 역주, 『열녀춘향수절가』, 신구문화사, 2006, 198쪽)

위의 글은 판소리계 소설인 춘향전의 한 대목으로 맹인 점쟁이가 꿈 해몽을 위해 춘향이 갇힌 옥을 찾아가는 길에 벌어진 우스꽝스러운 사건을 서술해 놓고 있는데 탁월한 장면적 제시를 보여주고 있다.

> 1895년(고종 32) 10월 8일(음 8.20.) 새벽 6시경 민왕후[閔王后 1897.10.13. 명성황후(明成皇后)로 추존]는 경복궁 곤녕합(坤寧閤)에서 일본인 자객의 칼에 절명했다. 그의 시신은 곤녕합에서 멀지 않은 녹원(鹿苑) 숲속으로 옮겨진 후 장작더미 위에 올려지고 석유

> 가 뿌려진 다음 불태워졌다. 타다 남은 시신은 땅 속에 아무렇게나 묻혔다. 국가의 상징인 궁궐이 수백명의 일본 군인과 자객들에 유린당하고, 국모(國母)가 일본인 흉도(凶徒)의 손에 시해당한 이 만행 사건을 을미지변(乙未之變)이라고 부른다.
>
> 일본은 을미지변을 일으켜 갑오경장(甲午更張)에 반대해 온 황후를 제거한 후, 황후의 죽음도 숨기고 황후가 궁에서 도망갔다고 거짓 발표하면서 황후를 서인(庶人)으로 폐위한 뒤 김홍집(金弘集) 내각을 다시 출범시켜 140여 건의 법령을 제정 공표했는데, 이를 '제3차 갑오경장'이라고도 한다. 이때 단발령(斷髮令)이 공표되었다.
>
> 당시 사람들은 을미지변을 '만고에 없는 사건'이라며 분개했다. 단발령은 국민의 타오르는 분노에 기름을 부었다. 전국에서 일본에 대한 복수와 충군애국을 위한 의병운동이 열화같이 일어났다. 이것이 근대 의병운동의 효시다.
>
> 국모의 죽음은 한말 정치사에 중대한 변화를 가져 오는 계기가 되었다. 그동안 일본이 강화도 조약 이후 강조해 온 한국의 '근대화'와 '자주와 독립'이 거짓이라는 것이 백일하에 드러났다. 왕권강화운동과 진정한 자주독립운동이 이때부터 본격적으로 추진되기 시작한 것이다.
>
> 우선 고종과 태자는 다음해(1896) 2월 11일 경복궁을 떠나 러시아 공사관으로 어처(御處)를 옮긴 직후 김홍집 일파의 체포령을 내렸다. 그들 가운데 갑오경장을 주도하고 국모 시해를 방조한 김홍집, 정병하(鄭秉夏)가 그날로 맞아죽고, 권력이 고종을 비롯한 동도서기파(東道西器派)로 이양되었다. 이것이 이른바 '아관파천(俄館播遷)'이다.
>
> (한영우, 『명성황후와 대한제국』, 효형출판, 2001, 12~13쪽)

위의 글은 대한제국 역사에서 가장 비극적인 사건 중의 하나인 을미사변과 아관파천을 서술하고 있다. 여기서는 요약적 제시를 주로 사용하고 있으나 을미사변에 대한 부분에서는 장면적 제시를 함께 사용하고 있는 것을 볼 수 있다.

20년 뒤 나는 어떤 사람이 되어 있을까 상상해 보자. 그리고 20년 뒤 나의 일과를 시간적 순서에 따라 서술해 보자(1,000자 내외).

7장

떨어져 있는 것들을 연결하자

좋은 글은 독창적인 주제를 적절한 언어와 풍부한 표현으로 짜임새 있게 구성한 글이다. "구슬이 서 말이라도 꿰어야 보배다"라는 말이 있듯이, 창의적 아이디어나 기발한 발상도 문장의 형식으로 구조화되어야 빛을 발한다. 좋은 글에서 흔히 발견할 수 있는 독창적인 표현 또한 떨어져 있는 아이디어를 적절한 표현으로 연결하는 문장 기술과 긴밀한 관련이 있다.

이러한 능력을 기르기 위해서는 '고정관념이나 선입견 깨뜨리기', '입장 바꿔 생각하기', '낱말의 뜻을 새롭게 정의하기', '비슷한 것끼리 연관시켜 새로운 의미 찾기' 등의 방법을 꾸준히 연습하는 것이 필요하다.

다음은 '화창한 날씨'와 '장님의 심정'을 연결하여 '행인들'의 마음을 움직인 글의 사례이다.

> 어느 날 장님 거지가 팻말을 하나 들고 구걸하고 있었다. 팻말에는 "나는 장님입니다. 도와주세요(I am blind. Please help)"라고 쓰여 있었다. 행인들은 무심히 지나갔고, 앞에 놓인 모자에는 동전 몇 닢만 굴러다니고 있었다. 어느 신사가 그 곁을 지나가다가 장님에게 팻말의 문구를 좀 고쳐주겠다고 했다. 그리고는 팻말을 뒤로 돌려서 뭐라고 썼다.

새로 쓴 팻말의 문구를 들고 있으니까 행인들이 동전을 계속해서 던져 넣고 지나갔다. 금세 돈이 수북이 쌓였다. 그 장님은 궁금해서 행인에게 팻말을 좀 읽어달라고 했다. 새로운 팻말에는 이렇게 쓰여 있었다. "오늘은 정말 아름다운 날입니다. 그런데 저는 그걸 볼 수가 없습니다(Today is a beautiful day. But, I cannot see it)."

(강미은, 『논리적이면서도 매력적인 글쓰기의 기술』, 원앤원북스, 2006, 80쪽)

이처럼 동일한 의미라도 다르게 생각하고, 창조적으로 표현한다면 상대방을 감동시키는 특별한 글을 만들 수 있다.

아래에서는 독창적인 비유, 적절한 인용, 실감나는 예시(예화, 일화), 글의 대상과 자신의 삶 연결하기 등을 통해 글을 특별하게 만드는 방법에 대해 알아본다.

1. 독창적인 비유는 글을 특별하게 만든다.

비유는 '어떤 대상이나 현상을 다른 것에 빗대어 표현하는 방법'이다. 비유는 비교하는 것과 비교되는 것 사이의 유사성에 기초하여 이루어진다. 비유법의 종류에는 은유, 직유, 풍유, 대유 등이 있다. 비유에서 중요한 것은 설명할 대상을 적절히 선택하고 온당한 기준을 제시하는 일이다. 서로 연결될 수 없어 보이는 개념을 긴밀하게 결합시키는 비유 과정을 통해 우리는 독창적이고 특별한 글을 얻을 수 있다.

화는 보살핌을 간절히 바라는 자신의 아기다

(틱낫한)

> 화가 날 때는 무조건 화를 억눌러서도 안 되고,
> 화를 준 상대에게 금방 돌려주어서도 안 되고,
> 화를 회피하면서 다른 즐거움을 찾아서도 안 되고,
> 주먹으로 샌드백을 치면서
> 엉뚱한 곳으로 화를 쏟아내서도 안 됩니다.
> 화가 일어나면 우리는 그것을 맞이해주어야 합니다.
> 타인의 분노를 담아주기 위해서는
> 공감이 필요합니다.
>
> (김형경, 『천개의 공감』, 한겨레출판, 2006, 276쪽)

틱낫한은 '화'를 '보살핌을 간절히 바라는 자신의 아기'에 비유하였는데, 한 소설가는 이를 위와 같이 해설하였다. '화'와 '아기'는 서로 연결될 수 없어 보이는 단어지만, 틱낫한은 날카로운 통찰력으로 이를 연결하여 독창적인 의미를 창조하고 있다. 김형경 또한 이 문장을 지나치지 않고 그 의미를 깊이 있게 성찰함으로써 독자의 공감을 불러일으키고 있다. 이렇듯 독창적인 비유는 대상의 속성을 관찰하는 섬세한 감수성과 깊이 있는 통찰력에서 비롯된다.

다음은 독창적인 비유를 통해 독자의 공감을 이끌어내는 데 성공한 글들이다.

> (1) 무진에 명산물이 없는 게 아니다. 나는 그것이 무엇인지 알고 있다. 그것은 안개다. 아침에 잠자리에서 일어나서 밖으로 나오면, 밤사이에 진주해 온 적군들처럼 안개가 무진을 뻥 둘러싸고 있는 것이었다. 무진을 둘러싸고 있던 산들도 안개에 의하여 보이지 않는 먼 곳으로 유배당해 버리고 없었다. 안개는 마치 이승에 한(恨)이 있어서 매일 밤 찾아오는 여귀(女鬼)가 뿜어내놓은 입김과 같았다. 해가 떠오르고, 바람이 바다 쪽에서 방향을 바꾸어 불어오기 전에는 사람들의 힘으로서는 그것을 헤쳐 버릴 수가 없었다. 손으로 잡을 수 없으면서도 그것은 뚜렷이 존재했고 사람들을 둘러쌌고 먼 곳에 있는 사람으로부터 사람을 떼어놓았다. 안개, 무진의 안개, 무진의 아침에 사람들이 만나는 안개, 사람들

로 하여금 해를, 바람을 간절하게 부르게 하는 무진의 안개, 그것이 무진의 명산물이 아닐 수 있을까!

(김승옥, 「무진기행」)

(2) 식물은 땅에다 뿌리를 박고 움직이지도 못하는 존재인데, 이 식물이 그러다 보니 동물보다 훨씬 많은 고민을 하고 산다는 겁니다. 건너편 언덕에 보니 내가 마음에 드는 암꽃이 있단 말이에요. 만약 동물이라면 그 암꽃한테 가서 치근거릴 수가 있잖아요. 그런데 식물은 뿌리를 뽑아서 갈 수도 없어요. 해서 내가 어떻게 저 여인을 사로잡느냐를 생각해보니 중간에 누군가가 있어야 한다는 거죠. 그래서 식물은 결국 꽃을 진화시켰습니다. 꽃이라는 게 사실은 식물의 성기거든요. 식물은 대낮에 성기를 세상에 펼쳐놓고 사는 아주 야한 생물입니다. 그런데 우리는 또 그걸 꺾어서 사랑하는 사람한테 선물합니다. 성기를 선물하고 성기 선물을 잘 안 해준다고 화내고 삽니다. 식물은 성기를 펼쳐놓고, 마이클 폴란 이 양반이 쓴 표현으로, '날아다니는 음경'을 유혹합니다. 곤충이나 새 그리고 박쥐 같은 날아다니는 음경을 유혹하여 꽃가루를 묻혀주며 "내가 사랑하는 저 여인과 내 대신 잠자리를 해 달라"며 보답으로 꿀까지 주는 겁니다.

(최재천, 『글쓰기의 최소원칙』, 룩스문디, 2008, 108쪽)

(1), (2)에서 밑줄 친 부분의 비유가 생산해 내고 있는 의미에 대해 토론해 보고, '안개'와 '꽃', 그리고 '곤충', '새', '박쥐' 등을 소재로 자신만의 독창적인 비유가 담긴 글을 한 편 써 보자(600자 내외).

2. 적절한 인용이 글을 풍부하게 만든다.

독창적이고 창의적인 아이디어와 거기에 걸 맞는 표현은 그저 주어지는 것이 아니다. 하늘 아래 새로운 것은 없다. 독서를 통해 배경 지식을 습득하고 이를 내면화하는 일은 글의 논지를 전개하는 데 중요한 역할을 한다. 이러한 점에서 독서는 지식을 얻기 위한 수단에 그치는 것이 아니라 타인의 경험을 바탕으로 자신의 생각이나 논리를 심화시키는 계기를 만들어 준다. 따라서 독서를 통해 다른 사람의 글을 이해하고 이를 적절하게 인용하는 행위는 글을 풍부하게 만드는 중요한 요소의 하나이다.

인용을 통해 글의 내용을 풍부하게 심화시킨 예를 살펴 보자.

① 1930년대의 시인 이상은 「거울」이란 시에서 '거울속에는소리가없소/저렇게까지조용한세상은참없을것이오'라고 거울 속의 세상이 조용하다고 노래했다. 거울 속의 세상이 조용한지 시끄러운지 증명된 바는 없다. 거울 속의 세상에 들어가서 확인해본 자는 없기 때문이다. 그러나 만약 거울 속의 세상이 있다면 그곳은 조용할 것이라고 대부분의 사람들은 생각한다. 문학은 개인적인 체험을 다루지만 이 보편성에 의존하여 다른 사람들에게 감동을 준다.

사람들은 왜 들어가 보지도 않으면서 거울 속의 세계가 조용하다고 생각하는 것일까?

소리가 없는 세상은 어떤 세상일까? 소리 없는 세계로 생각되는 또 한 곳은 깊은 바다 속이다. ② 뤽 베송 감독의 영화 〈그랑 블루〉를 보면 바다 깊이 잠수하는 남자들이 나온다. 최고의 잠수부 엔조와 자크는 인간의 한계를 넘어 거의 사백 피트까지 잠수한다. 그들이 들어가 본 그 바다 속의 세계는 아득한 적막과 어둠이 가득한 세계로 묘사된다. 영화의 마지막에 자크는, 사랑하는 애인 조안나의 만류를 뿌리치고 스스로 아득한 바다 속의 세계로 영원히 들어간다. 조안나는 바다 속에는 어둠과 적막뿐이고 다른 것은 아무것도 없다고 울부짖지만, 임신한 자신이 있는 이곳이 현실이라고 애원하지만, 자크는 바다 밑으로 아득히 사라져버리고 만다. 자크는 바다 밑의 고요에 영혼을 사로잡혔던 것인지 모른다.

사실 고요는 사람을 이끄는 힘이 있는 것 같다.

아니 고요는 사람을 다른 세계로 데려가는 비밀통로 같은 것인지도 모른다. 예나 지금이나 공부하는 사람은 고요한 공간을 구한다. 주위가 고요해야 정신을 공부에 집중할 수 있기 때문일 것이다. (중략)

고요를 구하는 것 자체가 일종의 공부가 된다.

③ 추사 김정희의 고택에 가면 '반나절은 책을 읽고, 반나절은 고요히 앉아 있는다(半日讀書 半日靜坐)'라고 쓰인 주렴이 있다. 고요함을 배우고 얻는 것이 옛사람들에게는 공부의 중요한 일부였다. 그러한 고요의 경계에 도달했을 때, 새로운 진리의 경계가 나타나는 것인지도 모른다. 고요는 우리를 세속의 번뇌와 혼잡을 넘어선 진리의 세계로 데려가는 것 같다. 그래서 사람들은 영혼의 결핍을 강하게 느낄 때 간절하게 고요한 공간으로 찾아가려 하는 것 같다.

또, 고요란 소리나 그 밖의 물질들이 없는 상태라기보다는 움직임이 없는 상태이다. 오히려 고요 속에는 어떤 막에 둘러싸인 느낌이다. 고요의 밀도는 보통 대기의 밀도보다 높다. 동양의 문화적 전통 속에는 '여백의 미학'이란 것이 있다. 비어 있는 부분이 전체의 아름다움이나 의미를 만들어낸다는 뜻이겠으나 빈 부분이 사실은 빈 게 아니라는 의미도 내포한다. 즉 '여백의 미학'은 '비어 있음의 충만함'과 연결되어 있다.

④ 유명한 피아니스트 아르투르 슈나벨은 '나는 음표는 몰라도 쉼표는 다른 피아니스트들보다 더 잘 연주한다'는 유명한 말을 남겼다. 슈나벨에게는 악보상의 쉼표도 그냥 쉬는 것이 아니라 연주하는 것이다. 오히려 쉼표를 연주하는 것이 음표를 연주하는 것보다 더 어렵다. 마치, 고요히 앉아 있다고 해서 아무것도 하지 않는 것은 아님과 마찬가지이다. 아무것도 하지 않고 고요 속에서 가만히 앉아 있는 것은 의외로 매우 힘들거나 매우 많은 일을 하고 있는 것이라고 할 수 있다. 그래서 학생들의 필수과목으로 '정좌(靜坐)'라는 과목을 넣고, 일주일에 몇 시간이라도 고요하게 앉아 있는 공부를 시키는 것이 꼭 필요하지 않을까 하는 생각도 하게 된다. 요즘 문화가 점점 천박해지고 야단스러워지고 세상이 불안해지는 중요한 이유가 이 고요에 대한 이해와 공부가 완전히 무시되고 있기 때문은 아닐까?

⑤ 미당 서정주의 시에 「고요」라는 시가 있다. 이 시에서 미당은 눈물과 시름으로만 고요를 찾고 만나는 사람은 고요를 제대로 알지 못한다고 말한다. 눈물과 시름이란 '고요의 그늘에 깔리는 한낱 혼곤한 꿈일 뿐'이라는 것이다. 이 꿈에서 깨어나 만나는 고요에 대해서는 다음과 같이 노래한다.

이 꿈에서 아조 깨어난 이가
비로소
만길 물 깊이의

벼락의

향기의

꽃새벽이

옹달샘 속 금동아줄을

타고 올라 오면서

일 마중 가는 만세만세를

침묵으로 부르네.

이처럼 고요는 우리를 향기롭고 높은 세계로 데려간다. 세상의 변화는 점점 고요를 바보로 만들지만, 고요는 바보가 아니다.

(이남호, 「고요는 바보가 아니다」, 『일요일의 마음』, 생각의 나무, 2007, 18~23쪽)

위의 글은 고요의 의미를 설명하기 위해 다른 사람의 글이나 작품을 인용하고 있다. 인용은 총 다섯 차례에 걸쳐 등장하는데 글쓴이의 논지를 강화하고 글의 내용을 풍요롭게 하는 데 기여하고 있다. 글쓴이는 ①에서 이상의 시 「거울」을 인용하면서 거울 속의 세상이 조용할 것이라고 추측한다. 개인적 체험을 다루지만 보편성에 의존하여 다른 사람들에게 감동을 주는 문학(시)의 특성을 염두에 두고 인용을 한 것이다.

②에서 글쓴이는 뤽 베송 감독의 영화 <그랑 블루>를 인용하면서 깊은 바다 속 풍경을 묘사한다. 여기에서 제시되는 소리 없는 세계(바다 속의 세계)는 ①에서 인용한 조용한 세계 너머에 존재하는, 영혼을 사로잡는 아득한 적막과 어둠이 가득한 세계이다. 글쓴이의 논지가 ②의 인용을 통해 심화·확장되고 있는 것이다.

②에서 다소 추상적으로 제시된 고요의 분위기(아득한 적막과 어둠이 가득한 세계)는 ③의 인용을 통해 세속의 번뇌와 혼잡을 넘어선 진리의 세계로 구체화된다. ④의 인용에서 고요는 '쉼표'로 비유되는데, 글쓴이는 쉼표를 연주하는 것이 음표를 연주하는 것보다 더 어렵다는 인용문을 통해, 세상이 천박해지고 불안해지는 원인의 하나로 고요에 대한 이해와 공부의 부족을 든다.

글쓴이는 마지막으로 서정주의 시 「고요」를 인용(⑤)하면서, 고요는 우리를 눈물과 시름을 넘어선 '향기롭고 높은 세계'로 데려간다고 주장하면서 글을 맺고 있다.

이렇듯 글쓴이는 문학작품, 영화, 고인의 문구, 명언 등을 적절하게 인용하여 고요의 의미와 가치를 효과적으로 드러내는 데 성공하고 있다. 위의 글에서 인용 대목은 논지를 전개하는 흐름과 적절하게 어우러져 글을 풍요롭게 하는 데 기여하고 있다. 만약 이러한 인용 대목이 없었다면 위의 글은 '고요는 불안한 세상을 넘어 우리를 향기롭고 높은 세계로 인도하는 문이다'와 같은 주장을 반복하는 앙상한 글이 되었을 것이다.

아래의 글들을 적절하게 인용하여 '글쓰기의 중요성'에 대한 짧은 글을 써 보자(500자 내외).

① 신동호 뉴스와이어 편집장은 "미국 20개 연구기관의 과학자와 엔지니어 265명을 대상으로 조사한 결과 자기 시간 중 3분의 1을 글쓰기와 편집 등에 할애하는 것으로 나타났다"며 "상위 직급으로 올라갈수록 이런 현상이 더 심하다"고 말했다.

(김상연, 「자연계는 수학 과학만 잘하면 된다?」, 〈동아일보〉, 2005.7.26)

② 건설회사 조과장의 하루

09:00 사내 전자메일과 인터넷 메일을 확인하고 답장을 작성

09:30 10시에 있을 팀 회의를 위해 보고 자료 작성

10:30 팀 회의

12:00 점심 식사

13:00 현장 방문 관리 및 공사 관계자와 대화

15:00 물건 구매를 위한 현장 공문 작성

17:00 사내 전자메일과 인터넷 메일 확인 및 답장 작성

17:30 오늘의 업무 정리 및 다음 날 계획 구상

18:00 퇴근

(조윤호, 「공학 작문 - 왜 공돌이에게 글쓰기를 하라는 것이야?」,
『교양교육연구소 동계 세미나 발표 자료집』, 중앙대학교 교양학부, 2009.11)

3. 실감나는 예시, 예화, 일화가 글을 살린다.

글쓰기란 자신의 생각을 솔직하게 표현하는 행위이다. 자신의 느낌과 감정을 얼마나 정직하게 드러내느냐에 따라 글의 성패가 좌우되기도 한다. 예시, 예화, 일화 등은 자칫 딱딱하고 지루해지기 쉬운 글에 생동감을 부여하여 활기찬 분위기를 형성하는 데 기여한다. 이렇듯 실감나는 예시, 예화, 일화는 글을 살아 움직이게 하는 요소의 하나이다.

아래의 글에서 글쓴이는 상처받은 사람들을 위로하러 간 자신이 오히려 그들에게 위로를 받게 된 사례를 소개하고 있다. 이러한 예화는 구호요원이 지녀야 할 자세에 대한 깨달음을 생생하게 전달하는 데 기여하고 있다. 구호요원은 '사람의 고통을 치유'하는 전지전능한 절대자가 아니라, '고통받는 사람과 함께, 그들이 두려워하는 것을 함께 두려워하고, 아파하는 것을 함께 아파'하는 인생의 동반자라는 것이다.

> 지난 세월 만났던 수많은 아이들의 얼굴이 떠오르자 가슴이 쿡쿡 쑤시면서 숨이 꽉 막히더니 오늘 아이를 잃은 남부 수단의 엄마처럼 내 눈에서는 굵은 눈물이 뚝 떨어졌다. 아이 엄마의 손을 더욱 꽉 잡으니까 오히려 그 엄마가 위로하듯 내 어깨를 다독여 주었다. 그러면서 하는 말,
>
> "나의 이 슬픔을 함께하라고 주님이 당신들을 보내 주셨군요. 고맙습니다."
>
> "……."
>
> 누군가에게 소리치며 원망해도 모자랄 사람이 도리어 나를 위로해 주다니……. 위로하러 간 사람이 위로를 받다니. 아, 그래. 난 이런 목소리를 예전에도 들은 적이 있다. 지진으로 수만 명이 죽은 이란 현장에서 남편은 물론 집과 친척 등 모든 것을 잃은 채 울고 있던 한 엄마를 위로하고 있을 때였다. 다섯 살도 안 되어 보이는 그 집 딸이 다가와서 손을 꼭 잡더니, 그 크고 예쁜 눈으로 내 눈을 똑바로 보면서 "마 피쉬 무슈킬라"(괜찮아요)라고 했다. 그때 자기 엄마도 울고 있는데 왜 나에게 그런 말을 해 주었을까 의아했다. 그런데 지금에서야 알 것 같다. 그 아이는 꼬마를 가장한 천사였을 것이다. 하느님이 천사를 통해 내가 이들을 어떻게 위로해야 하는지 가르쳐 주시려던 것이리라.

남부 수단 현장에서 나는 하느님이 사람을 살리시는 것도, 죽게 내버려두시는 것도 보았다. 왜 어떤 아이는 살리고, 어떤 아이는 죽이셨을까? 전지전능하신 하느님이신데 모두를 살려두면 얼마나 좋았을까. 모두를 살려주는 건 정말 안 되는 일이었을까? 그걸 우리가 알 수는 없다. 이해할 수도 없다. 그러나 구호요원으로서 한 가지는 알 수 있다. 하느님은 사람의 고통을 치유하라고 우리를 보내신 게 아니라는 것이다. 우리가 무슨 힘이 있어 그런 엄청난 고통을 치유할 수 있을까. 우리는 다만 고통받는 사람과 함께, 그들이 두려워하는 것을 함께 두려워하고, 아파하는 것을 함께 아파할 수 있을 뿐이다. 가끔은 고통과 원망과 회의 앞에서 흔들릴지라도 그렇게만 할 수 있을 뿐이다.

(한비야, 「왜 이 아이를 죽게 두셨나요」, 『그건, 사랑이었네』, 푸른숲, 2009, 131~132쪽)

예시, 예화, 일화 등을 활용할 때 유의할 점은 이를 자신의 삶 혹은 우리의 삶과 적절하게 연결시켜 글의 논지를 강화하는 방향으로 이용해야 한다는 것이다.

다음은 '흡연'을 예로 들어 '문과·이과'의 '융합(convergence)적 발상'을 주문하고 있는 글이다. 애연가 혹은 비흡연가의 입장에서 적절한 예를 들어 글쓴이의 논지를 비판해 보시오(600자 내외).

담배 문제와 관련해서도 문과·이과의 융합적인 발상이나 학제적인 발상이 추구되어야 한다고 생각한다. 흡연이 건강에 미치는 영향은 역학(疫學), 공중위생학, 병리학, 약리학, 임상의학, 분석화학 등 이과분야로부터 각종 보고가 계기가 되어 거론되어 왔다. 그런데 이에 대해 어떠한 대응책을 취할 것인가, 또는 담배의 역사와 문화에 대한 이해를 근거로 하여 어떻게 생각할 것인가에 대해서는, 행정학, 경영학, 문화인류학, 역사학, 사회학, 심리학, 철학 등 문과분야에 관계되는 사항이다. 그러므로 문화·이과의 융합적인 발상과 학제적인 발상이 담배 문제에도 필요하다고 볼 수 있다. 담배 문제에 대해서 공중위생학적인 관점에서만 접근한다면, 답은 곧장 금연이 될 수 있을지 모른다. 그러나 문과·이과 융합적인 발상이나 학제적인 발상에서 보면, 즉 흡연이 공공의 복지에 반하는 정도로까지는 악이 아니라는 결론에서 보자면, 해답은 적절한 흡연규제와 개인의 자유선택이 될 것이다. 이 세상에는 위험(risk)이 전혀 없는 제품이나 서비스 같은 것은 없다. 그러므로 문과·이과의 융합적 사고에 의하면, '위험과 잘 사귀면서 어떻게 인생을 즐겁게 영위할 것인가'는 '개인의 판단과 선택의 문제'라고 말하게 된다.

애연가(愛煙家)는 문과 인간으로부터 이과 인간에 이르기까지 많이 있을 것이다. 그리고 흡연에 관해 이미 문과적 발상이나 이과적 발상 그 어느 한쪽에 얽매이지 않는 사람들, 즉 문·이과의 융합적인 발상으로 대처하고 있는 사람들이 현실적으로 많이 있다. 이처럼 학술연구에 있어서도 앞으로는 문과 인간이든 이과 인간이든 학문적인 장벽을 과감히 뛰어넘어, 문(文)·리(理) 융합적 발상으로 폭넓은 논의를 과감하게 펼쳐나갈 필요가 있다.

(민주식, 「융합연구에 대한 기대」, 『한국연구재단 웹진』, 2009.11)

4. 글의 대상과 '나의 삶'을 연결하자.

1) 자신의 삶을 글에 투영하자.

글을 쓰는 과정에서 자신의 경험을 어떻게 활용할 것인가가 중요한 문제로 다가오는 경우가 많다. 글쓰기는 자신의 체험을 있는 그대로 재현하는 행위가 아니다. 글의 주제가 자신의 경험과 적절하게 어울려져야 짜임새 있는 글을 얻을 수 있다. 글의 주제에 자신의 삶을 밀착시켜 독자의 공감을 얻어내는 것은 쉽지 않은 일이다. 이를 위해서는 글의 대상과 '나의 삶'을 연결하는 문제의식이 필요하다.

자신의 경험을 통해 '글에 대한 고정관념'을 깨뜨리고 있는 진솔한 이야기를 감상해 보자.

제가 버스 운전을 한 20년 했어요. 85년도 스물일곱 살 때부터 운전을 했으니 굉장히 젊을 때부터 한 턱이지요. 그렇게 줄곧 노동자로 살아 왔고, 2004년 12월 31일부로 버스를 그만두고 <작은책> 편집 일을 맡았습니다. 그런데, 사정을 잘 모르는 어떤 사람들은 버스 운전을 그만 두고 <작은책> 편집 일을 하니까 '성공했다'고 그러더라고요. 자본주의 사회에서 '성공했다'고 하면, 돈을 많이 버는 것인데 사실 <작은책> 편집 일이 버스 운전할 때 임금의 반밖에 안 됐어요.

제가 <작은책> 일을 하게 된 까닭은 이렇습니다. 저는 버스 운전을 하면서 '버스노동조합운동'을 하였습니다. 정확히 말씀드리면 '노동조합민주화추진위원회' 일을 하였습니다. 사실 20년 젊음을 몸바친 노동현장을 떠나기 싫었습니다만, 누가 꼬시더라구요. "버스 현장에서 기사들 노동조건을 개선시키는 운동도 좋지만 좀 더 넓은 곳에서 문화운동을 해라. 즉 글로써 사람을 변화시키는 일을 해 보라"고 했어요. 많이 망설였지요. 결국 2004년 12월 31일로 버스 현장을 떠나게 됐어요.

제가 생활글을 처음 깨달은 때가 1996년도입니다. 그 전에는 노동자가 쓴 생활글을 못 봤어요. 일하는 사람들이 쓴 글들을 그때 당시 96년도에 처음 봤어요. 저는 학교 교육은 많이 못 받았지만, 책 같은 것은 많이 봤거든요. 그런데, 그때까지 책에서 보았던 글들과 전혀 다른 글들을 <작은책>에서 처음 봤어요. 그리고 반성을 했습니다. '아, 지금까지 내가 봐 왔던 글이 진짜 글이 아니구나' 하고요. 그래서 그때부터 글쓰기를 새로 배웠어요.

그래서 제가 살아온 이야기를 써서 전태일문학상도 타고, <작은책>에 연재를 2년 하고, <한겨레>의 '흐림 뒤 맑음'이라는 꼭지에도 1년 반 정도 기고를 했어요. 그 글들을 쓰면서 희열도 느꼈고, 보람도 있었습니다. 제가 성격이 굉장히 급한데, 글을 쓰면서 성격도 많이 고쳐졌어요. 그리고, 남이 제 글을 보고 변화하는 것을 볼 때 굉장히 보람을 느꼈습니다.

(안건모, 「세상을 바꾸는 글쓰기」, 『왜 80이 20에게 지배당하는가?』, 철수와 영희, 2007, 57~58쪽)

독자의 마음을 움직이는 글에는 대상을 바라보는 주체적인 관점이 녹아 있기 마련이다. 주체적 관점은 글의 대상과 자신의 삶을 연결하는 과정을 통해 획득할 수 있다. 글쓴이는 자신의 체험을 적절하게 활용하여 '생활글', 즉 주체적 글쓰기의 중요성을 강조하고 있다.

2) 과거와 현재, 미래를 연결하자.

지나온 삶을 되돌아보며 현재의 일상을 성찰하고, 보다 나은 미래를 꿈꾸는 것은 인간의 보편적 삶이다. 따라서 한 편의 글에는 글쓴이의 과거, 현재, 미래가 투영되어 있는 경우가 많다.

『디아스포라 기행』은 재일조선인인 글쓴이가 자신이 살아온 삶을 디아스포라 일반의 역사로 확장하여, 그들의 과거, 현재, 미래를 탐색하고 있는 글이다. 다음은 이 책 서문의 일부이다.

콜럼버스의 신대륙 착륙 이후 수백만, 일설에 의하면 2,000만에 이르는 아프리카인들이 신대륙으로 끌려갔다. 그들과 그 자손을 '블랙 디아스포라'라고 부르기도 한다. 또 19세기 이후부터 많은 중국인들이 쿨리(苦力, coolie)라는 모멸에 찬 이름의 하층 노동자가 되어 세계 각국으로 퍼져나갔는데 이들이 차이니즈 디아스포라다.

이전에 아메리카 서해안을 여행하던 중에 차를 타고 샌프란시스코에서 요세미티 국립공원을 향하는 길에 그 이름도 '차이니즈 캠프'라는 마을을 지나친 적이 있다. 대륙횡단철도의 건설공사에 투입된 중국인 노동자들의 숙영지였던 곳이다.

이 글에서 나는 근대의 노예무역, 식민지배, 지역 분쟁 및 세계 전쟁, 시장경제 글로벌리즘 등 몇 가지 외적인 이유에 의해, 대부분 폭력적으로 자기가 속해 있던 공동체로부터 이산을 강요당한 사람들 및 그들의 후손을 가리키는 용어로서 디아스포라라는 말을 사용하고자 한다.

조선 사람들 역시 과거 한 세기 동안 식민지배, 제2차 세계대전과 한국전쟁, 군사정권에 의한 정치적 억압 등을 경험해, 상당수에 달하는 사람들이 뿌리의 땅인 한반도로부터 세계 각지로 이산했다. 코리언 디아스포라의 총수는 현재 대략 600만 명이라고 한다. 재일조선인은 그 일부이며 나는 그 중 한 사람이다.

근대 제국주의 국가들에 의한 세계 분할과 식민지 쟁탈전 이후, 전 세계에서 대체 얼마나 많은 사람들이, 눈물을 머금고 태어나 자란 땅을 뒤로했을까. 더욱이 그들 디아스포라들은 이주한 땅에서도 언제나 '이방인'이며 소수자다. 다수자는 대부분 '조상 대대로 전해내려온 토지·언어·문화를 공유하는 공동체'라는 견고한 관념에 안주하고 있다. 그러한 상황 안에 있는 한 다수자들에게는 소수자의 진정한 모습은 보이지 않으며 그 진정한 목소리도 들리지 않을 것이다.

고정되고 안정된 것처럼 보이는 대상도 그것을 보는 편이 불안정하게 움직일 때는 달리 보인다. 다수자들이 고정되고 안정적이라고 믿는 사물이나 관념이 실제로는 유동적이며 불안정한 것이라는 사실이, 소수자들의 눈에는 보인다. 이 글은 '나'라는 한 사람의 디아스포라가 런던, 찰츠부르크, 카셀Kassel, 광주 등을 여행하면서, 각각의 장소에서 접한 사회적 양상과 예술작품을 테마로 현대의 디아스포라적 삶의 유래와 의의를 탐색하려 한 시도다. 디아스포라라는 존재의 모습이 근대 특유의 역사적 소산이라고 한다면, 이 시도는 디아스포라의 시선으로 '근대'를 다시 보는 것, 그리고 '근대 이후' 인간의 가능성을 탐구하는 것이기도 하다.

(서경식, 「수레바퀴 자국에 고인 물 속의 붕어」, 『디아스포라 기행』, 돌베개, 2006, 14~15쪽)

글쓴이는 디아스포라라는 존재의 모습을 근대 특유의 역사적 소산(과거)으로 보고 있다. 그가 이러한 디아스포라적 삶의 유래와 의의를 탐색하는 것은 디아스포라의 시선으로 '근대'를 다시 보기(현재) 위해서이며, 나아가 '근대 이후' 인간의 가능성을 탐구하는 행위(미래)의 연장이라 볼 수 있다. 이렇듯 글쓴이는 디아스포라적 삶의 과거, 현재, 미래를 연결하여 통찰함으로써 독자의 공감을 불러일으키는 특별한 글을 만드는 데 성공하고 있다.

다음은 한 인터넷 사이트 게시판에 올린 상담 메일과 그 질문에 대한 답변이다. 정신분석학에 바탕한 글쓴이의 공감적인 조언은 '관계 맺기'에 절망하는 현대인을 위한 심리 치유 에세이라 할 수 있다. 조언자는 과거를 돌아보고 현재의 모습을 직시함으로써 건강한 미래를 영위할 수 있다고 본다. 상담을 의뢰하는 자의 입장에서 아래의 글을 따라 읽고, 조언자의 답변이 자신의 삶에 어떤 영향을 미칠 수 있는지 써 보자(1,000자 내외).

상담 메일: 최고가 되어야 한다는 생각 때문에 괴롭습니다

저보다 잘되는 주변 사람을 심하게 질투합니다. 심지어는 친한 친구가 저보다 조금이라도 상황이 나아질 기미가 보이면 너무나 불안하고 조마조마합니다. 얼마 전에는 운세 사이트에서 주변 사람들의 운세를 봐가며 그들이 앞설까봐 미리 두려워하기도 했습니다. 이런 제 자신이 너무나 피곤합니다.

제가 최고가 되어야 한다는 생각이 머릿속에 가득합니다. 하지만 현실은 그렇게 만만치 않아서 저는 항상 최고가 되지 못하고, 모든 분야에서 최고가 될 수 없다는 것도 잘 알고 있습니다. 그럼에도 마음은 최고가 되지 못하는 것에 대해 불안해하고, 남들이 앞서 나가는 것을 두려워합니다. 이런 불안감 때문에 현실에서는 저를 위해 투자할 시간을 허비하고 있는 실정입니다. 누군가가 앞선다는 생각을 하면 공부도 일도 제대로 되지 않아 몇 시간씩 흘려보내기 일쑤입니다. 피곤하고 힘이 듭니다. -질투

조언: 시기심은 성취할 수 없는 것을 목표로 합니다

〈아마데우스〉라는 영화가 있습니다. 작곡가 모차르트의 일대기를 그의 천재성에 초점을 맞추어 그린 영화입니다. 영화에는 모차르트의 천재성을 시기하는 궁정 악사 우두머리 살리에르가 등장합니다. 그는 모차르트에 미치지 못하는 자신의 재능에 절망하다가, 폭풍우 치는 밤에 검은 망토를 입고 저승사자처럼 꾸며 모차르트를 괴롭히러 갑니다. 몇 번이나 그 일을 반복해서 결국 모차르트가 신경쇠약에 걸려 죽기를 바랍니다. 이 영화는 모차르트의 천재성에 관한 이야기지만 그보다 더 인상적인 것은 살리에르의 시기심에 관한 대목입니다. 살리에르는 자기 삶의 중심에 모차르트를 모셔놓고, 그를 시기하고 괴롭히는 데 모든 시간과 열정과 지혜를 쏟습니다.

질투님이 '질투'라고 표현하신 감정은 정확히 말하면 '시기심'입니다. 시기심은 '가장 원시적이고 근원적인 정서 가운데 하나로, 생애 초기부터 작용하는 유아의 파괴적 충동을 가리키는 용어'라고 정의됩니다. 본래 시기심은 엄마(의 젖가슴)에게서 비롯되고, 형제자매(남근 선망을 포함하여)와의 물질적 소유에 대한 비교에서 발현되는 감정이기 때문에 외부로 투사될 때에는 가장 가까운 친구를 향해 표출되는 게 당연합니다.

시기심도 공격성이나 불안감처럼 성장하는 과정에서 보살펴져야 하는 감정입니다. 우리는 성장하는 동안 반복적으로 시기심과 만나면서, 좌절을 맛보면서, 그 감정이 완화되는 경험을 합니다. 이를테면 한 학급 학생이 50명이면 그 중 49명은 살리에르가 됩니다.

반에서 한 명인 모차르트 역시 전교생 사이에 섞여 다시 살리에르가 됩니다. 그런 식의 '살리에르 되기' 체험은 자신이 최고라는 환상을 깨고 현실의 삶을 수용하는 데 도움이 됩니다.

질투님, 자기가 최고가 되어야 한다는 생각에는 시기심뿐 아니라 거대한 나르시시즘이 들어 있습니다. 우리 모두는 얼마간 나르시시스트여서 저마다 자신이 옳고 선하고 정당하며 특별하다고 생각합니다. '비록 지금은 이런 모습으로 살고 있지만 이것이 내 삶의 전부는 아닐 것이다. 언젠가 내 삶에도 쨍하고 해뜰 날 돌아올 것이다'라고 생각하면서 현실의 불만을 디뎌나가는 것이 사실입니다. 하지만 자신이 모든 분야에서 최고가 되어야 한다는 생각은 비현실적인 강박관념입니다.

최고가 되어야 한다는 생각에 대해서, 왜 그런 강박관념을 갖게 되었는지 유추할 수 있는 가장 위층의 사실부터 하나씩 인식해보세요. 1등 했을 때 부모로부터 받았던 인정과 보상을 그리워하는 건 아닌지요? 혹은 1등을 하는 것만이 다른 열등한 조건들을 보상받을 수 있는 방법이라고 생각했던 건 아닌지요? '내가 최고다'라는 자기 이미지를 유지하는 것으로 자존감을 지키려 했던 건 아닌지요? '최고가 되어 나를 모욕하고 무시했던 사람들에게 복수해줄 테다'라는 마음을 지금도 가지고 있는 건 아닌지요?

위에 나열한 것과 같은 마음이 내면에서 발견된다면 그 실체를 잘 살펴보시기 바랍니다. 그런 인식은 성인으로서의 현실적 삶의 조건과 아무 관계없는 성장기의 미숙하고 상처 입은 자아가 만들어낸 생각입니다. 어떤 이들이 꿈꾸는 '유토피아'나 연인들이 갈망하는 '완전한 일체감'처럼, '최고가 되어야겠다'는 생각 역시 유아적 상실감에서 비롯된 환상일 뿐입니다.

현실의 삶에는 '최고'가 없습니다. 우리는 저마다의 삶의 분야에서 각기 다른 소명에 따라 살아갈 뿐입니다. 주변을 잘 둘러보세요. 서로 다른 소명과 역량을 가진 사람들이 어울려 유기체처럼 세상을 돌아가게 하고 있습니다. (중략)

멜라니 클라인은 생의 마지막 시기에 시기심을 주요한 연구 대상으로 삼은 정신분석학자입니다. 그는 정신분석적 심리 치료가 실패하는 주요 원인도 피분석자의 시기심 때문이라는 것을 밝혀냈습니다. 지나치게 강한 시기심이 치료자가 주는 통찰, 지혜, 인내, 관용 등을 받아들이지 못하고 오히려 그것을 파괴하기 때문입니다. 그는 또한 시기심을 극복하는 방법으로 '감사하는 마음 갖기'를 권합니다.

실제로 결핍과 시기심에 시달리는 사람들을 보면 이미 많은 것을 소유하고도 단 한 가지 부족함 때문에 그토록 고통받는 것을 목격하곤 합니다. 질투님 역시 마찬가지일지도 모릅니다. 늘 시기하는 외부 대상만을 바라보던 눈을 내부로 돌려 자신이 가지고 있는 자산을 꼽아보세요. 아마도 질투님은 누구보다 치열한 열정, 명석한 두뇌, 진실한 마음을 가지고 계실 것입니다. 바로 그것, 자신이 소유한 것들에 대해 감사하는 마음을 갖는 데서 시기심이 극복됩니다. 나아가 곁에 있는 가족, 친구, 지인들이 얼마나 소중하고 고마운 사람들인지 마음으로 느낄 수 있다면 시기심도 잦아들 것입니다.

(김형경, 『천 개의 공감』, 한겨레출판, 2006, 284~289쪽)

8장

좋은 문장이 좋은 글을 만든다 — 문장 쓰기, 문장 고치기

1. 단박에 읽히는 문장이 좋다.

문장은 회전문과 같다. 회전문 한 칸에 서너 명이 한꺼번에 들어가면 펭귄처럼 뒤뚱뒤뚱 걷게 되고 옆 사람과 발이 뒤엉킬 수도 있다. 회전문에는 한 명씩 들어가야 편하고 안전하다. 문장은 글쓴이가 대상(주제)에 대해 품었던 생각의 깊이와 시각을 담는 기본 단위이다.

처음 글을 쓰는 사람은 하나의 문장에 온 우주를 다 담으려고 한다. 모든 걸 담으려는 욕심을 버려야 한다. 모든 걸 다 담으려고 하다보면 제대로 하나를 담지도 못한다. 문장을 쓰거나 문장을 고칠 때의 철칙은 '단박에 읽히는 문장이 좋은 문장이다'는 것이다. 좋은 문장은 독자가 단박에 읽고 이해할 수 있는 문장이다. 뭔 뜻인지 모르게 비비 꼬아놓아 그 문장을 이해하기 위해 다시 앞으로 되돌아와서 다시 읽어야 한다거나, 부적절한 단어로 잘못 해석하게 하는 문장은 좋은 문장이 아니다. 글의 주제와 구성과 체계를 아무리 훌륭하게 짰더라도 생각의 단위인 문장을 제대로 쓰지 않으면 무용지물이다.

좋은 문장쓰기 연구에 평생을 바친 장하늘 선생은 좋은 문장의 조건으로 ①쉬운 문장, ②바른 문장, ③짧은 문장, ④뚜렷한 문장, ⑤이끌리는 문장을 든다(『글쓰기 표현사전』, 다산초당, 264~271쪽). 쉬운 문장은 말 그대로 쉽게 읽히는 문장이다. 어휘·구문·표현 면에서 한 번 읽어서 얼른 이해될 수 있는 문장이 좋은 문장이다. 바른 문장은 표현이 온전하고 글의 흐름이 적절한 문장을 말한다. 조사나 어미, 지시어나 접속어, 비유 등이 잘 짜이고 호응도 잘 되어야 한다. 쉽고 바른 문장을 쓰기 위해서는 짧은 문장을 써야 한다. 길면 어렵다. 또한 문장은 주제, 구성, 표현이 모두 뚜렷해야 한다. 주제가 뚜렷하지 않은 문장은 과녁을 맞히지 못한 화살과 같다. 구성이 뚜렷하지 않은 문장은 작전 계획 없이 돌격하는 병졸과 같다. 표현이 뚜렷하지 않은 문장은 술 취한 사람의 술주정이다. 이끌리는 문장이란 매력적인 문장을 말한다. 매력은 현란한 어휘나 과장하는 표현을 남발한다고 생기지 않는다. 번뜩이는 주제의식, 진실을 향한 열정, 기존의 틀을 깬 독창적인 구성, 효과적인 도입, 맛깔스런 마무리, 구체적이고 흥미로운 글감이 매력적인 글을 만든다.

2. 짧은 문장이 좋다

어느 정도 길이의 문장이 짧은 문장일까? 어떤 사람이 어절수를 기준으로 문장을 이해하는 정도를 측정했다. 실험 결과 어절수가 8개 이하의 문장은 이해하기가 매우 쉽고, 11~14개는 비교적 쉽다고 한다. 반면에 21~25개인 경우는 이해하기 어렵고 29개가 넘어가면 매우 어렵다고 한다. 그렇다면 짧은 문장은 20~50자 사이의 문장이다. 한 문장이 50자를 넘지 않도록 해야 한다. 워드프로세서를 기준으로 두 줄을 꽉 채우거나 넘긴 문장은 일단 의심해야 한다. 네 줄을 넘겼다면 무조건 나쁜 문장이다. 독자를 숨차게 만들면 안 된다. 길면 두세 문장으로 나누라. 단박에 읽힌다.

① 2010년은 전통적인 중국 세수로 호랑이 해이며 인류가 21세기로 진입한 뒤 두 번째 10년이 시작되는 첫해로, 이 한 해는 세계적으로도 중요하지만 중국에도 매우 중요하다.

위의 문장은 23개의 어절로 이루어져 있다. 문장을 이해할 때 가장 핵심적인 요소는 서술어이다. 서술어가 몇 개가 있다는 것은 정보가 그만큼의 개수로 담겨 있다는 뜻이다. 이것이 지나치게 많으면 독자는 그 정보를 한 번에 다 기억해야 하며 뒤에 새롭게 오는 정보 때문에 앞의 정보를 잊어버리게 된다. 이를 피하려면 문장을 쪼개라. 위의 문장은 다음과 같이 쪼갤 수 있다.

⇒ 2010년은 전통적인 중국 세수로 호랑이 해다. 인류가 21세기로 진입한 뒤 두 번째 10년이 시작되는 첫해이기도 하다. 이 한 해는 세계적으로도 중요하지만 중국에게도 매우 중요하다.

아래의 예문은 학생들이 작성한 문장인데 무슨 말을 하는지 쉽게 알 수 없다. 이렇게 긴 문장은 허리를 싹둑 잘라 짧게 만들라. 의미 전달을 훨씬 쉽게 할 수 있다.

② 무대 위의 어떤 배우에게는 특별한 사건의 발생이 없으며 배우들이 대사를 제멋대로 띄어 읽거나 반복하는 등 대사를 정확하게 전달하지 않고, '감독'이라는 극 밖의 인물이 연극의 진행을 끊기도, 시작하기도 하는 이 연극의 구성 자체가 모독적으로 다가올 수도 있다.

⇒ 무대 위의 어떤 배우는 특별한 역할이 없었다. 배우들이 대사를 제멋대로 띄어 읽거나 반복하였다. 대사가 정확하게 전달되지 않았다. 무대 밖의 '연출가'가 연극의 진행을 끊기도 하고 시작하기도 했다. 이 연극은 구성 자체가 모독적이었다.

③ 그때까지의 나는 '학교'라는 것을 한 번도 가보지 못했었기 때문에 나를 도와준 그 두 언니들이 초등학교에 다닌다는 말을 듣고 초등학교에 다니는 사람들은 다들 착하고 좋은 사람들만 있다는 생각을 하게 되며 초등학교에 대한 환상을 갖게 되었다.

⇒ 그때까지 나는 '학교'라는 곳에 한 번도 가보지 못했다. 나를 도와준 그 두 언니들은 초등학교에 다닌다고 했다. 그 말을 듣고 '초등학교 다니는 사람들은 다들 착

하고 좋은 사람들만 있구나' 하는 생각이 들었다. 초등학교에 대한 환상을 갖게 된 것이다.

④ 사람들의 자살을 돕는 안락사가 사실은 같은 건물 위층 교회의 목사였다는 사실은 종교와 자살과의 관계에 있어서 비틀어진 사회의 단면을 보여주려는 의도였겠으나 그 사실만 언급할 뿐 종교의 모순과 사회의 부조리한 모습들을 풍자하거나 꼬집어 표현하지는 않았다.

⇒ 자살을 돕는 안락사가 실은 건물 위층 교회의 목사였다. 이는 종교와 자살의 관계를 통해 비틀어진 우리 사회의 단면을 보여주려는 의도였다. 그러나 그 사실만을 언급할 뿐이다. 종교의 모순과 부조리한 사회의 모습을 깊이 있게 풍자하지는 못했다.

글쓰기 원칙 중에 '1개념 1문장'이란 게 있다. 한 문장에는 하나의 생각만 담으라는 뜻이다. 아래의 글은 중앙일보 이연홍 전 논설위원이 쓴 칼럼이다. 의식적으로 짧은 문장을 썼다. 1개념 1문장의 원칙을 철저하게 지킨 글이다. 문장이 길다고 깊은 의미를 담는 게 아니다. 짧으니 단박에 읽히고 쉽게 이해된다.

송명희. 그녀는 시인입니다. 올해 마흔셋입니다. 그녀는 장애인입니다. 중증 뇌성마비지요. 태어날 때부터 그랬답니다. 그녀의 집안은 가난했습니다. 치료도 못 받았습니다. 학교는 가보지 못했습니다. 일곱 살 때까지 누워 있었지요. 숟가락을 쥔 게 열 살입니다. 그녀에게 희망은 없었습니다. 모든 게 절망이었지요. 저주받은 운명이라 생각했습니다. 죽고 싶었습니다. 그래서 자살도 생각하게 됩니다.

그녀는 세상을 원망했습니다. 왜 이리 불공평할까. 그래서 따지기 시작합니다. 신을 향해서요. 매일 몇 시간씩 기도했습니다. 그 속에서 소리쳤습니다. 울부짖었습니다. 왜 공평하지 않으시냐고요. 몇 년을 그랬습니다.

그러던 어느 날이었습니다. 그녀가 펜을 듭니다. 시를 씁니다. 아무것도 배운 거 없는 그녀였습니다. 그런데 시를 씁니다. 뒤틀리는 몸을 움켜쥐고서요. 한참의 시간이 지났습니다. 완성된 시에 제목을 붙입니다. '나'.

"나, 가진 재물 없으나/ 나, 남이 가진 지식 없으나/ 나, 남에게 있는 건강 있지 않으나/ 나, 남이 없는 것 있으니…/ 나, 남이 못 본 것을 보았고/ 나, 남이 듣지 못한 음성 들었고/ 나, 남이 받지 못한 사랑 받았고/ 나, 남이 모르는 것 깨달았네/ 공평하신 하나님이/ 나, 남이 가진 것 없지만/ 공평하신 하나님이/ 나, 남이 없는 것 갖게 하셨네"

달라진 건 없었습니다. 그 무엇도 말입니다. 모든 건 그대로였습니다. 제자리였지요. 그러나 달라졌습니다. 모든 것이 바뀌었습니다. 하나도 빠짐없이요.

세상은 세상 그대로였습니다. 그러나 세상을 보는 눈이 바뀌었습니다. 그동안은 올려봤습니다. 그때의 나는 한없이 작았습니다. 그러다가 내려봤습니다. 그때의 나는 한없이 컸습니다. 감사가 싹텄습니다. 살아 있다는 것만으로요.

그녀는 세상에 나옵니다. 휠체어를 타고서요. 뒤틀리는 입으로 희망을 말합니다. 1,500회의 강연을 했습니다. 뒤틀리는 손으로 시를 씁니다. 24권의 책을 냈습니다. 그의 시에 노래가 붙습니다. 100여 곡의 노래가 나왔습니다. 12년 동안의 일입니다. 그러다 언젠가부터 그녀는 보이지 않습니다. 전신마비가 됐습니다. 말도 못합니다. 글도 못 씁니다. 10년째입니다. 그러나 그녀는 포기하지 않았습니다. 지금을 감사하니까요. 그래서 살 수 있는 겁니다.

보름이 지났습니다. 새해가 시작된 지요. 고작일지 모릅니다. 벌써일지도 모릅니다. 사람마다 느낌이 다를 겁니다. 이미 좌절을 경험한 분이 있을 겁니다. 그러나 좌절하지 마세요. 세상이 좌절을 준 게 아닙니다. 또 다른 내가 나에게 준 좌절입니다. 내가 좌절로 보기 때문이지요. 끝이라면 좌절일지 모릅니다. 그러나 끝이 아닙니다. 그러기에 희망일 수 있습니다. 기회일 수 있습니다.

송명희도 살아갑니다. 나는 그녀보다 나을 겁니다. 그 때문에 포기해선 안 됩니다. 송명희가 살아가는 이유입니다. 우리에게 포기하지 말라고 말합니다.

나라가 어렵습니다. 정치가 엉망입니다. 경제도 그렇습니다. 사회도 마찬가지입니다. 그러나 어둡게만 보지 마세요. 자꾸 어두워만 집니다. 모두가 그래선 안 됩니다. 감사할

걸 찾아보세요. 그게 빛입니다. 빛을 향해 가세요. 송명희도 그랬습니다.

모든 걸 감사하세요. 고난도 감사하세요. 아픔도 감사하세요. 슬픔까지도 감사하세요. 송명희처럼 말입니다. 일어날 수 있을 겁니다. 걸어갈 수 있을 겁니다.

(이연홍, 「좌절하지 마세요」, 〈중앙일보〉, 2006.1.11)

3. 단호한 문장이 좋다

자신 없는 문장보다 단호한 문장이 좋다. 글쓰기에서는 머뭇거리는 것보다 건방진 것이 낫다. 자신 없고 머뭇거린다고 해서 글이 포용력이 있고 부드러워지는 것이 아니다. 글쓴이의 겸손함이나 예의바름을 보여주기보다는 신뢰도를 떨어뜨릴 뿐이다. 단호하게 쓴 글이라고 해서 그 글의 주장에 모든 독자가 강제로 동의하게 되는 것도 아니다. 판단은 독자가 한다. 그러니 지레 자신의 주장을 흐리게 하는 표현을 하지 말라. 자신 없는 문장은 추측하는 표현, 사유동사를 포함한 표현, 부정확한 표현 등이 있다.

1) 추측하는 표현

'~인 것 같다', '~ㄹ 것이다', '~인 듯하다', '~가 싶다'처럼 추측하는 표현은 글쓴이가 자기 글에 확신이 없다는 느낌을 준다. 다른 사람의 이야기를 소개하는 표현인 '~고 한다' 등도 주제를 직접적으로 대면하지 않고 간접적으로 다루고 있으며 판단의 책임을 타인에게 미룬다는 느낌을 준다. 확실하지 않은 사실은 차라리 쓰지 말거나 정확한 내용을 알아보고 쓰는 것이 좋다.

① 인생은 옳고 그름의 문제로 결정되지 않는 게 많은 것 같다.

⇒ 인생은 옳고 그름의 문제로 결정되지 않는 게 많다.

② 〈엄마를 부탁해〉가 올해 가장 많이 읽힌 소설인 것 같다.
⇒ 〈엄마를 부탁해〉가 올해 가장 많이 읽힌 소설이다.

③ 유럽 축구 경기를 보면 시원시원하면서도 에너지가 넘쳐나는 경기로 이런 맛에 관전하는 게 아닌가 싶다.
⇒ 시원시원하면서도 에너지가 넘치는 맛에 유럽 축구 경기를 관전한다.

④ 마을회관이 리(里) 단위로 생겨 이웃과의 관계도 훨씬 가까워지고 활발한 바깥 활동을 통해 건강에도 많은 도움이 되는 것 같다.
⇒ 마을회관이 리(里) 단위로 생겨 이웃과의 관계도 훨씬 가까워지고 활발한 바깥 활동을 통해 건강에도 많은 도움이 된다.

⑤ 역시 나는 밖으로 돌아다니며 사는 체질인 듯하다.
⇒ 역시 나는 밖으로 돌아다니며 사는 체질이다.

⑥ 내 독서 방식이 틀렸다는 것을 깨닫기까지 지독하리만큼 오랜 시간이 걸린 듯싶다.
⇒ 내 독서 방식이 틀렸다는 것을 깨닫기까지 지독하리만큼 오랜 시간이 걸렸다.

⑦ 2009년 11월 8일 18년에 걸친 작업 끝에 〈친일인명사전〉이 출간되었다고 한다.
⇒ 2009년 11월 8일 18년에 걸친 작업 끝에 〈친일인명사전〉이 출간되었다.

⑧ 주말 내내 서해안에 강풍을 동반한 폭우가 쏟아졌다고 한다.
⇒ 주말 내내 서해안에 강풍을 동반한 폭우가 쏟아졌다.

⑨ 올해부터 새 등록금 대출 정책인 '취업 후 학자금 상환제'가 실시된다고 한다.
⇒ 올해부터 새 등록금 대출 정책인 '취업 후 학자금 상환제'가 실시된다.

⑩ 태백석탄박물관은 세계 최대의 석탄 전문 박물관이라고 한다.
⇒ 태백석탄박물관은 세계 최대의 석탄 전문 박물관이다.

2) 사유동사를 포함한 표현

모든 글쓰기는 주관적이다. 아무리 객관적인 사실을 설명하는 글이더라도 글쓴이의 주관적 판단이 담긴다. 그렇기 때문에 1인칭 주어 '나'와 사유동사를 굳이 쓰지 않아도 된다. '나'를 쓸 때에는 자신의 주장이나 판단을 특별히 강조할 때만 선택적으로 쓰는 게 좋다. 글쓴이를 불필요하게 드러내는 대표적인 표현으로는 '나는 ~라고 생각한다', '나는 ~라고 본다' 등이다.

① 나는 이 같은 문제를 현재 시행되고 있는 평가 제도가 더욱 심화시킨다고 생각한다.
⇒ 이 같은 문제는 현재 시행되고 있는 평가 제도 때문에 더욱 심화되고 있다.

② 나는 인간이 욕망을 가지는 것은 당연하다고 생각한다.
⇒ 인간이 욕망을 가지는 것은 당연하다.

③ 콜럼버스의 지리상의 발견은 원주민의 생활 터전에 대한 침략을 문명개화라는 이름으로 정당화해 온 서구 중심적인 사고라고 생각한다.
⇒ 콜럼버스의 지리상의 발견은 원주민의 생활 터전에 대한 침략을 문명개화라는 이름으로 정당화해 온 서구 중심적인 사고이다.

④ 한국어로 소화하기 힘든 대학 교육과정을 영어로 전달받고 한국어로 해석하여 다시 사고하는 학습구조에서는 강의 내용에 대한 깊은 이해는 기대하기 어렵다고 본다.
⇒ 한국어로 소화하기 힘든 대학 교육과정을 영어로 전달받고 한국어로 해석하여 다시 사고하는 학습구조에서는 강의 내용에 대한 깊은 이해는 기대하기 어렵다.

⑤ 이번에 통과된 법은 원칙을 훼손하는 방향으로 개정되었다고 본다.
⇒ 이번에 통과된 법은 원칙을 훼손하는 방향으로 개정되었다.

⑥ 자유 없는 행복은 공허하지만 행복 없는 자유는 맹목이라고 본다.
⇒ 자유 없는 행복은 공허하지만 행복 없는 자유는 맹목이다.

4. 구체적인 문장이 좋다

'추상에서 연역하지 말고 구체에서 귀납하라!'

어느 미술대학 계단에 적힌 글귀이다. 추상적 사유에서 출발하지 말고 실질적인 현상에서 출발하라는 말이다. 구체 속에 보편적 진리를 발견하는 태도를 가지라는 뜻이다. 문장에 적용하면, 전달하려는 의미가 구체적이고 정확한 문장을 쓰라는 말이 된다. 단어의 뜻이 불분명하고, 말하고자 하는 바가 막연하면 공감을 얻기 어렵다. '박물관은 무척 넓었다', '그 영화는 엄청 재미있었다', '이 작품은 감동적이었다'는 표현은 감동은커녕 아무런 정보도 전달하지 못한다. 자신의 무딘 감각만을 전달할 뿐이다. 얼마나 넓어야 '무척' 넓은 것인가? '넓다'의 의미는 다른 것과의 비교를 통하거나 정확한 수치로 제시되지 않으면 전달되지 않는다. 어떤 사람에게는 아흔아홉 칸 부잣집도 좁고 어떤 사람에게는 한 평의 자기 방도 넓다. 얼마나 재미있어야 '엄청' 재미있는 것인가? 재미를 불러일으키는 요소는 다양하다. 어떤 점이 재미있었나? 감동적인 것도 마찬가지다. 작품의 어떤 요소가 감동적이었는지, 작중 인물의 행동이? 사건 해결의 과정이? 주어진 정보가 새로워서? 무엇 때문에 감동을 받았는지를 구체적으로 쓰지 않으면 자신의 감동은 절대로 전달되지 않는다. 공감을 얻지 못하는 문장이다. 그런 문장이 모이면 공감을 얻지 못하는 글이 된다. 무엇이든 문장에 구체적으로 밝히지 않으면 독자는 글쓴이의 경험이나 판단을 승인하지 않는다. 어떤 점에서 재미있거나 감동적인지, 무엇과 비교해서 넓었는지를 말하지 않으면 독자의 공감을 얻기 어렵다.

대학 글쓰기에서 추상적이고 일반적인 서술을 피할 수는 없다. 하지만 구체를 바탕으로 삼지 않은 추상은 비현실적이고 관념적이다. 의미가 지나치게 포괄적이면 독자는 구체적으로 생각하지 못한다. 고속철도 안에서 스쳐지나가는 풍경을 보듯, 기억에 남지 않는 문자들의 나열일 뿐이다.

글을 많이 써 보지 않은 사람은 경험이나 분석의 '결과'만을 중시한다. 영화를 보았다면 영화가 재미있었는가 없었는가 하는 판단을 중시한다. 결과를 중시하면 글이 억세고 설득력이 없다. 문장도 자기 감정과 느낌을 나열할 뿐이다. 글을 많이 써 본 사람은 '과정'을 중시한다. '재미있었다'라는 판단에 앞서, 무엇 때문에 재미있었는지를 차근차근 밝힌다. 판단 자체보다 판단의 근거에 집중한다. 과정을 치밀하게 밝히는 일을 즐긴다.

① 국립중앙도서관에는 책이 엄청 많았다.
⇒ 국립중앙도서관은 고서 27만 권의 책을 포함하여 총 750여만 권의 책을 소장하고 있다.

② 아프리카박물관은 아프리카 여러 국가의 예술 작품을 전시하고 있다.
⇒ 아프리카박물관은 아프리카 30개 국가 70여 개 부족의 예술작품을 전시하고 있다.

③ 터널 안에서는 사고를 일으킬 만한 운전을 하지 말아야 한다.
⇒ 터널 안에서는 차선을 바꾸거나 추월을 하면 안 된다. 사고가 나기 쉽다.

④ 혼자 사는 할머니가 죽은 지 한 달이 지난 후에 이웃에게 발견된 일이 있는데, 오늘날 우리의 인간관계를 극명하게 보여주고 있다.
⇒ 혼자 사는 할머니가 죽은 지 한 달이 지난 후에 이웃에게 발견된 일이 일어났다. 이 사건은 오늘날 우리의 인간관계가 얼마나 단절되어 있는가를 극명하게 보여준다.

5. 하나의 뜻이 담긴 문장이 좋다

중의성을 피하라. 한 문장이 두 가지 뜻으로 해석되면 단박에 읽는 데 걸림돌이 된다. 글쓴이는 하나의 뜻으로 썼을지 모르지만, 읽다 보면 두 가지 뜻이 담겨 있는 경우가 있다. 그렇기 때문에 글을 다 쓴 다음에 문장 하나하나를 살펴 뜻이 두 개 이상 담겨 있는 문장을 찾아 고쳐야 한다. 글쓴이가 의도적으로 몇 가지 해석의 여지를 열어 두는 경우도 있다. 하지만 그것도 정확한 표현을 바탕으로 해야 한다.

① 사람들이 많은 도시를 다녀 보면 재미있는 일이 많다.

위의 문장은 '사람들이 많이 사는 도시'라는 뜻이 되기도 하고, '어떤 사람들이 여러 도시를 다닌다'라는 뜻도 된다. 이렇게 두 가지 뜻으로 해석되는 문장은 단박에 읽히지 않는다. 이런 문장은 아래와 같이 어순을 조절하거나, 정보를 추가하거나, 불필요한 정보를 삭제하거나, 쉼표를 적절하게 사용하면 중의성이 제거된다. 자신이 쓴 문장을 이리저리 고쳐서 가장 쉽고 정확하게 뜻이 전달되는 문장을 써야 한다.

⇒ 사람들이, 많은 도시를 다녀 보면 재미있는 일이 많다.
⇒ 사람들이 많은, 도시를 다녀 보면 재미있는 일이 많다.
⇒ 사람들이 많이 사는 도시를 다녀 보면 재미있는 일이 많다.
⇒ 많은 도시를 다녀 보면 재미있는 일이 많다.

중의적인 문장을 찾으려면 자신이 쓴 글을 소리 내어 읽어 보는 것이 큰 도움이 된다. 소리 내어 읽으면 수식에 문제가 있거나 문장이 길어 어디에서 끊어 읽어야 할지 모를 곳이 나타난다. 이런 문장은 독자에게도 어색한 문장이다.

② 권력이 막강한 정부의 기관장은 더욱 겸손한 자세를 갖추어야 한다.
⇒ 권력이 막강한, 정부의 기관장은 더욱 겸손한 자세를 갖추어야 한다.

⇒ 정부의 기관장은 권력이 막강하다. 그래서 더욱 겸손한 자세를 갖추어야 한다.

⇒ 정부는 권력이 막강하다. 그래서 기관장은 더욱 겸손한 자세를 갖추어야 한다.

③ 끝까지 신문사에 남아 언론 자유를 지키겠다.

⇒ 신문사에 끝까지 남아 언론 자유를 지키겠다.

⇒ 신문사에 남아 언론 자유를 끝까지 지키겠다.

④ 키가 큰 주한 미대사의 친구가 말했다.

⇒ 키가 큰, 주한 미대사의 친구가 말했다.

⇒ 주한 미대사는 키가 크다. 그 친구가 말했다.

⑤ 이것은 우리 아버지의 그림이다.

⇒ 이것은 우리 아버지가 그린 그림이다.

⇒ 이것은 우리 아버지를 그린 그림이다.

⇒ 이것은 우리 아버지가 소장하고 있는 그림이다.

6. 의미가 중복되지 않은 문장이 좋다

비슷한 뜻의 표현을 문장 안에 반복하는 것은 팬티를 두 개 입은 것과 같다. 갑갑하고 거추장스럽다. 문장은 체중이 가벼워야 한다. 체중을 줄이려면 불필요한 것은 버려야 한다. 식사량을 줄이고 군것질도 하지 않아야 한다. 간결하려면 안 써도 별다른 의미 차이가 없는 말들은 '과감하게' 날려 버려라.

① 남성의 담배 흡연율이 매우 높아졌다.

⇒ 남성의 흡연율이 매우 높아졌다.

② 과반수가 넘는 사람들이 찬성했다.

⇒ 반수가 넘는 사람들이 찬성했다.

⇒ 과반수의 사람들이 찬성했다.

③ 이러한 상황에서 지역 문화를 살리기 위해 해야 할 일은 먼저 자기의 지역의 문화에 대해 무지한 지역 주민들에게 그 문화의 가치를 적극적으로 일깨우는 데에 있다.

⇒ 이러한 상황에서 지역 문화를 살리기 위해 먼저 해야 할 일은 지역 주민들에게 자신의 문화에 대한 가치를 알게 하는 것이다.

④ 욕하는 말을 기분 나쁘게 받아들이지 않을 사람은 없을 것이다.

⇒ 욕하는 말을 기분 좋게 받아들일 사람은 없을 것이다.

⇒ 욕하는 말을 기분 좋게 받아들일 사람은 없다.

⇒ 욕을 기분 좋게 받아들일 사람은 없다.

⑤ 행정복합도시를 건설하는 도중에 중단하였다.

⇒ 행정복합도시를 건설하다가 중단하였다.

⑥ 프랑스가 약탈해 간 문화재 반환이 아직 미해결 상태이다.

⇒ 프랑스가 약탈해 간 문화재 반환이 아직 해결되지 않았다.

⑦ 오른쪽으로 우회전하면 붉은 벽돌집이 나온다.

⇒ 오른쪽으로 돌면 붉은 벽돌집이 나온다.

⇒ 우회전하면 붉은 벽돌집이 나온다.

⑧ 내가 너를 중상모략했다는 말은 근거 없는 낭설이다.

⇒ 내가 너를 중상모략했다는 말은 낭설이다.

⇒ 내가 너를 중상모략했다는 말은 근거가 없다.

⑨ 원고를 많이 투고해 주십시오. 투고한 원고는 한 달 안에 엄격한 심사를 거쳐 게재 여부를 알려드리겠습니다.

⇒ 원고를 많이 보내 주십시오. 보내 주신 원고는 한 달 안에 엄격한 심사를 거쳐 게재 여부를 알려드리겠습니다.

7. 과장되지 않은 문장이 좋다

글쓰기에서 우격다짐은 통하지 않는다. 목소리가 높다고 싸움에서 이기는 게 아니다. 텔레비전 토론회에서 성질 내면서 목소리 높이는 사람은 십중팔구 다음날 인터넷 놀림감이 된다. 목소리가 높을수록 허점을 여기저기 노출하기 때문이다. 글도 목소리를 높인다고 해서 독자가 동의하는 게 아니다. 객관적이면서도 진솔하며, 담백하면서도 치열하게 주제를 궁굴린 글이 독자의 공감과 동의를 얻는다. 스스로 목소리를 높이지 말라. 의식적으로 목소리를 낮추라. 담담하면서도 낮은 목소리를 유지하라.

극단적인 부사, 과도한 부사, 절대적인 부사를 사용하여 강조하는 경우가 있다. '완전히', '절대로', '굉장히', '엄청나게', '너무' 등과 같은 부사는 되도록 피하는 것이 좋다. 세상사가 그런 극단적 판단으로 이해될 만한 것이 그리 많지 않다. 과장하는 부사는 객관성을 잃게 하므로 삼가는 것이 좋다.

① 대학들이 광적으로 영어 강의를 확대하는 데에는 이유가 있다.

⇒ 대학들이 영어 강의를 확대하는 데에는 이유가 있다.

② 숨이 쉬어지지 않을 정도로 환경오염이 아주 심각하다. 환경 문제의 심각성은 새삼스레 오늘 발생한 문제가 아니다. 환경오염은 인간이 살아온 이래 계속해서 발생하였다. 인간이 존재하는 한 환경 문제는 절대로 해결될 수 없다.

⇒ 숨이 쉬어지지 않을 정도로 환경오염이 심각하다(숨을 쉴 수 없을 정도로 환경오염이 심각하다). 환경오염은 인간이 살아온 이래 계속해서 발생한 문제이므로 인간이 존재하는 한 환경 문제가 완벽하게 해결될 수는 없다. 그렇다고 환경 문제를 방치할 수 없으므로 개선할 방안을 마련해야 한다.

8. 대등한 요소끼리 접속된 문장이 좋다

연애는 동성애(?)만 허용하라. 이질적인 요소를 붙여놓지 말라. 한 문장 안에 성분을 나열하는 경우, 대등한 자격을 가진 성분이 오는 것이 좋다. 명사구와 동사구를 접속하면 의미적 균형을 잃는다.

① 예술 작품을 분석하려면 미적 감각과 작품을 새롭게 해석할 수 있어야 한다.

위의 문장은 '미적 감각'이라는 명사구와 '작품을 새롭게 해석할'이라는 동사구가 접속되어 있다. 접속되는 성분이 대등한 자격을 가지게 수정하여야 한다.

⇒ 예술 작품을 분석하려면 미적 감각과 작품을 새롭게 해석할 수 있는 능력을 가지고 있어야 한다.

명사구는 명사구끼리, 동사구는 동사구끼리 접속을 하는 것이 좋다.

② 외국인 인구의 증가로 문화적인 갈등이나 정체성을 상실하는 문제가 발생한다.
⇒ 외국인 인구의 증가로 문화적으로 갈등하거나 민족의 정체성을 상실하는 문제가 발생한다.

⇒ 외국인 인구의 증가로 문화적인 갈등이나 정체성 상실의 문제가 발생한다.

③ 대형 참사의 원인 파악과 책임자를 처벌하는 것이 필요하다.

⇒ 대형 참사의 원인을 파악하고 책임자를 처벌하는 것이 필요하다.

⇒ 대형 참사의 원인 파악과 책임자 처벌이 필요하다.

9. '것이다'를 남용하지 않은 문장이 좋다

아래의 글을 읽어 보자.

이렇듯 성실하고 정직하게 살아온 부부에게 부자 할머니 일가가 습격해 온 것이다. 이 습격자들은 할머니의 이름도 제대로 알지 못하고, 치매에 걸린 할머니 옆엔 간병인을 고용해 놓고 보살피지도 않는다. 이런 비현실적인 설정까지 동원하여 작가가 말하고자 한 것은 '물질만능주의가 인간을 얼마나 황폐하게 만들고 있는가'일 것이다. 돈 때문에 먹고살기에 급급하지만 않았더라면 이토록 어머니에게 무심할 수 있었을까. 돈만 아니라면 남의 가게에 행패를 부리면서까지 유산에 집착하는 비양심적인 행동을 할 수 있었을까. 그리고 형제끼리 한 치 양보 없이 으르렁대는 일 또한 있었을까. 돈 하나로 효, 우애, 더불어 사는 정은 사라진 지 오래인 것이다. 작가는 이를 고발하고 싶었던 것이다.

임종을 보러 자리를 떠나야만 하는 큰아들은 유산을 찾는 사람에게 반을 나누어 주겠다는 제안을 한다. 이 제안 후에는 할머니 일가뿐 아니라 모두가 돈을 찾으려 혈안이 된다. 심지어 돈 밝히는 사람들을 욕하던, 세탁소집 아내처럼 선이라 여겨졌던 사람들도 결국 돈에 매여 벗어날 수 없는 것이다. 큰 것 바라지 않고 소박하게 살고 싶은 남편과 같은 사람들은 세상에 회의를 느끼게 될 수밖에 없다. 결국 남편은 할머니의 재산이라 속인 보따리를 세탁기에 넣어 버리고, 등장인물들 모두 이 보따리를 향해 세탁기 안으로 들어가 씻겨 나오는 것으로 이 연극은 끝난다. 이는 작가의 소망을 반영한 것이라 생각된다. 물질만능주의에 젖은 사람들의 마음의 때를 씻어내고자 하는 소망을 세탁기로 깨끗이 씻어내는 것으로 형상화한 것이다.

-학생의 글-

어떤가? 이 글은 15개의 문장으로 이루어졌는데, 그 중에서 7개의 문장에 '것이다'가 사용되었다. 그것도 문장을 끝맺는 자리에 와서 반 가까운 문장의 서술어가 '것이다'로 끝난다. 사람마다 말버릇이 있듯이 글을 쓸 때도 글버릇이 있다. 대학생들 중에도 위와 같이 '것'을 남발하는 버릇을 가진 친구들이 많다.

'것이다'라는 표현은 주장이나 정보의 확실성을 강조하는 기능을 한다. 독자가 아무래도 자신의 말을 잘 알아듣지 못할 것 같거나 자신은 강조하고 싶은데 독자가 그냥 지나칠 것 같아서 쓰는 말이다. 그러나 이런 표현이 중복되면 오히려 글이 경박해 보이고, 부자연스럽다. '것이다'를 남발한다고 해서 주장이나 정보가 확실해지는 것도 않는다. 반대로 자신 없는 글이 될 가능성이 크다. '~것이다'를 쓸 수 있는 문장은 앞에서 한 말을 다시 부연해서 설명하거나, 주술의 호응을 지키기 위해 필요한 경우, 그리고 문장에 힘을 주고 의미를 강조하려 할 때만 쓰는 것이 좋다.

아래의 문장에서 '것이다'를 삭제하거나 줄인 문장이 훨씬 의미 전달이 쉽다. 자기가 쓴 글에 '것'이 몇 번 쓰였는지 세어 보고 빼거나 다른 단어로 바꾸어 보라. 두어 번만 고치면 버릇을 고칠 수 있다.

① 인내와 노력만이 영광된 내일을 가져올 수 있는 것이다.
⇒ 인내와 노력만이 영광된 내일을 가져올 수 있다.

② 과메기는 청어나 꽁치보다 영양가가 높다는 것과 특유의 비린내가 난다는 것이 특징이다.
⇒ 과메기는 청어나 꽁치보다 영양가가 높고 특유의 비린내가 난다는 것이 특징이다.

⇒ 과메기는 청어나 꽁치보다 영양가가 높고 특유의 비린내가 난다.

③ 청소년들도 자신의 장래를 스스로 설계해 보아야 할 것이다.
⇒ 청소년들도 자신의 장래를 스스로 설계해 보아야 한다.

④ 대단히 심각한 문제라고 아니할 수 없는 것이다.
⇒ 대단히 심각한 문제이다.

⑤ '지적인 야만성'은 결국 자신을 속이는 데에서 나온 것이다.
⇒ '지적인 야만성'은 결국 자신을 속이는 데에서 나온다.

10. 주어와 서술어의 짝이 맞는 문장이 좋다

리포트나 학술적인 글을 읽다 보면 비문(문법적으로 틀린 문장)을 많이 보게 된다. 뭔 뜻인지 몰라 다시 되돌아가서 읽게 되는 문장으로 자신의 학문적 깊이를 보여주는 게 절대 아니다. 자신이 쓴 문장을 읽으면서 주어와 서술어가 서로 호응하는지, 목적어와 서술어가 서로 호응하는지, 부사어와 서술어가 서로 호응하는지 점검해 보아야 한다.

① 인간은 자연을 지배하기도 하고 지배당하기도 한다.
⇒ 인간은 자연을 지배하기도 하고 자연에 지배당하기도 한다.

② 그의 소설을 읽고서 느끼는 것은, 거기에 등장하는 인물들 거의가 비관적이다.
⇒ 그의 소설을 읽고서 느끼는 것은, 거기에 등장하는 인물들 거의가 비관적이라는 점이다.

⇒ 그의 소설에 등장하는 인물들 거의가 비관적이다.

③ 내가 그 작가를 싫어하는 이유는 그의 인물들이 나의 열등감을 자극하고 있다.
⇒ 내가 그 작가를 싫어하는 이유는 그의 인물들이 나의 열등감을 자극하기 때문이다.

④ 신문은 정치, 경제, 사회, 문화 등 우리 주변에서 일어나는 일들이 모두 기사 대상이다.
⇒ 신문은 정치, 경제, 사회, 문화 등 우리 주변에서 일어나는 일들을 모두 기사 대상으로 삼는다.

⑤ 내가 말하고자 하는 것은 인간은 문명의 이기를 지혜롭게 사용해야 한다.
⇒ 내가 말하고자 하는 것은 인간은 문명의 이기를 지혜롭게 사용해야 한다는 점이다.
⇒ 인간은 문명의 이기를 지혜롭게 사용해야 한다.

11. 익숙한 대상이 주어 자리에 온 문장이 좋다

글을 쓰다 보면 능동문으로 쓸 것인지 수동문으로 쓸 것인지 판단하기 어려운 경우가 있다. 글쓰기 책이나 문장론 책을 보면 사람이나 동물이 주어 자리에 오는 능동문이 좋다고 권한다. 행위나 사건의 주체가 주어 자리에 오는 것이 가장 자연스럽고 우리말의 특성에 어울린다고 한다. 맞는 말이다. 수동문은 문장이 길어진다. 행위의 주체를 숨겨 소극적이라는 느낌을 준다. 번역투라는 의심을 받는다. 이중피동을 쓸 가능성도 있다.

하지만 글을 쓰다 보면 능동문만으로 글을 쓰기 어렵다. 행위의 주체만이 아니라 행위의 대상이 주어가 되기도 한다. 그뿐만 아니라 추상적 개념이 주어가 되기도 한다. 학문적 글쓰기에서는 행위나 사건이 아닌 주제도 글감으로 많이 택해진다. 이럴 경우 능동문이 아닌 문장을 더 많이 쓰게 된다.

그러면 어떻게 해야 할까? 언제 능동문을 쓰고 언제 수동문을 써야 할까? 이럴 때 '이 글이 무엇(또는 누구)에 관한 글이냐'를 기준으로 판단하는 것이 좋다. 즉 이 글이 A에 관한 것이라면 A가 주어이고 B에 관한 것이라면 B가 주어이다. '무엇(또는 누구)에 관한 글'이라고 할 때 그 '무엇(누구)'은 글쓴이뿐 아니라 독자도 이미 알고 있는 대상이다. 익숙한 주체, 말하려고 하는 대상이 주어가 되면 능동문이냐 수동문이냐 하는 문제는 자연스럽게 해결된다.

문장의 성격상 능동문은 '생각, 제안, 증명, 주장'과 같이 글쓴이나 주체의 판단 및 행위가 중심이 된다. 수동문은 객관적인 상황이나 진술이 중심이 된다. 그렇기 때문에 글의 성격에 따라 능동문과 수동문의 선택이 달라진다.

① 우리는 무선 주파수를 매5초 간격으로 측정하였다.(능동문: 주관)

② 무선 주파수는 매5초 간격으로 측정되었다.(수동문: 객관)

③ 열대우림이 경제적 이익을 위해 계속 파괴된다면, 생태계 전체가 손상될지도 모른다.(수동문: 객관)

④ 벌목업자들이 경제적 이익을 위해 열대우림을 계속 파괴한다면, 그들은 생태계 전체를 손상시킬지도 모른다.(능동문: 주관)

또한 행위는 명사가 아닌 동사로 표현하는 것이 쉽게 읽힌다. 행위를 사물화하여 명사로 표현할 수도 있다. 하지만 이럴 경우 수식어가 많아지기도 하고 주어가 불분명해지기도 한다. 행위를 동사로, 사물을 명사로 표현하는 것이 이해하기 쉽다.

⑤ 외무 장관의 보고가 있겠습니다.

⇒ 외무 장관이 보고하겠습니다.

⑥ 단기적 경제이익을 달성하기 위한 열대우림의 계속적 파괴는 생태계 전체의 손상을 야기할 수도 있다.

⇒ 열대우림이 단기적 경제이익을 달성하기 위해 계속 파괴된다면, 생태계 전체가 손상될지도 모른다.

⑦ 저축 증가는 연방준비제도이사회가 의회의 세금 입법에 영향을 주는 금융정책을 채택하게 한다.

⇒ 소비자들이 저축을 많이 하면, 연방준비제도이사회는 의회가 세율을 조정하도록 영향을 주는 금융정책을 채택한다.

⑧ 대통령의 빈번한 말 바꾸기는 그가 정치인의 담화가 갖는 파급 효과를 잘 모르기 때문에 발생한다.

⇒ 대통령은 말을 자주 바꾸는데, 그 이유는 정치인의 담화가 갖는 파급 효과를 잘 모르기 때문이다.

⇒ 대통령은 말을 자주 바꾼다. 정치인의 담화가 갖는 파급 효과를 잘 모르기 때문이다.

수동문을 쓰되 이중피동은 피하라. 이중피동은 의미가 중복되는 표현을 피해야 하는 원칙에 따라 불필요하다.

⑨ '미네르바'라고 불리어지는 논객이 '허위 사실 유포죄'로 구속되었다.

⇒ '미네르바'라고 불리는 논객이 '허위 사실 유포죄'로 구속되었다.

⑩ 많은 독자들에게 읽혀지는 책이다.

⇒ 많은 독자들에게 읽히는 책이다.

12. 수식어가 피수식어 바로 앞에 오는 문장이 좋다

도움을 주는 사람을 가까이 두는 것이 좋듯이, 피수식어 바로 앞에 수식어가 오는 문장이 좋다. 수식어가 멀리 떨어져 있으면 그것이 꾸미는 말이 무엇인지 찾기 어려워진다. 또한 아래의 문장과 같이 수식어가 어디에 오느냐에 따라 뜻이 달라지기도 한다.

우리는 더 자유롭기 위해 열심히 책을 읽는다.
우리는 자유롭기 위해 더 열심히 책을 읽는다.

수식어에는 서술어를 수식하는 부사어, 주어나 목적어를 수식하는 관형어가 있다. 따라서 부사어는 서술어 바로 앞에, 관형어는 주어나 목적어(즉, 명사구) 바로 앞에 오도록 한다.

① 이러한 검찰의 주장은 전혀 설득력을 갖추지 못하였다.
⇒ 검찰의 이러한 주장은 설득력을 전혀 갖추지 못하였다.

② 우리는 확실히 저자가 말하고자 하는 바를 알지 못한다.
⇒ 우리는 저자가 말하고자 하는 바를 확실히 알지 못한다.

③ 골치 아픈 조직 내의 서열 관계가 문제이다.
⇒ 조직 내의 골치 아픈 서열 관계가 문제이다.

④ 첫 문장만 읽으면 금방 누가 그 글을 썼는지 알 수 있다.
⇒ 첫 문장만 읽으면 누가 그 글을 썼는지 금방 알 수 있다.

⑤ 독특한 인도의 화장 문화는 소멸의 상징이자 카르마(업)를 다 태워 불멸의 삶으

로 거듭나는 길이다.

⇒ 인도의 독특한 화장 문화는 소멸의 상징이자 카르마(업)를 다 태워 불멸의 삶으로 거듭나는 길이다.

⑥ 예쁜 들의 꽃이 사람의 마음을 흔들어 놓았다.

⇒ 들의 예쁜 꽃이 사람의 마음을 흔들어 놓았다.

⑦ 청소년 가출은 단적으로 우리 사회의 여러 문제점을 보여 주는 현상이다.

⇒ 청소년 가출은 우리 사회의 여러 문제점을 단적으로 보여 주는 현상이다.

이 외에도 좋은 문장을 쓰기 위한 조건은 많다. 적확한 단어를 사용해야 한다. 그러기 위해 사전을 가까이 두어야 한다. 조사와 어미의 사용을 정확하게 해야 한다. 복수형은 꼭 필요한 때에만 쓰는 게 좋다. 같은 개념은 같은 단어로 일관성 있게 써야 한다. 접속어 없이도 글의 흐름이 이어진다면 접속어 없이 쓰는 것이 좋다. 이런 조건들은 하나의 구호로 수렴된다.

"단박에 읽히는 문장이 좋다!"

자신이 쓴 문장을 큰소리로 읽어보라. 단박에 읽히는지.

다음 문장들에서 어색하거나 잘못된 부분을 고쳐 쓰고, 잘못된 이유를 말해 보자.

① 가정은 어느 시대를 막론하고 인간성의 함양과 사회적 덕목을 계발시키는 터전이다.

⇒

② 오늘도 어김없이 바람 부는 날인데도 노인은 외출할 생각을 마음먹었다.

⇒

③ 그가 오락에 몰두하는 것은 단순히 즐기기 위해서보다는 현재의 괴로움을 잠시나마 잊어 보려는 행동에 불과하다.

⇒

④ 그녀는 자신이 이기적인 줄을 알면서도 남에게서는 무척 듣기 싫어한다.

⇒

⑤ 그들은 조용한 정숙을 유지하고 있었다.

⇒

⑥ 그의 얼굴에 나타난 감정은 누구에게도 감출 수 없는 사랑의 표정이었다.

⇒

⑦ 더욱 큰 문제는 기상 이변이 속출하고 있다는 보도를 우리는 매일 접하고 있다.

⇒

⑧ 베토벤의 위대함은, 그가 끊임없이 다가오는 운명적 고난을 굴복하지 않으면서 마침내 그것을 극복했다는 데 있다.

⇒

9장
언어의 법칙을 이해하자

1. 띄어쓰기와 맞춤법은 중요하지 않지만 중요하다

글을 잘 못 쓰는 이유를 물어보면 꽤 많은 사람들이 '맞춤법을 잘 몰라서'라고 답한다. 하지만 글쓰기 작업에서 띄어쓰기를 포함한 맞춤법은 중요하지 않다. 맞춤법은 글쓰기의 핵심이 아니다. 자신이 글에 담으려고 하는 생각이 무엇인지와 그것을 얼마나 설득력 있게 풀어나가느냐 하는 것이 더 중요하다. 글의 설득력은 내용에 있지 형식에 있지 않다. 글쓴이의 진심과 열정, 그것을 담아낼 수 있는 전략에 있지 포장에 있지 않다.

그럼에도 불구하고 맞춤법을 어긴 글을 읽는 독자의 머릿속에는 내용과 무관하게 '맞춤법도 틀렸는데 내용이 좋을 리 없다'는 편견이 존재한다. 담백한 그릇에 담긴 음식이 더 정갈하고 먹음직스러운 법이다. 맞춤법은 그러한 생각을 담는 그릇과 같다. 맞춤법을 잘 몰라서 글을 못 쓰겠다고 하는 것은 글쓰기를 회피하려고 하는 사람들의 변명임에 틀림없지만, 글을 잘 쓰는 사람은 맞춤법도 꼼꼼하게 잘 살피는 것도 사실이다.

이 장에서는 대학생의 글쓰기에서 주의해야 할 맞춤법, 띄어쓰기, 외래어 표기법에 대해 몇 가지 중요한 원칙을 중심으로 살펴볼 것이다. 이 장의 내용만으로는 한글 맞춤법을 모두 알 수는 없다. 여기에서는 글쓰기에서 특히 중요한 띄어쓰기를 중심으로 설명하되, 글쓰기에 필요한 맞춤법의 최소 원칙을 중심으로 설명하고자 한다.

자신의 글을 쓰면서 헷갈리는 철자법이나 띄어쓰기가 나오면 사전이나 맞춤법 안내서를 찾아 맞춤법 관련 지식을 하나씩 쌓아가기 바란다.[1)]

2. 띄어쓰기

띄어쓰기를 잘하기 위해서는 우선 띄어쓰기의 원칙을 이해하고 그것에서 벗어난 것처럼 보이는 사례를 따로 기억하는 것이 좋다. 띄어쓰기의 원칙은 '단어'를 기준으로 띄어 쓴다는 것이다. 어디에서 띄어 쓸지를 판단할 때 그 말이 '단어인지, 아닌지'를 판단하면 된다. 옆에 있는 말과 다른 단어이면 띄어 쓰고, 그게 단어가 아니면 붙여 써야 한다. 공식적으로는 사전을 찾았을 때 그 말이 표제어로 실려 있으면 단어이고 그렇지 않으면 단어가 아니다.

국어에서 단어는 흔히 품사와 같은 뜻으로 쓰인다. 품사로는 '명사, 대명사, 수사'(체언), '동사, 형용사'(용언), '부사, 관형사'(수식언), '감탄사'(독립언), '조사'(관계언) 등 모두 9가지 종류가 있다. 다만, '조사'는 홀로 쓰면 그 의미가 드러나지 않아 앞말에 붙여 써야 한다.

영희는 새 신발을 물끄러미 쳐다보았다.

위의 문장에서 '영희, 신발'은 명사이고, '새'는 관형사(체언을 꾸며 주는 말), '물끄러미'는 부사(용언을 꾸며 주는 말), '쳐다보(다)'는 동사이다. 각각 품사가 다르기 때문에 띄어 쓴 것이다. 그리고 '-는, -을'은 조사로, 앞의 명사에 붙여 쓴다.

1) 한글 맞춤법을 엄격하게 반영한 사전으로, 국립국어원에서 간행한 '표준국어대사전'이 있다. 국립국어원 홈페이지(http://www.korean.go.kr)에 가면 무료로 사전을 이용할 수 있다.

문법 용어 중에서 위의 '명사, 동사, 부사'와 같은 것 외에도 '접사'와 '어미'라는 것이 있다. 접사는 영어의 're-write', 'teach-er'에서처럼 단어의 앞이나 뒤에 붙어 품사를 바꾸거나 의미를 더하는 기능을 하는 요소이다. 이들은 '*re'나 '*er'처럼 홀로 쓰이지 못하기 때문에 앞이나 뒤에 오는 말에 붙여 쓴다. 마찬가지로 '먹-어', '많-지만', '보-았-고'의 '-어, -지만, -았-, -고' 등의 어미(語尾)는 동사나 형용사(용언)에 붙어 시제나 문장 연결, 문장 종결 등의 기능을 하는데 이들도 홀로 쓰이지 못하기 때문에 앞말에 붙여 쓴다. 중요한 점은 '접사'와 '어미'는 단어가 아니므로 '띄어 쓰지 않는다'(즉, 붙여 쓴다)는 점이다.

요컨대, "한글 맞춤법"에는 "문장의 각 단어는 띄어 씀을 원칙으로 한다."라고 띄어쓰기 원칙이 명시되어 있다. 그러나 조사는 단어로 다루어지면서도 앞말에 붙여 쓴다. 또한 접사와 어미는 단어가 아니기 때문에 앞말이나 뒷말에 붙여 쓴다. 따라서 자립적인 요소인지 의존적인 요소인지를 판정하는 일이 띄어쓰기를 결정하는 중요한 기준이다.

1) 의존명사는 띄어 쓰고, 조사와 어미는 붙여 쓴다

띄어쓰기에서 가장 어려운 부분이 형태는 같은데 띄어쓰기가 달라지는 경우이다. 즉, 어떤 때에는 의존명사이어서 띄어 써야 하고, 어떤 때에는 조사나 어미이어서 앞말에 붙여 써야 하는 경우가 있다.

문제는 뭐가 의존명사이고 뭐가 조사나 어미인지 잘 모르는 데 있다. 이를 구분할 수만 있다면 띄어쓰기 오류를 상당 부분 줄일 수 있다. 의존명사와 조사, 어미를 구분하는 기본적인 원리를 살펴보자.

다인이가 밥을 먹는다.

위의 문장에서 '먹는다'는 동사(서술어)이다. 동사가 명사 '밥'을 꾸며 주려면 '먹는다'를 '먹는'으로 바꾸어야 한다. 이것은 시간상 현재이며, 과거나 미래를 나타내려면 각각 '먹은/먹던/먹을' 따위로 바꾸어야 한다.

다인이가 {먹는/먹은/먹던/먹을} 밥.
동사(용언) 명사

이것은 동사와 형용사가 포함된 용언의 공통된 특성이다. 용언이 명사를 꾸며주려면 '-는/은/을' 등의 꼴을 갖는다. 우리에게 중요한 것은 띄어 쓸 것이냐 붙여 쓸 것이냐의 문제인데, 앞의 것은 용언이고 뒤의 것은 명사(체언)이므로 두 단어는 띄어 써야 한다. 뒤집어 생각해 보면 용언(동사, 형용사)이 '-는/은/던/을' 등의 꼴을 하면 그 뒤에 오는 성분은 명사(체언)라고 추론할 수 있다.

그런데 '밥, 책상, 하늘, 구름, 사랑' 등은 의미도 독립적으로 갖고 있고 문장에서 홀로 쓰이기도 하여 명사라는 걸 쉽게 알 수 있는데, 명사 중에는 그렇지 않은 명사가 있다. '것, 수'와 같이 홀로 쓰이지 못하고 앞에 뭔가 다른 말이 와야지만 따라 나오는 명사가 바로 '의존' 명사이다. 아무리 엄마 치마폭에 숨는 마마보이라도 자식은 자식이다. 마찬가지로 의존명사도 다른 명사와 달리 의존적이긴 하지만 그래도 명사는 명사이다. 따라서 앞말과 띄어 쓴다.

의존명사인지 아닌지 판단하기 위해서는 바로 앞에 어떤 말이 오는지를 살펴보면 된다. 앞에 '-는/은/을'이 오면 그 뒤에 오는 말은 십중팔구 띄어 써야 하는 의존명사이다. 이에 해당되는 의존명사는 '것, 수'가 대표적이다.

다인이가 {먹는/먹은/먹던/먹을} (?).
용언(동사) ⟶ 체언(의존명사)

반대로 바로 앞에 체언(명사, 대명사, 수사 등)이나 다른 조사가 오면 조사일 가능성이 크다. 대부분의 조사는 체언 뒤에 붙기 때문이다.

이것을 가장 기본적인 원칙으로 기억하라. 이를 기본으로 삼되, 사례별로 의미 변화의 정도, 어미화의 정도 등에 따라 특이한 용법이 있으니 이는 따로 기억해 두어야 한다.

■ 띄어 쓰는 의존명사, 붙여 쓰는 조사

아래는 의존명사와 조사가 같은 꼴인 경우를 들었는데, 별다른 설명이 없으면 위에서 말한 바대로 체언 뒤에 오면 조사로 앞말에 붙여 쓰고, 용언(의 활용형) 뒤에 오면 의존명사로 띄어 쓴다. 특이한 용법이 있으면 보충 설명을 해 두었다.

① 뿐

나한테는 너뿐이다. (조사)

하나의 정답으로 수렴하는 게 아니라 많은 변주를 허용하는 분산적 사고는 예술뿐만 아니라 과학적 사고에서도 필요하다. (조사)

그는 집에서뿐만 아니라 일터에서도 언제나 다정다감하다. (조사)

그는 발표자에게 악의적인 질문을 던졌을 뿐만 아니라 뒤에서 비웃기까지 했다. (의존명사)

살아남기 위해 최선을 다했을 뿐이다. (의존명사)

② 대로

즐겁게 춤을 추다가 그대로 멈춰라. (조사)

네가 본 사실대로 얘기해 봐라. (조사)

나는 나대로 그 사람은 그 사람대로 취향이 있는 것이다. (조사)

네가 본 대로 들은 대로 얘기해 봐라. (의존명사)

될 대로 되라는 식의 태도는 버려야 한다. (의존명사)

당신 좋을 대로 하십시오. (의존명사)

③ 만큼

하늘만큼 땅만큼. (조사)

집에서만큼이라도 편하게 쉴 수 있었으면 좋겠다. (조사)

몸이 너무 상하지 않을 만큼 일해라. (의존명사)

강의실은 개미 지나가는 소리도 들릴 만큼 조용했다. (의존명사)

일한 만큼 대가를 지불하겠습니다. (의존명사)

④ 만

지난 주말에는 하루 종일 잠만 잤다. (조사)

왜 저만 미워하시는 겁니까? (조사)
그 사람이 화를 낼 만도 하네. (의존명사)
청중들이 들으면 기분 좋아할 만은 한 이야기이다. (의존명사)

'용언+기' 꼴이나, '용언+야' 꼴 다음에 '만'이 오면 조사로 보아 붙여 쓴다.

바라보기만 했다. (조사)
너는 항상 놀기만 하는구나. (조사)
그를 직접 만나야만 문제를 해결할 수 있다. (조사)
결혼을 하려면 어머니의 허락을 받아야만 합니다. (조사)

그런데 '만' 앞에 명사가 와도 조사로 보지 않고 띄어 쓰는 경우가 있어 주의해야 한다. '만'이 그 앞에 시간을 나타내는 말이 오면 의존명사로 보아 띄어 쓴다. 이런 경우 주로 '만에', '만이다' 꼴로 쓰인다.

삼 년 만에 연락을 했다. (의존명사)
도대체 이게 얼마 만이냐? (의존명사)

의존명사 '만'에 '-하다'가 붙으면 보조 형용사가 되어 '-ㄹ 만하다'라는 꼴로 쓰인다. 그 앞에는 용언이 오며 용언과 띄어 쓴다.

그 사람이 화를 낼 만하네. (형용사)
소비자의 관심을 끌 만한 제품을 기획해 보세요. (형용사)
청중들이 들으면 기분 좋아할 만한 이야기이다. (형용사)

반면에 보조 형용사 '만하다'와 꼴은 같지만, 그 앞에 용언이 아니라 체언(명사, 대명사, 수사)이 와서 비교의 의미를 가질 때가 있다. 이때의 '만'은 조사로 보아 '만 하다'나

'만 못하다' 꼴로 쓰인다.

형만 한 아우 없다. (조사)
집채만 한 파도가 밀려 왔다. (조사)
신참이 고참만 못하다. (조사)

⑤ 박

'밖'이 조사로 쓰이려면 '밖에'의 꼴로 그 뒤에 '없다, 않다, 모르다'와 같이 반드시 부정의 의미를 갖는 말이 와야 한다. 그렇지 않고 어떤 경계나 한계를 넘어선 쪽을 뜻할 때에는 의존명사이거나 일반명사이므로 띄어 쓴다.

이 세상에서 사랑하는 사람은 너밖에 없다. (조사)
그 사건으로 아버지는 직업을 바꿀 수밖에 없었다. (조사)
재산이라고는 집 한 채밖에 남지 않았다. (조사)
창 밖에 잠수교가 보인다. (명사)
예상 밖으로 시간이 많이 걸린다. (명사)
그녀는 기대 밖의 좋은 점수를 얻었다. (명사)

⑥ 터

'터'는 조사로는 쓰이지 않는다(즉, 앞말에 붙여 쓰는 경우가 전혀 없다). 항상 의존명사로 쓰인다. 따라서 의존명사 '터'가 붙어 만들어진 '터이다, 테다, 터인데, 텐데, 테야' 등은 모두 앞말과 띄어 쓴다.

영원히 너를 사랑할 테야.
미리 연락했으면 한잔했을 텐데.

띄어 쓰는 의존명사, 붙여 쓰는 어미

어떤 형태는 의존명사로 쓰이기도 하고, 어미로 쓰이기도 한다. 의존명사와 조사의 관계와 마찬가지로, 의존명사인 경우는 앞말과 띄어 써야 하며, 어미인 경우는 앞말에 붙여 써야 한다.

① 지

'지'를 의존명사로 보아 띄어 쓰는 경우는 딱 한 가지밖에 없다. '지' 다음에 시간을 나타내는 표현이 올 경우이다. 그 외에는 모두 '어미'이며 따라서 항상 앞말에 붙여 쓴다. '지'를 많이 띄어 쓰는 이유는 어미인데도 그 뒤에 '-ㄴ지가, -ㄴ지를, -ㄹ지도'처럼 조사가 붙어 명사처럼 보이기 때문이다.

집 떠나와 군대 온 지 일 년이 다 되어 간다. (의존명사)
그를 만난 지 백 일이 지났어요. (의존명사)
그를 만난 지 얼마나 되었나요? (의존명사)

메일이 잘 갔는지 어떻게 확인합니까? (어미)
스크린쿼터 축소로 한국 영화가 몰락하게 될지 모른다. (어미)
나는 그 사람의 정체가 무엇인지 도무지 알 수가 없었다. (어미)
그 사람이 언제 떠났는지를 아는 사람이 아무도 없었다. (어미)
많은 학생들이 어떻게 시간을 활용할지를 잘 모른다. (어미)
문제 해결은 대통령이 국민의 의견을 얼마나 존중하는지에 달려 있다. (어미)

② 데

'데'는 앞뒤 환경을 살펴보는 것만으로는 의존명사인지 어미인지 구분하기가 쉽지 않다. 그 앞에 모두 용언이 오기 때문이다.

'데'가 의미적으로 '장소, 곳', '일, 것', '경우' 등으로 바꾸어 쓸 수 있다면 의존명사로 볼 수 있다. 이럴 경우에는 '데에/데가/데는/데나/데다가'처럼 상황에 맞추어 조사를 붙일 수 있다. 반면에 붙여 써야 하는 어미 '-는데'는 앞 문장과 뒤 문장을 연결해 주는 기능을 하며, 여기에는 '-도' 외에 다른 조사를 붙이기 어렵다.

지금 눈이 오는 데가 어디입니까? (의존명사)
그가 사는 데는 공기 좋고 사람 적은 시골입니다. (의존명사)
이 대하소설을 다 읽는 데 꼬박 한 달이 걸렸다. (의존명사)
그를 설득하는 데 며칠이 걸렸다. (의존명사)
모차르트의 천재성은 당시 작곡의 기본 틀이었던 '캐논'을 따르지 않고 여기에 바탕을 둔 새로운 변주를 만들어내는 데 있었다. (의존명사)
전공 학술용어를 번역하는 데 여러 분야의 전공학술사전을 이용하였다. (의존명사)
이 문제를 푸는 데 있어서 관건은 객관성을 어떻게 확보하느냐에 달려 있다. (의존명사)
우리 교육은 앞으로 경쟁력 있는 인재를 길러내는 데 적합한 구조인가? (의존명사)
문제는 현 정부가 국민의 소리를 청취하지 않는 데 있다. (의존명사)
시중은행의 지분을 확보하는 데 적어도 5조 원 이상의 돈이 필요하다. (의존명사)
우리 학교 재수강 제도의 문제점을 살피고 타 대학과의 비교를 통해 개선 방향을 생각해 보는 데 목적이 있다. (의존명사)
여러 가지 평가제도가 제 기능을 발휘하지 못하는 데 있다. (의존명사)

지금 눈이 오는데 어디를 나가려고 합니까? (어미)
저는 산을 좋아하는데 여러분들은 어디를 좋아하십니까? (어미)
비가 오는데 어딜 가니? (어미)
나는 두 주일 만에 다 읽었는데 너는 꽤 오래 걸렸구나. (어미)
몇 달 동안 기한을 미루어 주었는데도 아직까지 과제를 수행하지 않았다. (어미)
정책이 무엇인지도 제대로 모르는데 지지할 수는 없다. (어미)

둘을 의미적으로 구분하는 방법이 있다. 어미 '-는데'는 두 문장을 연결하는 기능을 한다. 그래서 앞뒤 문장을 나누어도 별 문제가 없으면 그때 쓰인 '-는데'는 어미이며 앞말에 붙여 써야 한다. 반면에 의존명사로 쓰인 '데'는 문장을 둘로 나눌 수 없고 하나의 사건만을 뜻하는 것으로 판단될 때 띄어 쓰면 된다.

예컨대 위의 예에서 '그를 설득하는 데 며칠이 걸렸다'라는 문장은 하나의 사건(event)을 표현하고 있다. 그렇기 때문에 '데'의 앞뒤를 나누어 '그를 설득했다'와 '며칠이 걸렸다'로 만들면 각각 불완전한 문장이 된다. 반면에 '비가 오는데 어딜 가니?'라는 문장은 '비가 온다'라는 문장과 '어딜 가니?'라는 문장을 연결한 것으로 두 개의 다른 사건이다. 이것을 어미 '-는데'로 연결한 것이다.

둘을 구분하는 다른 방법으로 '데' 다음에 조사 '-에'를 붙여 '데에'가 쓰일 수 있는지를 판단해 보면 된다. 띄어 쓰는 의존명사 '데'는 '데에'로 써도 자연스러운 반면, 어미 '-는데'는 '-는데에'를 쓰면 이상하다. '그를 설득하는 데에 며칠이 걸렸다'는 되지만, '*비가 오는데에 어딜 가니?'는 되지 않는다. 앞의 다른 예문들도 이 기준을 적용해 보기 바란다.

③ 바

'바'는 앞에서 말한 내용 그 자체나 일의 방도나 방법, 앞말이 나타내는 일의 기회나 그리된 형편의 뜻을 나타낼 때에는 의존명사로 띄어 쓴다. 반면에 어미 '-은바/ㄴ바', '-는바', '-던바'는 지금은 잘 쓰지 않는 문어체로 뒤 절에서 어떤 사실을 말하기 위하여 그 사실이 있게 된 것과 관련된 상황을 미리 제시하는 데 쓰는 연결 어미로 쓰인다.

어찌할 바를 모르겠다. (의존명사)
송구스러워서 몸둘 바를 모르겠습니다. (의존명사)
평소에 느낀 바를 말해 봐라. (의존명사)
맡은 바 책임을 다하는 사람이 되어라. (의존명사)
모였다 하면 매번 싸울 바에는 모임을 없애는 것이 낫겠다. (의존명사)
진상을 조사한바 소문이 사실이 아님이 드러났다. (어미)
어버이의 은혜가 하해와 같은바 갚을 길을 찾을 수가 없다. (어미)

■ 단위명사

한국어에는 단위를 나타내는 명사(단위명사)가 발달되어 있다. 단위명사도 의존명사의 일종이다. 예컨대 '구두 한 켤레'에서처럼 신을 세는 단위명사 '켤레'는 홀로 쓰이지 못하고 앞에 수를 나타내는 낱말을 요구하기 때문에 의존명사이다. 따라서 앞말과 띄어 써야 한다.

강의가 끝나자 김 군은 나에게 질문을 한 가지 했다.
산불이 여러 군데로 옮겨 붙었다.
한 달 동안 푹 쉬었다.
1시가 넘자 버스가 한 대도 지나가지 않았다.
어머니는 어디에서 강아지 한 마리를 구해 오셨다.
아버지는 어머니한테서 몇 발짝 뒤떨어져서 걸어가셨다.
이 자료 세 부만 복사해 주세요.
아홉 살 인생
배추 스무 포기로 김장을 담갔다.
우리는 물 한 컵, 쌀 한 줌, 밥 한 톨, 콩 한 쪽도 아끼며 살았다.
한국의 학교 교육은 하나의 잣대만으로 수십만 명의 아이들을 한 줄로 세우고 있다.
아홉 켤레의 구두로 남은 사내
그는 한 회사에서 30여 년간 우직하게 일했다.

단위명사 앞에 아라비아 숫자를 쓰는 경우가 많다. 이런 경우는 현실을 인정하여 붙여 쓰는 것을 허용하고 있다.

6개월(육 개월)　　삼겹살 600그램　　시속 80킬로미터
참가자 5명(다섯 명)　　5시 35분(다섯 시 삼십오 분)

■ 그 외에 주의해야 할 의존명사

① 간

'간(間)'은 한 대상에서 다른 대상까지의 사이나 두 대상 사이의 관계를 나타낼

때에는 의존명사로 보아 앞말과 띄어 쓴다. 다만, '고부간, 부부간, 좌우간, 다소간, 조만간, 가부간'과 같이 한 단어로 굳어진 경우에는 붙여 쓴다. 또한 '이틀간, 한 달간, 삼십 일간'에서처럼 대상 사이의 관계가 아닌 기간을 나타내는 명사 뒤에 쓰일 경우에는 접미사로 보아 붙여 쓴다.

폭설로 서울과 제주 간 항공기가 모두 결항되었다.
서로 간에 존경과 사랑의 마음이 있어야 한다.
부모와 자식 간에도 지켜야 할 예의가 있다.
부자간에도 지켜야 할 예의가 있다.
내일부터 사흘간 할 만한 아르바이트가 있습니다.
한 달간 영업정지 조치를 내렸다.
부부간에 금실이 좋다.

② 중

'중(中)'은 의존명사이므로 띄어 쓰는 것이 원칙이다. 다만, '은연중, 무의식중, 한밤중' 처럼 한 단어로 굳어진 경우에는 붙여 쓴다.

지금 회의 중이오니 잠시만 기다려 주십시오.
취침 중에도 긴장의 끈을 놓지 않았다.
그는 은연중에 자신의 속뜻을 내비치고 있었다.

③ '것' 관련어

'것'은 의존명사이므로 띄어 쓰는 것이 원칙이다. 그런데 '이것, 저것, 그것' 등은 이미 한 단어로 굳었다고 보아 붙여 쓴다.

내가 줄 것은 이것밖에 없다.
서울 올라와서 이것저것 닥치는 대로 다 했다.

'것을'의 준말인 '걸'은 앞말과 띄어 써야 하지만, 추측이나 후회를 나타내는 '-걸'은 붙여 쓴다.

저 사람에게 먹을 걸 좀 줘라.
그 사람은 벌써 집에 갔을걸?
이럴 줄 알았으면 집에나 갈걸.
할인 판매 기간에 컴퓨터를 사 둘걸.

'것이'의 준말인 '게'와 '것이야'의 준말인 '거야'는 앞말과 띄어 쓰고, 문장 끝에서 추측이나 의문을 나타내는 '-ㄹ게/을게'는 어미로 붙여 쓴다. 이때 '*께, *-ㄹ꺼야, *-ㄹ께'처럼 쓰지 않도록 주의해야 한다.

이 분야에서는 아직 연구할 게 상당히 많이 남아 있다.
지금까지 연구된 게 많지 않다.
영원히 너를 사랑할 거야./사랑할 꺼야.(×)
영원히 너를 사랑할게./사랑할께.(×)

이와 비슷하게 '이때, 그때, 이곳, 그곳, 저곳' 등도 자주 사용하여 한 단어로 굳었다고 보아 붙여 쓴다.

④ 여러 말을 나열하거나 이어주는 말

여러 예들을 나열할 때 쓰는 '등', '따위', '등등', '등지'는 의존명사이므로 항상 띄어 쓴다. 또한 두 말을 이어 줄 때 쓰는 '겸', '대', '및', '내지'도 앞뒤에 오는 말과 띄어 쓴다.

책상, 걸상 등　　책, 신문 따위　　사과, 배, 귤 등등　　부산, 광주 등지
국장 겸 과장　　청군 대 백군　　열 내지 스물　　이사장 및 이사들[2)]

2) 엄격히 말해 '겸, 대, 등, 등등, 등지'는 의존명사이고, '내지, 및'은 부사이다. 여기서는 이해를 돕기 위해 함께 제시하였다.

■ 앞말과 붙여 써야 하는 조사

조사 중에는 '-이/가, -을/를, -에, -에서, -로, -와/과, -은/는, -도'처럼 확실히 조사라고 생각되어 당연히 앞말에 붙여 쓰는 게 있는가 하면, 분명히 조사인데도 잘못 띄어 쓰는 예들도 있다. 조사를 앞말에 붙여 쓴다는 말은 조사가 연이어 쓰여도 계속 붙여서 쓴다는 뜻이다. 앞에 다른 조사가 와도 붙여 써야 한다.

특히 '-커녕, -보다, -부터, -조차, -마는, -같이, -라고' 등도 조사이므로 앞말에 붙여 써야 한다.

길에서 만나도 인사는커녕 알은체 한 번 한 일이 없다.
여러 가지를 욕심부리기보다는 하나라도 자신이 확실하게 준비할 수 있는 것을 하는 것이 좋다.
운동을 하고서부터 몸이 가뿐해졌다.
대학에서조차 수동적인 교육이 이루어지고 있다.
비가 옵니다마는 이번 농사가 잘되기는 틀렸습니다.
너같이 바보 같은 녀석은 처음 본다.
그는 자신의 저서에서 "우리가 쓰는 글은 순간이 만들어낸 작품이다."라고 말했다.

한편, '-라고'처럼 남의 말을 인용할 때 쓰는 '하고'는 동사로 앞말과 띄어 써야 한다. 마찬가지로 조사 '-같이'와 비슷한 의미로 쓰이는 '같은'은 형용사 '같다'에서 온 말이기 때문에 앞말과 띄어 써야 한다.

그는 "불이야!" 하고 소리쳤다.
너같이 바보 같은 녀석은 처음 본다.

다만, 다음 단어들은 하나의 낱말로 굳어졌다고 보아 붙여 쓴다.

감쪽같다, 귀신같다, 꿈같다, 똑같다, 뚱딴지같다, 불같다, 생때같다, 실낱같다,

쏜살같다, 악착같다, 철통같다, 하나같다, 한결같다

'-이(다)'도 조사이므로 앞말에 붙여 써야 한다. '-이(다)'를 앞말과 띄어 쓰는 경우는 절대로 없으니 항상 붙여 쓰도록 하라.

어제 본 영화 제목은 '바람과 함께 사라지다'이다.
우리에게 필요한 것은 무엇이 문제인가보다는 우리가 무엇을 할 것인가이다.
강원도는 여기에서부터입니다.
내가 살펴볼 텍스트는 푸코의 『말과 사물』이다.
가장 중요한 논점은 인간의 자유가 어디에서 나오느냐이다.

2) 접미사는 앞말에 붙여 쓴다

'-짜리, -째, -쯤, -어치, -끼리, -뻘, -투성이, -꾸러기, -상'은 의존명사와 혼동될 수 있으나 접미사이므로 붙여 쓴다.

이 자판기에는 얼마짜리 동전을 사용할 수 있나요?
이틀째 농성을 벌이고 있다.
1월 말일쯤 만났다.
콩나물 500원어치만 주세요.
친구들끼리 사이좋게 지내라.
오늘 먼 친척뻘 되는 아저씨가 찾아 왔다.
건물 한 면이 벽보투성이가 되었다.
가정 형편상 어려운 일을 요구하면 아이들이 상처를 받는다.

'-하다, -되다, -당하다, -시키다' 등은 명사를 동사나 형용사로 만드는 접미사이므로 앞말과 붙여 쓴다. 특히 '-하다'는 명사 외에도 의성·의태어, 일부 부사, 새로 들어온 외래어 등과도 잘 결합하므로 앞말과 붙여 쓴다는 걸 기억해 두는 것이 좋다.

산업화하다, 글로벌화하다, 반짝반짝하다, 잘하다, -ㄴ/은/는 듯하다, -ㄴ/은 체하다, -ㄹ/을 뻔하다

세계화되다, 글로벌화되다, 고착화되다

피격당하다, 매혹당하다, 매료당하다, 거절당하다, 모욕당하다, 이용당하다

3) 성명

성과 이름, 성과 호는 붙여 쓰고, 성명의 앞뒤에 붙는 호칭이나 관직명은 띄어 쓴다.

김철수, 조윤정, 서화담

화담 서경석 선생, 김대중 대통령

조윤정 양, 김철수 씨, 박순철 님

다만 성과 이름을 혼동할 우려가 있는 경우에는 띄어 쓸 수 있다.

남궁억: 남궁 억　　　황보관: 황보 관

4) 고유명사와 전문용어의 나열: 일관성만 지켜라

성명 이외의 고유명사나 전문용어는 단어별로 띄어 쓰는 것이 원칙이지만 붙여 쓰는 것도 허용하고 있다. 따라서 고유명사나 전문용어를 붙여 쓰든 띄어 쓰든 상관없다. 한 편의 글 속에서 일관성만 유지하면 된다.

한국대학교 인문대학 철학전공: 한국 대학교 인문 대학 철학 전공

국립현대미술관: 국립 현대 미술관

만성골수성백혈병: 만성 골수성 백혈병

5) 의미에 따라 붙이기도 하고 띄우기도 하는 경우

띄어쓰기는 의미도 고려한다. 예를 들어 '키가 큰 아버지, 키가 작은 아버지'와 삼촌

을 뜻하는 '큰아버지, 작은아버지'에서 알 수 있듯이, '큰아버지, 작은아버지'는 신장이 크거나 작은 것이 아니라 '백부'나 '숙부'의 의미를 가지기 때문에 하나의 단어로 보아 붙여 쓴다. '너무 큰소리치지 마라' 할 때의 '큰소리'와 '큰 소리로 대답했다' 할 때의 '큰 소리'도 마찬가지 기준으로 구별할 수 있다.

아래에 예들도 두 단어가 합하여 특수한 의미를 새로 가지게 되었다면 붙여 쓴다는 것을 보여준다. 이런 단어들은 사전에 올라 있으니 헷갈리면 사전을 확인해 보는 것이 좋다.

① '안 되다'와 '안되다'

'되다 - 안 되다'처럼 '되다'의 부정문으로 쓰인 경우에는 띄어 쓴다. 두 단어가 합하여 가엽고 안타까운 느낌이 있거나(That's too bad!), 사람이 훌륭하게 되지 못함을 뜻하는 경우에 한 단어로 붙여 쓴다.

시간이 아직 안 되었다. (부정문)
근본적인 고등교육 개혁을 하지 않으면 안 된다. (부정문)
자꾸 늦으면 안 돼. (부정문)
시험에 실패했다니 참 안되었다. (형용사)

② '못 되다'와 '못되다', '못 하다'와 '못하다'
떠난 지 채 1년이 못 되었다. (부정문)
심보가 못되다. (형용사)
공부를 하긴 했는데 잘 못한다. (형용사: 하긴 했는데 일정한 수준에 못 미치다)
잘못한 사람이 먼저 사과를 해야 한다. (동사)
환경협약을 아직까지 체결하지 못하였다. (보조용언)
일이 있어서 숙제를 못 했다. (부정문)

③ '함께하다'와 '함께 하다'

영광된 자리를 함께해 주시기 바랍니다.('함께' 생략 불가능 ⇒ *영광된 자리를 해 주시기 바랍니다.)

우리는 그 과제를 함께 했다. ('함께' 생략 가능 ⇒ 우리는 그 과제를 했다.)

3. 한글맞춤법

1) '으'로 끝나는 용언의 표기

'잠그다, 담그다' 등의 용언을 '잠구다, 담구다'로 잘못 알고 '잠궜다, 담궜다'로 쓰는 경우가 많다. 그러나 이 동사는 '잠그+았-', '담그+았-'이 되므로 '잠갔다, 담갔다'로 적는다.

요즘에는 김치를 직접 담가 먹는 사람들이 드물다.
장을 담갔다.
강력 범죄가 이어지자 농촌에서도 문을 잠가 두는 집들이 늘고 있다.

2) 'ㅂ' 불규칙 용언의 표기

'ㅂ' 불규칙 용언은 '-워'로 적는다. 다만 '곱다', '돕다'만은 'ㅏ'가 결합할 때 '와'로 소리 나므로 '와'로 적는다.

가깝다: 가까워	고맙다: 고마워	무겁다: 무거워
아름답다: 아름다워	괴롭다: 괴로워	춥다: 추워
곱다: 고와	돕다: 도와	

3) 접미사 '-이/-히'의 구별

부사 파생 접미사 '-이/-히'를 어떻게 붙여야 하는지 혼란스러울 때가 많이 있다.

'-이/-히'를 적는 방법은 매우 복잡한데, 그 원리를 제시하면 다음과 같다.

<항상 '-이'만 쓰는 경우>

① 'ㅅ' 받침 뒤: 깨끗이, 느긋이, 따뜻이, 반듯이, 번듯이, 의젓이, 지긋이

② '-이/-히'가 붙지 않아도 원래 부사였던 단어 뒤: 곰곰이, 더욱이, 생긋이, 오뚝이, 일찍이

③ 첩어 뒤: 간간이, 겹겹이, 곳곳이, 길길이, 나날이, 다달이, 번번이, 샅샅이, 일일이, 줄줄이, 집집이, 짬짬이, 틈틈이

④ '-하다'가 붙지 않는 용언의 뒤: 같이, 굳이, 길이, 깊이, 헛되이

(주의: '도저히, 가만히, 무단히, 열심히' 등은 '-하다'가 오기 어려운데도 '히'를 붙이지 않는다. 그 이유는 '도저, 무단, 열심'은 용언이 아니라 체언이며, '가만'은 부사이기 때문에 이들은 이 규정에 해당되지 않는다.)

이러한 규정에 포함되지 않는 예들은 주로 '-히'를 붙인다고 이해하면 된다. 예를 들어 '꼼꼼이'와 '꼼꼼히' 둘 중에서 '꼼꼼히'를 써야 하는데, 그 이유는 '꼼꼼'은 '-하다'가 붙은 용언이기 때문에 '꼼꼼히'라고 적어야 한다.

4) 사이시옷의 표기

사이시옷에 대한 규정은 다소 복잡하다(외워야 할 것이 많고 예외가 존재하는 법은 잘못 만들어진 법이다). 사이시옷을 제대로 쓰려면 몇 가지 조건을 알아두는 것이 효과적이다.

① 단어들끼리 결합하는 합성어이어야 한다.

사이시옷 규정은 접사가 들어가는 파생어에는 적용되지 않는다. 따라서 [핸님아페서 짝짜꿍]이라고 발음하더라도, '-님'은 접사이기 때문에 쓸 때는 '해님'이라고 적는다.

② 뒷말의 첫소리가 된소리(ㄲ, ㄸ, ㅃ, ㅆ, ㅉ)로 바뀌거나, 'ㄴ' 음이 덧나는 경우에

쓴다.

사이시옷은 뒷말의 첫소리가 예사소리이던 것이 된소리로 바뀌어 날 때 그것을 표시해 주기 위한 약속이다. 따라서 뒷말이 원래부터 된소리인 '머리+띠', '개+뿔' 등은 '머리띠, 개뿔'로 적는다.

또한 사이시옷은 된소리와 관련된 것이므로 뒷말의 첫소리가 거센소리인 '뒤+풀이', '위+층', '뒤+탈' 따위에는 쓰지 않는다(뒤풀이, 위층, 뒤탈).

③ 합성어를 이루는 두 요소 중 하나 이상이 고유어이어야 한다.

고유어끼리만 결합한 '빨래+줄', '내+가', '제사+날', '뒤+일', '비+물'은 뒷말의 첫소리가 된소리이거나 'ㄴ' 음이 덧나기 때문에 '빨랫줄, 냇가, 제삿날, 뒷일, 빗물'로 적는다. 마찬가지로 앞말이나 뒷말 중 어느 하나가 고유어인 '죄(罪)+값(죗값)', '하교(下校)+길(하굣길)', '수도(水道)+물(수돗물)', '전기(電氣)+불(전깃불)', '후(後)+날(훗날)', '개나리+과(科)(개나릿과)', '귀+병(病)(귓병)', '아래+방(房)(아랫방)', '만두(饅頭)+집(만둣집)' 등은 모두 사이시옷을 적는다.

반면에 두 요소가 모두 한자어인 경우에는 사이시옷을 쓰지 않는다(예: 초점(焦點), 대가(代價), 소장(訴狀), 화병(火病), 마구간(馬廐間), 장미과(薔薇科)).

또한 사이시옷은 고유어나 한자어의 문제이기 때문에 외래어에는 적용하지 않는다. 그래서 '피자집', '커피가게'라고 쓰지 '*피잣집', '*커핏가게'라고 쓰지 않는다.

④ 예외: 그러면서도 별다른 이유 없이 한자어로 된 다음 여섯 개의 이음절어에는 예외를 두었으니 마음에 들지 않더라도 기억해 두어야 한다.

셋방(貰房), 숫자(數字), 횟수(回數), 곳간(庫間), 찻간(車間), 툇간(退間)

5) '-더-'와 '든(지)'의 구별

지난 일을 나타낼 때에 어미 '-더-'를 쓴다. '-더-'가 결합된 '-더라', '-던' 등은 모두 지난 일을 회상할 때 쓴다. 반면에 물건이나 일의 내용을 가리지 않는다는 뜻으로는 '-든'

또는 '-든지'를 쓴다.

상대가 폭력을 휘두르더라도 즉각적인 보복은 전면전으로 확대될 가능성이 크다.
이번 소송은 평소에 정치권이 국민을 무시해 오던 관행을 바꾸는 계기가 될 것이다.
자원활동이든지 후원이든지 상관없이 저개발국가 아동에게 도움을 주어야 한다.
상대국이 재협상을 요구하든 말든 국회는 예정된 대로 협정 조인 절차를 밟기로 했다.

6) 접두사 '웃'과 '윗'의 구별

'아래', '위'의 대립이 있는 단어는 '윗-'으로 통일하여 적는다. 다만 된소리나 거센소리 앞에서는 '위-'로 적는다. '아래', '위'의 대립이 없는 단어는 '웃-'으로 적는다.

웃어른　웃통　웃돈
윗목　윗니　윗입술

7) '-오'와 '-요'의 구별

'-오'는 종결어미이고, '-요'는 보조사이다. 한국어 용언(동사, 형용사)은 어미가 꼭 붙어야 문장을 이룰 수 있다. 즉 용언 '먹-'만으로는 말이 되지 않고 '먹-다, 먹-으면, 먹-고, 먹-지만, 먹-어도, 먹-자마자, 먹-은'과 같이 뒤에 어미가 꼭 붙어야 한다. '-오'도 이러한 어미 중의 하나이다. 따라서 '-오'가 붙는 환경은 그것이 붙지 않으면 말이 되지 않을 경우이다(그만 두시.(×) - 그만 두시오.(○)).

한편 '-요'는 조사이다. 조사는 그것이 없어도 말이 되는 경우가 많다. '나-는 너-를 좋아해'에서 조사 '-는, -를'이 빠진 '나 너 좋아해'만 써도 말이 된다. 문장이 성립한다. '-요'도 마찬가지인데, '산이 너무 예뻐요'라는 문장에서 '-요'가 빠진 '산이 너무 예뻐'도 문장으로 성립한다. 마찬가지로 '어찌 나만 가리요.'라는 문장에서 '어찌 나만 가리.'도 성립하기 때문에 조사 '-요'를 붙이는 것이다.

따라서 '-요'는 이것이 붙지 않아도 문장이 성립할 때 쓴다는 점만 기억하면 된다(물론 '어서 오세요.'와 '어서 오세'가 서로 다른 의미를 갖지만, 그래도 말이 되므로 조사로 처리한다).

아울러 발음 때문에 자주 혼동하는 환경을 정리해 보자. '-시-' 다음에는 종결 어미 '-오'를 붙인 '-시오', '-세-' 다음에는 보조사 '-요'를 붙인 '-세요'로 쓴다.

공사 중이니 돌아가 주십시오.
어서 오십시오.
안녕히 가세요.
이제 그만 돌아가십시오.
사정이 그러하다면 그 일은 제가 처리하지요.

8) 준말: 줄어들어도 흔적은 남긴다

준말은 본딧말의 흔적을 남긴다.

되다: 됐다, 돼서, (안) 돼요, 돼요, 돼, 돼라('되라'도 가능) / 된다, 된, 될, 되라고, 되죠?
뵈다: 뵀다, 봬서, 봬요, 봬라('뵈라'도 가능) / 뵌, 뵐, 뵈러
쇠다: 쇘다, 쇄서, 쇄요, 쇄라('쇠라'도 가능) / 쇤, 쇨, 쇤다, 쇠라고, 쇠러
쐬다: (바람을) 쐤다, 쐐서, 쐐요, 쐐라('쐬라'도 가능) / 쐰, 쐴, 쐬러

위의 예들을 보면 '됐다'는 '되었다'의 준말로 '됐' 속에 '었'의 흔적을 남긴다. 또한 '(안) 돼요'는 '되어요'의 준말이어서 '돼'라고 쓴다.[3] 반면에 '된다'는 '*됀다'라고 쓰지 않는 이유는 '*되언다'의 준말이 아니고 그저 '되+ㄴ다'의 준말이기 때문이다.

준말 중에서 주의해야 할 몇 가지를 살펴보면 아래와 같다.

3) 한국어는 용언에 반드시 어미(語尾)를 붙여야 한다.
(1) 오늘 점심 같이 먹어. (2) 오늘 같이 영화를 보아(봐).
(1)의 문장을 어미 없이 '-오늘 점심 같이 먹.'처럼 쓸 수 없다. (2)의 문장에서 모음으로 끝나는 용언 '보-'에도 어미가 붙은 '보아/봐'처럼 써야 한다. 이와 마찬가지로 '안 돼'는 '안 되어'의 준말이므로 '-안 되'라고 쓸 수 없다. 다만 '가다, 나다, 사다, 바라다'처럼 용언의 어간 끝이 '-ㅏ'로 끝나는 경우, '가아, 나아, 사아, 바라아'로 쓰지 않고 그냥 '가, 나, 사, 바라' 로 쓴다.

① '하지 않다'의 준말

말음이 유성음(모음, ㄴ, ㄹ, ㅁ, ㅇ)인 경우에는 '-찮다'로 줄고, 'ㄱ, ㅂ, ㅅ, ㅎ'처럼 무성음인 경우에는 '-잖다'로 준다. '챦, 쟎'처럼 이중 모음을 쓰지는 않는다.

그렇지 않다: 그렇잖다, 그렇잖아도　　적지 않다: 적잖다, 적잖은
깨끗하지 않다: 깨끗잖다　　섭섭하지 않다: 섭섭잖다, 섭섭잖게
못하지 않다: 못잖다　　생각하지 않다: 생각잖다
만만하지 않다: 만만찮다, 만만찮게　　변변하지 않다: 변변찮다, 변변찮은

② '-지'와 '-치', '-건대'와 '-컨대'의 구별

'하지 않다'의 준말과 마찬가지로, 유성음이 앞에 오면 '-치/-컨대', 그렇지 않으면 '-지/-건대'를 쓴다.

편하다: 편치 (않다)　　가하다 부하다: 가타부타
흔하다: 흔치 (않다)　　사임하다: 사임치 (말라), 사임케 (하다)
간편하다: 간편케
못하다: 못지 (않다)　　생각하다: 생각지 (못하다), 생각건대
넉넉하다: 넉넉지 (않다)　　익숙하다: 익숙지 (않다)

한편 다음과 같은 부사들은 소리대로 적는다.

결단코, 결코, 기필코, 무심코, 아무튼, 요컨대, 정녕코, 필연코, 하마터면, 하여튼, 한사코

③ '음/ㅁ' 결합

자음으로 끝나는 용언에 '-음/ㅁ'이 붙어 명사처럼 만드는 경우, 그 자음을 그대로 살린다. 특히 다음과 같이 'ㄹ'로 끝나는 용언의 경우에도 'ㄹ'을 버리지 않고 살려 쓴다.

살다 - 삶, 알다 - 앎, 줄다 - 줆, 만들다 - 만듦, 놀다 - 놂, 밀다 - 밂, 얼다 - 얾

④ '안'과 '않'의 구분

'안'은 '아니'의 준말로 부사이고, '않'은 '아니하-'의 준말로 '않다', '않았다', '않겠다'처럼 쓰이는 동사이다. 그러므로 '안'은 다른 용언을 수식하고, '않'은 문장의 서술어로 '-지 않-'의 구성으로 주로 쓰인다.

이제 다시는 그 사람을 안 만나겠다.
그는 마치 석고상 모양으로 앉아서 꼼짝을 안했다.
아직도 그 사람이 오지 않았어?
건강이 좋지 않아서 여행 가는 것을 포기했다.

⑤ '어떻게'와 '어떡해'의 구분

'어떻게'는 '어떠하게'의 준말로 부사이고, '어떡해'는 '어떻게 해'가 줄어든 동사이다. 따라서 '어떻게'는 다른 용언을 수식하고, '어떡해'는 그 말 자체가 용언이므로 서술어로 문장 끝에 온다.

이 역사적 과제를 어떻게 해결할 수 있는가?
네가 갑자기 떠난다고 하니 나는 어떡해?

⑥ '가지다'와 '갖다'

'갖다'는 '가지다'의 준말이다. '갖다'는 모든 어미와 함께 쓸 수는 없고 '-다, -고, -게, -는, -지, -도록'처럼 자음으로 시작하는 어미와만 결합한다. '-어, -어야, -으나, -ㄴ' 등 모음으로 시작하는 어미에는 본디말인 '가지다'만 결합할 수 있다. 따라서 '갖어, 갖어야, 갖은' 등은 잘못 쓴 것이다.

갖다, 갖고, 갖게, 갖는, 갖지, 갖도록, 갖습니다

가지다, 가지어(가져), 가져야, 가지나, 가진

이 학교는 창조적인 생각을 가진 청년들을 많이 배출하였다.

몸가짐을 바로 가져야 한다.

⑦ '왠지'와 '웬'의 구별

'왠지'의 '왠'과 '웬 떡이니?'의 '웬'은 발음도 비슷하여 혼동을 많이 하는 말이다. '왠지'는 '왜인지'의 준말로 '왠'을 쓰는 경우는 '왠지' 하나밖에 없다. '웬 떡이니? 웬 선물이냐? 아침부터 웬 난리야? 이게 웬 돈이냐?'에서처럼 '웬'은 '어떠한, 어찌 된'의 의미를 갖는 관형사로 뒤에 오는 명사를 꾸며주는 말이다. 다만, '웬일'은 하나의 단어로 굳어졌다고 보아 붙여 쓴다.

왠지 웬 떡이냐? 다 늙은 나이에 웬 공부야? 늦은 시간에 웬일이냐?

⑧ '-데'와 '-대'의 구분

'-데'는 과거에 직접 경험한 내용을 말할 때 쓴다. '-더라'도 같은 뜻을 갖는다. '-대'는 '-다고 해'의 준말로 남의 말을 전달할 때 쓴다.

지난주에 영희를 처음 만났는데 정말 예쁘데(예쁘더라).

지난주에 철수가 영철이 여자 친구를 만났는데 정말 예쁘대(예쁘다고 해).

곁에서 보니 참 훌륭한 신랑감이데(신랑감이더라).

선생님께서 직접 오신다던데.

틀리기 쉬운 단어 모음

가기 쉽상이다 → 가기 십상이다
가던지 말던지 → 가든지 말든지
가던지 오던지 → 가든지 오든지
가랭이 → 가랑이
가리마 → 가르마(를 타다)
가리우다 → 가리다
가을내 → 가으내
가정난 → 가정란
간 → (한) 칸
갓난아이, 간난아이 → 갓난아이
갈대잎 → 갈댓잎
강강수월래 → 강강술래
강남콩 → 강낭콩
개기다 → 개개다
개나리봇짐 → 괴나리봇짐
개이다 → (날이) 개다
개피 → (담배 한) 개비
객적다 → 객쩍다
갸날프다 → 가냘프다
거무틱틱 → 거무튀튀(하다)
거실리는 짓 → 거스르는 짓
거칠은 → 거친
걸죽하다 → 걸쭉하다
게의치 마십시오 → 개의치 마십시오
계시판 → 게시판
계재 → 게재(揭載)
고냉지 → 고랭지
고시레 → 고수레
-고저, 고져 → -고자(배우고자)
곰곰히 → 곰곰이
곱배기 → 곱빼기
괴로와 → 괴로워
괴퍅하다 → 괴팍하다
구렛나루 → 구레나룻
-구료 → -구려
구비구비 → 굽이굽이
구스르다 → 구슬리다
군시렁거리다 → 구시렁거리다
굼뱅이 → 굼벵이
귀멀다 → 귀먹다(눈멀다)
귀후비개 → 귀이개
금새 → 금세
급냉 → 급랭(急冷)
길다랗다 → 기다랗다
까무라치다 → 까무러치다
까발기다 → 까발리다
까탈스럽다 → 까다롭다
깡술 → 강술(안주 없이 마시는 술)
깡총깡총 → 깡충깡충
꺼꾸로 → 거꾸로

껍질채 먹다 → 껍질째 먹다
꼬깔 → 고깔
꼬시다 → 꼬이다
꼭둑각시 → 꼭두각시
꽃봉우리 → 꽃봉오리
끄나불 → 끄나풀
끔찍히 → 끔찍이
나꿔채다 → 낚아채다
나무래다 → 나무라다
나부랑이 → 나부랭이
나즈막이 → 나지막이
난리법썩 → 난리법석
난장이 → 난쟁이
날려쓰다 → 갈겨쓰다
남비 → 냄비
내노라 하는 → 내로라하는
내음 → 냄새
내한테 → 나한테
냇과 → 내과
넉넉치 않다 → 넉넉지 않다
넌즈시 → 넌지시
널부러지다 → 널브러지다/너부러지다
널판지 → 널빤지, 널판자
넓다랗다 → 널따랗다
넓직하다 → 널찍하다
넙적바위 → 너럭바위
넙적하다 → 넓적하다
넙쭉 절하다 → 넙죽 절하다
네 말 → (쌀) 너 말
네 장 → (종이) 넉 장
네째 → 넷째
년중/년월일 → 연중/연월일
노란자위 → 노른자위
노래말 → 노랫말
높따랗다 → 높다랗다
누누히 → 누누이
눈꼬리 → 눈초리
눈꼽 → 눈곱
눈쌀 → 눈살
눈에 가시 → 눈엣가시
눌러붙다 → 눌어붙다
늘상 → 늘
늙으막 → 늘그막
닐리리 → 늴리리
닥달하다 → 닦달하다
단오날 → 단옷날
달달이 → 다달이
달디달다 → 다디달다
대귀 → 대구
대노하다 → 대로하다(大怒)
댓가 → 대가(對價)
댓병 → 됫병
더우기 → 더욱이
덥썩 → 덥석

덥히다 → 데우다
덮히다 → 덮이다
돌뿌리 → 돌부리
돌아가시요 → 돌아가시오
돐 → 돌
되뇌이다 → 되뇌다
되려 → 되레
두루말이 → 두루마리
두리뭉실하다 → 두루뭉술하다
두째 → 둘째(열두째)
둥글래/둥굴래 → 둥굴레
뒷굼치 → 뒤꿈치
뒷편 → 뒤편
뒷풀이 → 뒤풀이
뒷힘 → 뒷심
들여마시다 → 들이마시다
들쳐업다 → 둘러업다
등살에 → 등쌀에
딱다구리 → 딱따구리
떠벌이 → 떠버리
또아리 → 똬리
뜨락 → 뜰
마늘쫑 → 마늘종
마추다 → (옷을) 맞추다
막바로 → 곧바로
맛뵈기 → 맛보기
망서리다 → 망설이다
맨날 → 만날
머릿말 → 머리말
머물어 → 머물러
먹게금 하려고 → 먹게끔 하려고
먹으신 → 먹은, 잡수신
먹을껄 → 먹을걸
먹을께 → 먹을게
먹을찌니 → 먹을지니
멀지않아 → 머지않아
멋장이 → 멋쟁이
멋적다 → 멋쩍다
메꾸다 → 메우다
명난젓 → 명란젓(明卵)
몇일 → 며칠
모밀국수 → 메밀국수
모자르지 않다 → 모자라지 않다
모잘라는 돈 → 모자라는 돈
목메이다 → 목메다
몸뚱아리 → 몸뚱어리
무릎쓰고 → 무릅쓰고
무우 → 무
뭉기적거리다 → 뭉그적거리다
미다지 → 미닫이
미류나무 → 미루나무
미싯가루 → 미숫가루
미쟁이 → 미장이
밑둥 → 밑동

바람끼 → 바람기

바래지 말고 → 바라지 말고

바램 → (우리의) 바람

반짓고리 → 반짇고리

발굼치 → 발꿈치

발자욱 → 발자국

밧다리 → 밭다리

백분률 → 백분율

벼라별 → 별의별

복숭아뼈 → 복사뼈

볼상사납다 → 볼썽사납다

봉숭화 → 봉숭아/봉선화

부비다 → 비비다

부추키다 → 부추기다

비게 → 비계

비로서 → 비로소

빌려주고 빌어오다 → 빌려주고 빌려오다

빽빽히 → 빽빽이

뻐꾹이 → 뻐꾸기

뻐치다 → (다리를) 뻗치다

삯월세 → 사글세

사둔 → 사돈

사람이였기에 → 사람이었기에

사랑하므로써 → 사랑함으로써(방법)

사랑함으로 → 사랑하므로(이유)

사죽을 못 쓰고 → 사족을 못 쓰고

산 째로 잡아 → 산 채로 잡아

산봉오리 → 산봉우리

삵괭이 → 살쾡이

삼가하십시오 → 삼가십시오

삼짓날 → 삼짇날

상치 → 상추

새악시 → 새색시

새앙쥐 → 생쥐

새초롬하다 → 새치름하다

새침떼기 → 새침데기

생각컨대 → 생각건대/생각하건대

생각타 못해 → 생각다 못해

서슴치 않고 → 서슴지 않고

선지국 → 선짓국

설겆이 → 설거지

설농탕 → 설렁탕

설레이는 마음 → 설레는 마음

섭섭치 않게 → 섭섭지 않게

세 말 → (쌀) 서 말

세째 → 셋째

소꼽놀이 → 소꿉놀이

손톱깎기 → 손톱깎이

수강아지 → 수캉아지

수개/숫개 → 수캐

수근거리다 → 수군거리다

수병아리 → 수평아리

수양/수염소/수쥐 → 숫양/숫쥐/숫염소

수자 → 숫자(數字)

숫가락 → 숟가락
숫나사 → 수나사
숫놈 → 수놈
숫소 → 수소
쉽상 → 십상
승락 → 승낙
시덥잖다 → 시답잖다
시라소니 → 스라소니
실증 → 싫증
싫컷 → 실컷
쌉살하다 → 쌉쌀하다
쌍동이 → 쌍둥이(귀염둥이, 막둥이)
썩히다 → (속을) 썩이다
쑥맥 → 숙맥(菽麥)
쑥쓰럽다 → 쑥스럽다
아구찜 → 아귀찜
아니올씨다 → 아니올시다
아둥바둥 → 아등바등
아름다와 → 아름다워
아뭏든 → 아무튼
아지랭이 → 아지랑이
안깐힘 → 안간힘
안성마춤 → 안성맞춤
안절부절하다 → 안절부절못하다
알아맞추다 → 알아맞히다
애닯다 → 애달프다
애숭이 → 애송이
애시당초 → 애당초
야밤도주 → 야반도주(夜半逃走)
양수겹장 → 양수겸장
얕으막하다 → 야트막하다
어떻해. → 어떡해.(어떻게 해.)
어름 → 얼음
어리숙하다 → 어수룩하다
얼마던지 → 얼마든지
없슴 → 없음
여지껏 → 여태껏, 이제껏
연거퍼 → 연거푸
염치 불구 → 염치 불고
예사일 → 예삿일
예컨데 → 예컨대
옛부터 → 예부터(옛 동산)
오도방정 → 오두방정
오뚜기 → 오뚝이
오랜동안 → 오랫동안
오랫만에 → 오랜만에
오무리다 → 오므리다
오손도손 → 오순도순
옳바르다 → 올바르다
왠일이니 → 웬일이니
요컨데 → 요컨대
우뢰 → 우레
우루루 → 우르르
우지 마라 → 울지 마라

우통/웃통/윗통 → 위통
욱씬거리다 → 욱신거리다
웃입술 → 윗입술
웅큼 → (한) 움큼
웬지 → 왠지
윗어른 → 웃어른
윗옷 → 웃옷
윗층 → 위층
육계장 → 육개장
으례/으레이 → 으레
으름짱 → 으름장
으시대다 → 으스대다
이면수 → 임연수어(林延壽魚)
이쁘다 → 예쁘다
익숙치 않다 → 익숙지 않다
일을 벌려 놓고 → 일을 벌여 놓고
일찌기 → 일찍이
임마 → 인마
잇과 → 이과(理科)
잇점 → 이점(利點)
있슴 → 있음
있읍니다 → 있습니다
잎새 → 잎사귀
잔듸 → 잔디
잠궜다 → 잠갔다
장농 → 장롱
재털이 → 재떨이
저으기 → 적이
접지르다 → 접질리다
정한수 → 정화수(井華水)
조무라기 → 조무래기
졸립다 → 졸리다
줄곳 → 줄곧
줏어라 → 주워라
지리하다 → 지루하다
진무르다 → 짓무르다
짖궂다 → 짓궂다
짜집기 → 짜깁기
짤리다 → 잘리다
쪼달리다 → 쪼들리다
쭈꾸미 → 주꾸미
찌게 → 찌개
찌들리다 → 찌들다
차겁다 → 차갑다
찰지다 → 차지다
창란젓 → 창난젓
천정 → 천장
초생달 → 초승달
촛점 → 초점(焦點)
총뿌리 → 총부리
춥드라 → 춥더라
치루다 → 치르다(값, 시험)
칫과 → 치과(齒科)
켸켸묵은 → 케케묵은

통털어 → 통틀어

트기 → 튀기

폭탄 폭팔 → 폭탄 폭발

풋나기 → 풋내기

피기 → 핏기

피납 → 피랍

하니바람 → 하늬바람

하던지 말던지 → 하든지 말든지

하옇튼 → 하여튼

학생이예요/이여요 → ~이에요/이어요

한가닥 하다 → 한가락 하다

한갖 → 한갓

할려고 → 하려고

해꼬지 → 해코지

핼쓱하다 → 핼쑥하다

햇님 → 해님

헹가레 → 헹가래

호도 → 호두

호르라기 → 호루라기

혼줄 → 혼쭐

휴계실 → 휴게실

흩으러지다 → 흐트러지다

희노애락 → 희로애락

히히덕거리다 → 시시덕거리다

힘겨웁다 → 힘겹다

4. 외래어 표기법

모든 언어는 다른 언어와 접촉한다. 요즘 글에는 생소한 외래어가 자주 등장한다. 외래어는 이미 우리말처럼 사용되는 외국어를 말한다. 외래어를 우리 글자로 표기한다는 것은 매우 어려운 일이다. 외래어 표기법이 있기는 하지만, 표기법이 만들어지기 전에 이미 굳어버린 것들도 있어 이를 모두 정확하게 쓰기란 쉬운 일이 아니다. 그렇다고 하더라도 외래어 표기의 일반 원칙을 어느 정도 알고 있으면 많은 도움이 된다. 여기서는 기본 원칙 중심으로 간단히 소개한다.

1) 'ㄲ, ㄸ, ㅃ, ㅆ, ㅉ'와 같은 된소리를 쓰지 않는다.[4)]

까스 → 가스, 까운 → 가운, 까페 → 카페, 꽁트 → 콩트, 뻐스 → 버스,
빠리 → 파리, 빽지 → 배지, 싸이클 → 사이클, 써비스 → 서비스, 쎈타 → 센터,
쑈 → 쇼, 쨰즈 → 재즈

2) 받침에는 'ㄱ, ㄴ, ㄹ, ㅁ, ㅂ, ㅅ, ㅇ' 7개만 쓴다.

굳모닝 → 굿모닝, 디스켇→ 디스켓, 맑스 → 마르크스,
워크샾 → 워크숍, 케잌 → 케이크, 테잎 → 테이프

3) '오우[ou]'는 '오'로, '아우어[auə]'는 '아워'로 적는다.

보우트 → 보트, 스노우 타이어 → 스노타이어, 옐로우 카드 → 옐로카드,
윈도우 → 윈도, 타우어 → 타워

4) 장모음은 따로 적지 않고 줄여 적는다.

그리이스 → 그리스, 티임 → 팀, 루우트 → 루트, 도오쿄오 → 도쿄,
유우머 → 유머

4) 최근에는 베트남어, 태국어, 중국어 등 일부 언어의 경우, 된소리를 허용하여 적도록 되어 있어 주의할 필요가 있다. 위에서 말하는 표기 원칙은 주로 영어를 대상으로 설명한 것이다. 예) 호찌민, 푸껫, 쓰나미, 마오쩌둥

5) 단모음 다음에 오는 [p], [t], [k]는 받침으로 적고, 장모음이나 이중모음 다음에 오는 [p], [t], [k]는 '으'를 붙여 적는다.

book[buk] 북,　cake[keik] 케이크,　cat[kæt] 캣

gap[gæp] 갭,　mook[mu:k] 무크,　part[pa:t] 파트

6) 'f'는 'ㅍ'로만 적는다.

화이팅 → 파이팅(fighting),　화일 → 파일(file),　환타스틱 → 판타스틱(fantastic),

환타지 → 판타지(fantasy),　훼밀리 → 패밀리(family),

휘트니스 → 피트니스(fitness)

7) 'ㅈ, ㅊ' 발음이 '쟈, 져, 쥬, 챠, 츄'로 나더라도 적을 때는 '자, 저, 주, 차, 추'로 적는다.

비젼 → 비전,　스위취 → 스위치,　스케쥴 → 스케줄,　쥬스 → 주스,

챠트 → 차트,　텔레비젼 → 텔레비전,　패취파일 → 패치파일

8) 어말의 [ʃ]는 '시', 자음 앞의 [ʃ]는 '슈'로, 모음 앞의 [ʃ]는 뒤따르는 모음에 따라 '샤, 섀, 셔, 셰, 쇼, 슈, 시'로 적는다.

flash 플래시, fresh 프레시, shoes 슈즈, supermarket 슈퍼마켓,

fashion 패션, sash 새시, English 잉글리시

9) 영어 철자에 'l'이 들어 있으면 'ㄹㄹ'로 적고, 'r'만 있으면 'ㄹ'로 적는다.

allergy(Allergie.독) 알레르기, film 필름, flash 플래시, fresh 프레시,

glamour 글래머, grammar 그래머, glove 글러브, graph 그래프, olive 올리브

틀리기 쉬운 외래어 목록

가디건 → 카디건(cardigan)
가스렌지 → 가스레인지
골덴바지 → 코르덴바지
기브스 → 깁스
까운 → 가운
까페 → 카페
꽁트 → 콩트
나레이터 → 내레이터
나르시즘 → 나르시시즘
난스톱/넌스톱 → 논스톱
내프킨 → 냅킨
넌센스 → 난센스
넌픽션/난픽션 → 논픽션
넷 → 네트
다이나마이트 → 다이너마이트
다이알 → 다이얼
덕아웃 → 더그아웃
도나츠 → 도넛
도크 → 독(dock)
드라큐라 → 드라큘라
디지틀/디지탈 → 디지털
똘레랑스 → 톨레랑스
라스베가스 → 라스베이거스
라이센스 → 라이선스
락 → 록(rock)

런닝셔츠 → 러닝셔츠
레디칼 → 레디컬
레이다 → 레이더
레파토리 → 레퍼토리
레포트 → 리포트(report)
렌트카 → 렌터카(rent-a-car)
로보트 → 로봇
로숀 → 로션
로타리 → 로터리
르뽀 → 르포
리더쉽 → 리더십
리모콘 → 리모컨
링게르/링겔 → 링거
마후라 → 머플러, 목도리
맑스 → 마르크스
맛사지 → 마사지
매니아/메니아 → 마니아
메카니즘/매커니즘 → 메커니즘
멤버쉽 → 멤버십
미스테리 → 미스터리
미이라 → 미라
바베큐 → 바비큐
밧데리 → 배터리
뺏지 → 배지(badge)
보튼 → 버튼

본네트/본넷/본닛 → 보닛
부페 → 뷔페
브라자/부라자 → 브래지어
브이티알 → 브이티아르
비젼 → 비전
비지니스 → 비즈니스
비타민 씨 → 비타민 시(C)
뻐스 → 버스
샵 → 숍
세느 강/쎄느 강 → 센 강
센타 → 센터
소세지 → 소시지
수퍼마켓/슈퍼마켇 → 슈퍼마켓
스케쥴 → 스케줄
스킨쉽 → 스킨십
스티로폴 → 스티로폼(styrofoam)
스프링쿨러 → 스프링클러(sprinkler)
심볼 → 심벌
심포지움 → 심포지엄
싸인펜 → 사인펜
쎄비스 → 서비스
아킬레스근 → 아킬레스건(腱)
아프터서비스 → 애프터서비스
악세사리 → 액세서리
알콜 → 알코올
앙케이트 → 앙케트
앙콜 → 앙코르
엔돌핀 → 엔도르핀
윈도우 → 윈도
자켓 → 재킷
쥬스 → 주스
째즈 → 재즈
쵸콜렛/초코렛 → 초콜릿
카운셀러 → 카운슬러
카운셀링 → 카운슬링
카페트 → 카펫
칼라 → 컬러
캐롤 → 캐럴
커텐 → 커튼
커피숖 → 커피숍
컴팩트 → 콤팩트
컴플렉스 →콤플렉스
케익/케잌 → 케이크
코메디 → 코미디
콘트롤 → 컨트롤
콤플렉스 → 콤플렉스
콩쿨 → 콩쿠르
크리닉 → 클리닉(clinic)
크리스마스 캐롤 → 크리스마스 캐럴
클라이막스/크라이막스 → 클라이맥스
타올 → 타월
테입/테잎 → 테이프
텔레비젼 → 텔레비전
판넬 → 패널

퍼머 → 파마

페스티발 → 페스티벌

프로포즈/프로퍼즈/프러퍼즈 → 프러포즈

플랭카드/프랭카드 → 플래카드(placard)

필림 → 필름

하일라이트 → 하이라이트

헬밋 → 헬멧

화이바 → 파이버

화이팅 → 파이팅(fighting)

화일 → 파일

후라시/후라쉬 → 플래시

후라이팬 → 프라이팬

후라이드치킨 → 프라이드치킨

훼미리 → 패밀리

휘트니스 → 피트니스(fitness)

히로뽕 → 필로폰

10장

글로 나의 미래를 설계하자 — 자기소개서 쓰기

1. 자기소개서는 자기홍보서

여러분이 냉장고 판매원이라고 가정해 보라. 어떤 제품을 살까 고민하면서 이 가게 저 가게를 두리번거리는 손님들에게 짧은 시간 안에 여러분이 팔아야 할 제품을 홍보해야 한다. 그런 상황에서 다음과 같이 말한다면 십중팔구 손님은 여러분의 말을 끝까지 들어보지도 않고 다른 가게로 가버릴 것이다.

> "이 냉장고는 저희 회사 부천 공장에서 만든 것으로 그 공장은 공기 좋은 곳에 위치해 있습니다. 만든 분들도 참 착해서 서로 친하게 지내고 있습니다. 이 제품은 3일 전에 저희 가게로 들어왔습니다. 무게는 50킬로그램인데 그 중에 대부분은 냉각기가 차지하고 있습니다. 전선의 길이는 ……."

물건을 사러온 손님은 무엇이 궁금할까? 아마 이 제품이 다른 제품과 어떤 점에서 좋은지, 내가 생각했던 사양과 기능, 가격 등과 비교해서 적당한지 등이 궁금할 것이다. 그런데 그걸 파는 사람이 어디에서 제품이 만들어졌고, 만든 사람의 성격은 어떻고, 입고된 날짜가 언제라는 둥 구매자가 궁금해 하는 것과는 상관없는 얘기만 늘어

놓는다면 한 달이 지나도 물건을 하나도 못 팔지 모른다.

반면에 다음과 같이 말한다면 냉장고를 팔 가능성이 높아진다.

"이 냉장고는 소비자의 취향에 따라 냉동실과 냉장실의 위치와 크기를 자유롭게 바꾸어 쓸 수 있습니다."

"이 냉장고는 여러 개의 칸을 나누고 각 칸을 밀폐시킴으로써 김치 냄새 같은 게 다른 음식에 배지 않도록 설계되었습니다."

"이 냉장고는 다른 제품에 비해 전력을 ⅓밖에 쓰지 않습니다."

"이 냉장고는 과일과 채소를 오랫동안 신선하게 보관할 수 있는 기능을 갖고 있습니다."

"이 냉장고는 문이 4개로 식료품을 대량 구입해 냉동실에 장기간 보관하는 소비자들에게 편리합니다."

"이 냉장고는 버튼을 누르거나 하단부의 서랍을 살짝 밀면 자동으로 냉동실이 열리거나 닫혀 매우 편리합니다."

많은 학생들이 자기소개서를 자서전 비슷한 것으로 생각한다. 언제 어디에서 태어나고 어떻게 자랐으며 부모님은 어떻고 하는 내용을 시시콜콜 적어야 한다고 생각한다. 그러나 자기소개서는 자서전이 아니라 자신의 능력을 홍보하는 글이다. 홍보의 초점은 자신의 강점과 능력, 경험을 말하는 것이다. 즉 자기소개서는 '나는 어떤 사람인가'보다는 '나는 어떤 능력을 가진 사람인가'에 초점을 맞추어 기술해야 한다.

'자기홍보서'의 성격을 갖는 자기소개서는 일반적인 글쓰기 전략과 크게 다르지 않다. 모든 글에는 글쓴이의 판단(결론)이 있다. 그런데 독자 입장에서는 결론도 중요하지만, 결론에 도달하게 된 과정과 근거에 더 관심을 갖는다. 자기소개서도 인사담당자라는 독자를 설득하는 글이다. 사람의 마음을 움직이려면 설득력이 있어야 한다. 설득력은 어떠한 판단(결론)이나 각오만으로 확보되지 않는다. 그러한 판단과 결론에 도달하게 된 충분한 근거(증거)와 논리적인 과정으로 확보된다. '나는 능력 있는 사람입니다'라는 결론보다는 '나는 이러이러한 경험을 통해 이러이러한 능력을 갖추었습니다'라는 근거와 과정이 필요하다.

자기소개서의 경우, '평소부터 귀사에 대해 관심을 갖고 있었다'라거나 '이 일은 나에게 매력적으로 다가왔다', '능력과 포부가 있다', '열심히 하겠다', '귀사에서 내 꿈을 펼치고 싶다'는 말은 설득력이 별로 없는 구호이다. 그런 말보다는 평소 지원하는 회사에 어떤 관심을 갖고 있었는지를 자료를 통해 보여주어야 한다. 지원하려고 하는 분야의 일이 자신의 적성과 어떤 점에서 연결되고, 자신의 경험과 어떻게 닿아 있는지를 보여주어야 한다. 자신만의 특별한 경험이 무엇인지를 말해야 한다. 독자(인사담당자)는 지원자가 어떤 경험과 학습을 통해 어떤 능력을 갖추고 있는지를 알고 싶어한다. 그것을 구체적으로 써 주어야 좋은 자기소개서라고 할 수 있다.

2. 자기소개서 쓰기 전에 알아보아야 할 것

자기소개서는 '성장 과정, 성격, 학교생활, 지원 동기 및 포부' 등과 같이 일정한 틀을 제시하고 분량도 엄격하게 정해져 있는 경우도 있고, 정반대로 지원자의 개성과 취향에 따라 자유롭게 쓰는 경우도 있다. 한편 '지금까지 살아오면서 가장 힘들었던 일이 무엇이며 이를 어떻게 극복했는지에 대해 기술하라', '개인적인 곤란함과 희생이 예상됨에도 불구하고 윤리적·도덕적으로 행동했던 경험이 있다면 서술하라', '친구들이 당신에게 붙인 별명이 있다면 어떠한 것이며, 왜 그런 별명을 붙였다고 생각하는지 기술하라'는 등 기업마다 독특한 문항을 제시하는 경우도 있다.

이런 여러 가지 방식은 궁극적으로 인사담당자가 자기소개서를 보면서 '수많은 기업 가운데 왜 하필 우리 회사에 입사하려고 하는가?', '지원자의 역량이 충분한가?' 하는 질문의 답을 얻고, 자신들이 원하는 인재를 쉽게 가려내는 것을 목적으로 한다. 자기소개서는 이 질문에 대한 적극적인 응답이다.

시중에는 자기소개서 작성법 책들이 많이 나와 있다. 처음 자기소개서를 쓰는 사람에게는 이런 책이 어느 정도 도움이 되는 것도 사실이다. 책상 앞에 쌓인 수많은 지원서를 읽는 인사담당자에게 '19OO년 OO에서 O남O녀 중 O째로 태어났다'거나 '물 맑고 인심 좋은 OO에서 자랐다', '엄격하시면서도 자상하신 아버지와 자애로우신 어머니 슬하에서 자랐다'는 식의 진부한 출발은 탈락대상 1호이다. 이런 사람에게 자기소개서 작성법 책은 최소한의 원칙과 방법을 알려주는 길잡이라고 할 수 있다.

그렇지만 자기소개서는 지원하는 회사마다 '다르게' 작성해야 한다는 점에서 그러한 '매뉴얼'은 한계가 있다. 이런 책이 아무리 많아도 자기소개서는 자기가 지원하는 회사의 성격과 직무, 그리고 자신의 성격과 능력 및 경험에 따라 모두 다르게 써야 하기 때문이다. 매력적인 자기소개서를 쓰기 위해서는 이러한 매뉴얼을 살펴보기에 앞서 먼저 알아보아야 할 것이 세 가지 있다.

1) 지원 회사

회사마다 경영 철학, 역사, 주력 상품, 사업 방식, 중장기 목표 등이 다 다르다. 그렇기 때문에 지원하는 회사가 어떤 가치를 추구하고 어떤 길을 걸어왔으며 앞으로 어떤 사업에 집중할 것인지를 알아볼 필요가 있다. 지원하는 회사의 홈페이지를 방문하여 꼼꼼하게 살펴보거나 지원 회사나 상품을 다룬 각종 매체를 검색해 보는 것도 하나의 방법이다. 자세하고 꼼꼼하게 확보한 자료는 지원 회사를 천편일률적으로 칭송하거나 식상한 표현으로 일관하는 것을 피할 수 있게 해 준다. 지원과 관련하여 궁금한 점이 있으면 아예 회사에 직접 전화를 걸어 물어보아도 좋다.

2) 업무 내용

연봉이나 회사의 명성을 앞세워 자신이 지원하는 분야에서 어떤 일을 하는지도 제대로 모르면서 지원하는 것은 위험하다. 같은 '지원 분야'라고 하더라도 특정 시기에 그 회사에서 필요한 업무 내용이 있다. 기존 제품의 문제점을 구체적으로 파악하고 이를 바탕으로 완전히 새로운 제품을 개발할 계획을 갖고 있는 회사에, 제품의 장점만을 나열하면서 디자인만 조금 바꾸어 판로를 확대하겠다는 포부를 밝히는 글을 쓴다면 뽑히기 어려울 것이다. 지점을 효율적으로 관리할 사람을 원하는데 본사의 인사 업무를 담당하고 싶다고 한다면 뽑히기 어려울 것이다.

자기소개서에 여러 가지 내용이 들어가는 것은 피할 수 없지만, 핵심은 회사에서 요구하는 능력을 내가 가지고 있는지를 알리는 것이다. 짧은 자기소개서를 통해 회사의 요구사항에 자신이 얼마나 적합한지를 알리기 위해서는 회사가 원하는 업무 내용을 정확히 파악할 필요가 있다. 지원 회사뿐만 아니라 업무 내용에 대해서 정확히 알아야 이유가 여기에 있다.

3) 자기 자신

주변의 친구들이 하나둘씩 취직했다는 소식을 전해 들으면 '이러다가 나만 취직 못하는 게 아닌가' 하는 심리적 압박감에 시달리게 된다. 초조한 마음에 아무데라도 일단 들어가고 보자는 심정으로 지원서를 내기도 한다.

그렇지만 직업은 그저 연봉이나 명성만으로 결정할 수 없는 것이다. 자신의 가치관과 습성, 그리고 삶의 지향점이 반영되는 것이고, 어떤 직업을 택하느냐는 어떤 인생을 살 것이냐 하는 문제와 직결되는 중대한 일이다. 정말 해 보고 싶은 일이 무엇인지, 난관이 닥쳐도 기꺼이 견딜 수 있고 자신을 실현할 수 있는 일이 무엇인지를 생각해 보아야 한다. 자신의 삶을 고양시킬 수 있고 그 속에서 즐거움과 흥미를 느낄 수 있는 직업을 생각해 보아야 한다. 그러한 직업에 부합한다면 지금 당장은 이름도 없고 임금도 적은 회사이지만 지원해 보아야 한다. 사회적 명성이나 이 정도 회사는 다녀야 한다는 자존심, 무조건 안정적인 직업이라고 해서 이를 택하는 것은 좋은 선택이라고 하기 어렵다. 나는 누구이며, 나는 지금 지원하려고 하는 이 일에 충분한 의욕과 열정을 가지고 있는지를 거듭 물어보아야 한다. 취업이라는 백척간두의 상황에서 따져보아야 할 일은 역설적이게도 '나는 누구인가'인 것이다.

3. 자기소개서를 쓰면서 염두에 둘 것 - 사진 구도의 5원칙과 자기소개서의 5원칙

자기소개서 쓰기는 사진 찍기와 비슷하다. 아니 모든 글쓰기가 사진 찍기와 비슷하다. 사진을 찍을 때 무엇보다도 구도가 중요하다. 구도는 사진 안에 촬영 대상을 어떻게 배치하는가 하는 것이다.

구도라는 것은 지극히 주관적이다. 같은 사진을 보고 어떤 사람은 좋은 구도라고 칭찬하지만 어떤 사람은 나쁜 구도라고 비판한다. 이렇듯 구도는 주관적이지만, 사진 애호가 사이에서는 좀 더 좋은 구도를 얻기 위한 기본 원칙이 있다. 즉 자기가 찍으려고 하는 대상을 화면 전체에 모두 들어가야 한다는 '영상의 완성', 찍으려고 하는 대상의 앞이나 뒤에 다른 사물들이 산만하게 있다면 피해야 한다는 '전경과 배경의 정리', 찍으려는 대상은 될 수 있는 한 자연스럽게 카메라 쪽을 향하도록 해야 한다는 '주제의 방향', 찍으려는 대상이 화면의 가운데에 있어야만 가장 좋은 위치인 것은 아니니 배경과의 관계를 염두에 두고 가장 좋은 위치를 찾으라는 '주제의 위치', 촛불은 깊은 어둠 속에서 빛나는 것처럼 빛의 조화를 추구하라는 '균형 있는 색상'이다.

자기소개서도 이런 사진의 구도와 비슷하다. 쓰고자 할 내용을 빠짐없이 써야 한다. 자신이 가장 자신 있게 보여주려고 하는 자신의 능력을 다른 주변적인 사항들이 가리지 않게 해야 한다. 글의 흐름이 자신의 능력과 장점을 중심으로 모이도록 해야 한다. 그것이 어느 위치에 있는 것이 더욱 효과적일 수 있을지 구성을 이리저리 바꾸어 보아야 한다. 밝음과 어둠, 장점과 단점, 실패와 승리가 균형 있게 드러남으로써 전반적으로 훌륭한 인격과 능력을 갈고 닦았음을 보여주어야 한다.

그렇다면 자기소개서를 잘 쓰기 위해 기억해 두어야 할 사항을 보자.

1) 구체적으로 쓰라

자기소개서는 구체적인 근거를 통해 자신의 능력을 제시하는 것이다. 그렇기 때문에 자기소개서를 작성할 때에는 분량이나 형식 등을 고려하기 전에, 우선 자신의 경험과 능력을 최대한 자세하고 구체적으로 써 보는 것이 필요하다. 그러고 나서 형식에 맞게 분량이나 내용을 조정하는 것이 좋다. 어떤 과정을 이수했다면 '이수했다'고만 하지 말고 그러한 과정을 통해 '어떤 능력을 갖추었다'고 써야 한다. 인사담당자가 공감할 수 있는 근거를 제시하는 것이 중요한 것이다.

'6개월 동안 해외 어학연수를 다녀왔다'는 말은 구체적이지 않다. 이렇게 쓰면 인사담당자는 '다른 지원자도 다녀왔거든' 하고 넘겨버린다. '6개월 동안 캐나다 ○○ Academy에서 Business English Special Program을 이수하여 무역 관련 문서 작성과 비즈니스 전문영어 회화 능력을 갖추었습니다'라고 써야 한다. '유럽 배낭여행을 다니면서 많은 걸 느꼈다'고 하기보다는 '배낭여행을 통해 세계에는 삶의 다양한 방식이 존재하며 상호존중(mutual respect)이야말로 인간이 추구할 최고의 가치라는 것을 깨닫게 되었습니다'라고 쓰는 것이 좋다. '컴퓨터 활용 능력이 뛰어나며, 여러 가지 프로그램을 다룰 줄 압니다'라고 하지 말고, '컴퓨터 활용 능력 1급 자격증과 CAD 자격증을 취득했고, C과 Perl을 이용한 프로그래밍을 능숙하게 할 수 있습니다'라고 쓰는 것이 더 설득력 있다.

표현을 할 때에서도 머릿속에 항상 '좀 더 구체적으로 표현해야 한다'는 걸 떠올려야 한다. 예를 들어, 성격을 말할 때에도 '나는 모든 모임에서 꼭 필요한 존재이다'고 하지 말고 '나는 모든 모임에서 양념 같은 존재이다'라고 하라. '양념 같은 존재'라고 하기보다는 '나는 모든 모임에서 고춧가루 같은 존재이다'라고 하라. 양념은 진부한 반면, 고춧가루는 신선하다. 자신의 성격과 고춧가루의 어떤 면이 연결되는지 설명하면 진부함에서 벗어날 수 있다. '고춧가루의 톡톡 쏘는 맛으로 정신을 바짝 차리게 하는 도드라짐?,' '땀이 맺히도록 전체를 긴장하게 만드는 카리스마?' 등 구체적일수록 개념이 잘 떠오르며 이유가 궁금해진다.

2) 명사형이 아닌 동사형으로 쓰라

전통적인 자기소개서는 본인이 어떤 공간에 있었는지를 중심으로 쓴다. 무슨 대학 무슨 학과를 나와 어떤 과목을 듣고 몇 학점을 받았다거나 어떤 행사에서 어떤 역할을 맡았다는 식이다. 몇 개월 동안 어학연수를 다녀왔고 배낭여행을 어디어디 다녀왔고 아르바이트로 무엇무엇을 했다는 식이다. 이러한 방식을 명사형 서술이라고 한다. 연고주의가 강한 사회에서는 이렇게 어디에 속해 있었느냐, 어떤 패거리와 함께했느냐 하는 명사형이 중요하다. 그 속에서 우두커니 가만히 있었어도 그 무리 속에 포함된 것만으로 능력을 인정받는다.

그러나 능력을 중시하는 사회에서는 어떤 공간에 명사적으로 존재했느냐보다는,

그 속에서 무엇을 했고 무엇을 배웠고 무엇을 느꼈느냐 하는 동사적 과정에 주목한다. 어떤 과목을 이수할 때 다른 사람은 어떻게 했는지 모르지만, 나는 그 속에서 무엇을 배웠는지 어떤 것을 할 수 있게 되었는지가 중요하다. 어떤 동아리에서 어떤 직책을 맡았느냐가 중요한 게 아니라 그런 직책을 맡아서 어떤 행사나 행동을 했으며 그러는 가운데 무엇을 배우고 어떤 능력을 길렀는지가 중요하다. 자신의 경험과 능력을 동사형으로 써 보라.

3) 경험 자체보다는 의미부여(signification)가 중요하다.

명사형이 아닌 동사형으로 자기소개서를 쓰기 위해서는 경험 자체보다는 그 경험에 의미를 부여하는 것이 중요하다. 이러한 의미부여(의미화, signification)는 자기 경험을 창조적으로 성찰할 때 가능한 일이다.

인턴사원 경험이 있다면 그 경험을 통해 어떤 능력을 기르게 되었는지, 아르바이트를 했다면 그 아리바이트로 무엇을 배웠는지, 배낭여행을 했다면 그 여행을 통해 무엇을 얻었는지, 동아리 임원을 하면서 행사를 치렀다면 그 활동을 통해 무엇을 길렀는지, 봉사활동을 했다면 그 일을 통해 어떤 삶의 가치를 발견하게 되었는지를 써 주는 것이 좋다. 의미부여를 잘하는 사람이 업무를 처리할 때 사안을 다양하면서도 전체적으로 조망하고 문제를 발견하고 해결책을 제시할 수 있다.

4) 나만의 비밀병기는 무엇인지 생각하라

자기소개서를 작성하는 사람은 자신이 쓰고 있는 글이 같은 주제에 비슷한 내용의 수많은 글들 중의 하나라는 점을 잊지 말아야 한다. 나만의 비밀병기가 있어야 한다. 나는 무엇으로 '남다른가'를 보여줘야 한다. 나만의 독특함을 보여주어야 한다. 진부함을 벗어나는 표현을 해야 한다.

비슷비슷한 경험과 능력을 가진 사람들은 '수(數)'와 '양(量)'으로 경쟁하려고 한다. 남들이 평점 4.2일 때 나는 4.3이고, 남들이 6개월 동안 해외연수를 할 때 나는 1년을 했다고 내세운다. 반대로 남들은 외국으로 연수를 다녀올 동안, 나는 외국에 한 번도 나가지 못해서 열등하다고 고개를 숙인다.

그렇지만 자신의 독특함은 그러한 수량으로 드러나지 않는다. 남들이 학점 경쟁과 영어 공부로 허덕거리고 있을 때, 나는 홀로 지리산 꼭대기에서 일 주일을 고뇌했음을 말할 수 있어야 한다. 남들이 스펙 쌓기에 골몰할 때 나는 도서관 한 귀퉁이에서 끝없이 이어지는 책읽기의 미로를 헤맸다고 말할 수 있어야 한다. 남들은 인증이나 학점을 받기 위해 사회봉사를 했다면, 나는 사람에 대한 사랑과 관심으로 자원 활동을 꾸준히 해왔음을 보여주어야 한다.

남들이 달린 길을 나도 비슷하게 달렸다는 걸 내세우려고 하지 말라. 개별자로서의 독특함으로 승부하려고 하라. 평범한 기억보다는 특별한 체험을 내세워야 한다. 두루뭉술하고 일반적인 진술로는 시선을 끌 수 없다. 나만의 비밀병기가 무엇인지를 생각해 보고 그것을 앞세우라.

5) 문장에 신경 써라

자신이 말하려는 내용을 가장 '정확하게', 가장 '알기 쉽게', 가장 '난순하게', 가장 '적은 단어 수'로 쓴다. 한마디로 이해하기 쉽게 쓴 것이 훌륭한 자기소개서이다.

첫 문장은 매력적인지, 실감나게 비유적으로 쓸지, 담담한 사실 중심으로 진술할지, 단문 위주로 호흡을 짧게 가져갈지, 조금 길게 하여 중후한 맛을 갖게 할지, 수식어가 적절한지, 수식어 때문에 이상하게 해석될 여지는 없는지, 주어와 서술어는 호응이 잘 되는지 등을 살펴야 한다.

자기소개서 쓰기의 방법은 무수히 많다. 여기에서는 기본 원칙을 보여주었을 뿐이다. 어떤 회사는 톡톡 튀고 새로움을 추구하는 '불순한' 직원을 원한다. 어떤 회사는 '물 맑고 인심 좋은 고장'에서 태어나고 '엄하면서도 자상하신 아버지와 자애로운 어머니' 슬하에서 자란 '안정적인' 사람을 뽑고 싶을 수도 있다. 자신이 가려고 하는 회사와 업종에 따라 원하는 자기소개서의 스타일과 내용이 다를 수 있고 인사담당자의 개인적 성향에 따라 다를 수도 있다.

따라서 어떤 형식과 내용을 쓸지를 규칙과 방법으로 정형화시킬 수 없다. 그렇기 때문에 어느 인사담당자의 말처럼 자기소개서 안에 담겨야 할 가장 중요한 것은 다름 아닌 '열정'과 '진심'일지 모른다. 글이 갖는 매력은 글 속에 담긴 열정과 진심은 반드시 드러나고 전달된다는 점이다. 열정과 진심을 담으려고 노력하라. 토익 점수나 자격증, 해외어학연수를 어디에 배치할까를 고민하기에 앞서 자신의 열정과 진심을 다해 써라. 그것을 몰라보는 회사라면 희망이 없으니 뒤도 돌아보지 말고 차버려라.

4. 자기소개서의 다양한 사례

다음 예문을 읽고 느낌을 나눠보자.

■ 자기소개서의 실례 1

〈성장과정〉

19○○년 ○월 ○일 물 맑고 인심 좋은 충청남도 ○○에서 1남 2녀 중 장녀로 태어났습니다. 지금의 저의 인성 형성은 가족의 영향이 매우 컸습니다. 부모님으로부터 긍정적인 사고방식과 겸손을 배웠고, 형제들과 함께 자라면서 배려와 양보를 배웠습니다.

부모님은 제가 어렸을 적부터 저의 의견을 존중해 주셨고 선택을 믿어주시어 제 앞의 문제를 스스로 해결하는 법을 몸에 익히게 해 주셨습니다. '현실에 강한 사람이 되자'라는 가훈을 항상 생각하면서 어려움이 있을 때마다 스스로 헤쳐 나가기 위해 노력한 결과 독립심을 기를 수 있었습니다.

또한 사람들과의 관계에서 문제가 생겼을 때에는 내 잘못을 먼저 생각해 보고 다른 사람의 입장을 헤아리라고 가르치셨는데 그런 가르침 덕분에 친구들과 원만한 관계를 유지하며 즐거운 학창 시절을 보낼 수 있었습니다.

원만한 대인관계를 바탕으로 고등학교 재학 당시에는 동아리 단장을 맡아서 봉사활동, 캠프, 축제 준비 등 여러 가지 활동을 했는데 이때의 경험을 통해서 책임감을 배웠습니다.

이 글의 문제는 내용이 진부하다는 점이다. '물 맑고 인심 좋은', '가족의 영향이 컸다', '부모님으로부터 긍정적인 사고방식과 겸손을 배웠다', '형제들에게서 배려와 양보를 배웠다' 등등은 누구라도 쉽게 쓸 수 있는 표현이다. 지금 쓰고 있는 문장이 이 세상에서 단 하나밖에 없는 문장이길 바라야 한다.

또한 이 글은 구체성이 떨어진다. 추상적인 표현은 읽는 이의 눈을 멈추게 하지 못한다. 글쓴이에 대한 '궁금증'을 불러일으키지 못한다. 매력 있지 않으면 마음을 빼앗지 못한다. '부모님은 저의 의견을 존중해 주셨다'거나 '긍정적인 사고방식과 겸손을 배웠다'는 표현은 추상적인 의미밖에 전달하지 못한다. 자신이 겪은 구체적인 사건, 경험, 일화를 통해 그러한 심성이 길러졌다는 것을 머릿속에 그려볼 수 있도록 만들어야 한다. '배려와 양보'를 배웠다면 그러한 심성을 드러낼 수 있는 상징적인 일화를 제시하는 것이 좋다. 남들이 쉽게 하기 힘든 동아리 단장을 하고서도 '여러 가지 활동을 했는데 이 경험을 통해서 책임감을 배웠다'는 식의 맥빠진 진술은 읽는 이에게 아무런 감동과 호감을 주지 못한다.

아래의 글은 자기소개서 중에서 입사동기 및 입사 후 포부만 뽑은 것이다. 각각의 글에 대하여 인사담당자 입장에서 평가해 보라. 어떤 점에서 장점이 있고 어떤 점은 보완해야 좋을지에 대해 의견을 나누어 보라.

입사 동기 및 입사 후 포부

1.

저는 귀사의 해외영업 분야에 지원합니다. 귀사의 사훈처럼 "세계 속의 ○○인"이 되는 것은 저의 오랜 꿈입니다. 회사와 사원 간에도 '궁합'을 이야기할 수 있다면, 귀사와 저는 같은 꿈을 가진 '찰떡궁합'의 관계가 될 것이라고 감히 생각해 봅니다.

해외기술영업 담당자는 기술 부분에 대한 전문적인 지식과 탁월한 영업 능력, 외국어 구사 능력 등을 고루 갖추어야 한다고 봅니다. 아직 저는 '완벽합니다'라고 말할 수는 없지만, '귀사의 해외기술영업팀이 바라는 인재상과 가장 유사한 그림자를 만들어 낼 수 있는 사람입니다'라고 말씀드리고 싶습니다.

실무에 대한 지식과 경험 없이는 이 분야에서 최고가 되는 일은 불가능할 것입니다. 최고의 엔지니어가 되겠다는 저의 대학 시절의 꿈은, 이제 그 자질을 강한 무기로 삼아 세계 시장에 뛰어들려는 패기와 열정으로 바뀌었습니다.

앞으로 5년 후, 귀사의 해외기술영업 분야에서 빛을 발하는 존재로, 또 그 5년 후, 10년 후에는 제 꿈이었던 세계 최고의 엔지니어와 귀사의 사훈인 "세계 속의 ○○인"에 딱 들어맞는, 해외기술영업 분야의 믿음직한 책임자가 될 수 있도록 노력의 고삐를 늦추지 않겠습니다.

2.

○○○의 든든한 서포터를 희망합니다! 21세기, 과학 기술에 대한 독보적 기술力만큼 중요한 요소가 그 역량을 최대한 발휘하도록 서포트하는 사무지원力이라 생각합니다. 정밀기계 산업을 필두로 반도체와 영상정보기기, K9자주포 등 현재에 안주하지 않고 끊임없이 도전하는 ○○○의 모습에서 무한한 가능성을 읽었고, 인턴지원을 결심하게 되었습니다.

저는 이를 위해 첫째, 문서작성과 분석에 맞는 꼼꼼함과 세심함을 지니고 있습니다. 2008년 공익변호사그룹 〈공감〉 인턴으로 근무, 변호사분들의 활동 사항을 문서화하는 작업을 통해 정확하고 깔끔한 문서능력을 인정받았습니다. 둘째, 스피치로 특화된 프레젠테이션 과목을 수강, KBS 심야토론에 대학생 대표로 참여하는 등 그룹의 Coordinator에 걸맞은 커뮤니케이션 역량의 기초를 길렀습니다. 셋째, 국내 시장과 경제를 분석하기 위해 정기적으로 EBS CEO 특강을 참관하고 있고, 경영 독서스터디 Reading Leaders 활동을 통해 경영 마인드를 쌓고 있습니다. 이런 꼼꼼함과 커뮤니케이션 능력, 경영 마인드를 바탕으로 ○○○에 일조하는 인재가 되겠습니다.

3.

○○공업의 오곡밥 같은 인재가 되겠습니다. 풍부한 영양소와 맛으로, 외실보다 내실이 더욱 알찬 사원이 되고자 노력하겠습니다. 이를 위해 입사 1년, 신속한 업무 파악과 조직 속 융화에 힘쓰겠습니다

4.

어깨 너머로 부서 업무를 재빨리 파악, 매 1분 1초 성심을 다해 업무에 임하면서 선배님들의 신뢰를 얻기 위해 노력하겠습니다. 이렇게 몸에 밴 성심의 습관으로 어떤 업무든 '최선과 최고'로써 과제를 완수하는 인재가 되겠습니다. 입사 후 3년, 탁월한 목표관리와 쉼 없는 자기계발로 업무의 효율성을 배가시키겠습니다. 무역 영어 1급, 일본어 자격증 취득뿐 아니라 끊임없는 관련 서적 독파로 Dream Challenger를 향한 ○○공업의 성장을 돕기 위해 성심성의를 다하는 인재가 되겠습니다.

5.

2007년 2월 상하이로 여행을 다녀왔을 때 제일 기억에 남았던 것은 '금무대하(金茂大厦)'라고 하는 랜드마크 타워에서 야경을 본 것이었습니다. 또 일본에 어학연수를 갔을 때는 도쿄의 '도쿄타워'와 '모리타워', 요코하마의 '랜드마크 타워'에서 야경을 본 것이 가장 기억에 남았습니다. 도시의 야경을 한 눈에 내려다 볼 수 있는 랜드마크 타워는 말 그대로 그 도시의 '상징'입니다. 그리고 '63시티'의 시설은 위의 세계적인 랜드마크 타워들과 비교해도 뒤지지 않습니다. 63시티에는 일본의 이케부쿠로에 위치한 선샤인시티, 롯폰기에 위치한 모리타워, 요코하마의 랜드마크 타워가 모두 담겨 있는 듯한데 이것이 사람들에게 큰 매력으로 작용할 것이기 때문입니다. 귀사에 입사한다면 서울을 찾아오는 수많은 외국인 관광객이 관광을 마치고 돌아갈 때 서울에서 가장 기억에 남는 관광지를 '63시티'라고 떠올릴 수 있도록 만들고 세계에서 손꼽히는 관광장소로 만드는 데 기여하고 싶습니다.

6.

귀사는 창의와 도전정신이 넘치는 창조적인 기업 문화를 구축하기 위해 외부 우수 인재를 적극 발굴해 채용하고 임직원을 '전문 경영인'으로 양성시킨다는 인재경영의 목표를 가지고 있습니다. 제가 귀사에 입사하게 된다면 마케팅 분야의 사원으로서 관련 직무를 빠르게 익히고 학습하여 전문성을 갖추겠습니다. 또한 회사에서 시행하는 교육을 모두 성실히 이행하고, 꾸준히 노력하여 영어실력도 더 높게 키울 것입니다. 도전을 위한 도전을 가치로 하여 다방면에서 많은 경험과 지식을 쌓아 귀사에 미소를 심는 든든한 지원군이 되겠습니다.

5. 자기소개서의 수정

모든 글은 수정해야 한다. 완벽한 글은 없다. 글을 고치다 보면 혼란스럽고 불확실했던 자기 생각을 가다듬게 된다. 생각을 가다듬다 보면 글이 단정해진다. 수정하지 않은 글은 거칠고 진부하며 동어반복이 있으며 중요한 것이 빠져 있고 빼야 할 것이 들어앉아 있다.

수정을 할 때에는 자신이 담으려고 했던 이야기가 정확하게 표현되었는지, 불필요한 사항은 없는지, 비문은 없는지, 진부한 부분은 없는지, 더 효과적인 방법은 또 없는지 등을 따져보아야 한다. 시간에 쫓기면 진부해진다.

지금부터 모 기업의 사회공헌 분야에 제출할 자기소개서를 쓰고 고치는 과정을 보여 주려고 한다. 졸업을 앞둔 김예지 학생(가명)은 어떤 기업의 사회공헌팀에 지원하기로 했다. 이 기업의 자기소개서 양식은 성장과정이나 성격 등 전형적인 내용을 쓰는 것이 아니라 다음과 같이 몇 가지 질문에 답하는 것으로 되어 있었다.

1. 지원하신 직무를 본인이 잘 수행할 수 있다고 생각하는 이유를 구체적으로 기술해 주세요.
2. 학교생활에서 일반적으로 경험하기 어려운 특별한 경험이나 남다른 성취가 있다면 기재하여 주시기 바랍니다.
3. 지원하신 회사, 직무, 근무지와 관련하여 특별히 희망하는 점이나 면접자에게 꼭 알리고 싶은 사항을 기재하여 주시기 바랍니다.
4. 위에 기술한 내용 외에 첨부하고자 하는 내용이 있으시면 아래에 이력서를 첨부하거나 추

가하실 내용을 기술하여 주세요.

이 질문에 답하기 위해 먼저 본인의 주요 이력 사항을 메모해 보았다.

김예지의 주요 이력: 사진동아리, 학술동아리, 휴학 중 배낭여행, 아르바이트, 축제 도우미, 음악동아리 회장

이력서와 자기소개서는 근본적인 차이가 있다. 이력서는 그동안의 경력 사항을 사실대로 적어놓은 것이지만, 자기소개서는 경험 자체가 아닌 그 경험을 통해서 어떤 능력이나 깨달음을 얻었는지를 설명하는 글이다. 지원하는 부서나 업무의 특성에 따라 길게 강조하거나 간단하게 언급하거나 아예 빼는 등 자기소개서를 작성할 때에는 전략적 접근이 필요하다.

사회공헌은 기업의 사회적 책임을 다하고 회사 수익의 일부분을 사회에 환원하기 위해 노숙인, 독거노인, 실업자, 한부모 가족, 빈민층 자녀, 다문화가정 등 소외계층과 사회적 약자를 위한 다양한 지원 업무를 담당하는 부서이다. 이러한 일을 제대로 수행하기 위해서는 사회적 연대 의식, 봉사 의식, 소통 능력, 기획 능력 등이 필요하다. 위의 주요 이력 중에서 이런 능력과 연결될 수 있는 이력을 남기고 나머지는 제외하기로 한다. 각각의 이력이 어떤 능력을 기르는 데 도움이 되었는지를 정리해 본다.

사진 동아리 ⇒ 삶의 다양성을 알게 됨, 폭넓은 인간관계를 가짐

아르바이트, 축제 도우미 ⇒ 의사소통 능력을 키움

음악동아리 회장 맡아서 음악회 기획, 교내 축제 총괄 ⇒ 기획력을 인정받음

김예지 학생은 자기소개서 작성 전략으로 신문 제목처럼 각 질문에 대한 답을 한 문장으로 제시하고 그 밑에 설명을 다는 방식을 취하기로 했다. 다음이 김예지 학생이 쓴 자기소개서 전문이다. 이 글을 읽고 부족한 점을 찾아보자.

1. 지원하신 직무를 본인이 잘 수행할 수 있다고 생각하는 이유를 구체적으로 기술해 주세요.

① 기획력 있는 그녀의 커뮤니케이션

CJ제일제당 사회공헌 분야에서 요구하는 원만한 의사소통 능력과 공연기획에 관한 잠재력을 지니고 있다고 확신합니다. 학창시절 동안 줄곧 다양한 경험을 통해 폭넓은 인간관계를 접하고 여러 행사를 기획하는 경험을 하였습니다.

특히 대학에서 사진동아리 활동을 통해 다양한 연령대의 사람을 만났습니다. 처음에는 사진을 찍기 위해 사람에게 접근했습니다. 하지만 차츰 사진을 매개로 사람에게 다가서는 저를 발견할 수 있었습니다. 놀이공원의 가족부터 종묘 앞 할아버지까지 사람을 만나 이야기 나누며 다양하게 살아가는 우리 시대를 바라보고 폭넓은 인간관계를 경험할 수 있었습니다. 그 밖의 여러 분야의 아르바이트 경험과 각종 축제 도우미로 참여하며 인간관계를 넓히고 의사소통 능력을 키울 수 있었습니다.

② 고등학교 시절 음악동아리 회장을 맡아 여름, 겨울 음악회를 기획하던 때의 설렘은 지금도 잊을 수 없습니다. 당시 새로운 프로그램을 기획하며 담당 선생님께 인정받았고 학생회 학예부장으로 추천되었습니다. 그 후 개교 이래 최대 규모의 교내 축제를 총괄하게 되었고 불철주야로 준비한 끝에 학생과 하나 되는 장으로 만들 수 있었습니다. 뿐만 아니라 대학시절 동아리 기획부장을 맡으며 10박 11일의 하계촬영을 비롯한 각종 행사를 도맡아 진행했습니다. 매 행사 때마다 부족한 부분을 반성하고 다음을 준비하는 속에 좀 더 나은 모습으로 거듭나고자 노력하였습니다.

이러한 경험과 능력을 바탕으로 CJ 사회공헌 팀에서 많은 실무지식과 노하우를 익혀 저의 잠재력을 발휘해 보고 싶습니다.

2. 학교 생활에서 일반적으로 경험하기 어려운 특별한 경험이나 남다른 성취가 있다면 기재하여 주시기 바랍니다.

③ 사서 고생하는 그대! 왜냐고 묻거든 도전이라 답하지요

학창 시절 항상 상위권의 성적을 유지해 오던 저는 대학교 2학년 2점대라는 터무니없는 학점을 받고 말았습니다. 그러나 그 속에는 저의 열정이 살아 숨 쉬고 있습니다.

대학교 2학년 동아리의 행사 담당 임원을 맡게 되었습니다. 특히 동아리의 가장 큰 행사인 정기전시회의 포스터와 도록을 제작한 일은 아직 기억에 남습니다. 충무로에 가면 영화관만 있는 줄 알았습니다. 하지만 충무로에는 수많은 골목이 있었고, 인쇄소로 가득했

습니다. 이전 선배들이 이용했던 학교 앞 인쇄소를 이용하여 손쉽게 제작할 수도 있었지만 기존과는 다른 형식의 도록을 만들고 싶다는 바람으로 충무로를 찾은 것입니다. 충무로의 골목을 돌고 돌며 여러 인쇄소를 찾아가 예산을 책정했습니다. 인쇄소에서 발행된 인쇄물들을 챙겨와 동기들과 의논하고 미대 선배에게 조언을 구하며 최적의 디자인을 만들기 위해 고심했습니다. 힘들었지만 모든 일이 순조롭게 진행되던 때, 사진인화가 제때 완성되지 않아 도록 발행이 늦어질지 모르는 상황이 발생하였습니다. 적어도 전시회날 아침까지는 완성시키겠다는 의지를 불태우며 인쇄소 사장님께 부탁드리는 동시에 저 또한 학교 앞 여러 인쇄소를 방문하였습니다. 마침 한 곳의 인쇄가 취소되어 그 곳에서 인쇄를 할 수 있었고 전시회 당일 아침 퀵서비스로 도록을 받아볼 수 있었습니다. 시간과 발품을 들여가며 완성된 도록은 동기들의 인정과 YB, OB선배들의 칭찬을 받을 수 있었습니다.

순간순간 최선을 다했고 즐겁게 임했기 때문에 후에 구멍난 학점을 재수강하는 데도 즐겁게 수강할 수 있었으며 좋은 성적을 거둘 수 있었습니다.

3. 지원하신 회사, 직무, 근무지와 관련하여 특별히 희망하는 점이나 면접자에게 꼭 알리고 싶은 사항을 기재하여 주시기 바랍니다.

혼자 꾸는 꿈은 단지 꿈에 지나지 않으며, 함께 꾸는 꿈은 현실이 된다.

노량진 수산시장에 갔던 어느 날, 뜻밖의 행복을 맛보았습니다. 사진을 찍게 해 준 것이 고마워 인화한 사진을 전해 주러 갔을 뿐인데, 되레 아저씨께서 너무 고맙다며 생선을 싸 주셨습니다. 너털웃음 짓던 아저씨 모습에 저 또한 행복하였습니다. 나로 인해 누군가 웃을 수 있다는 사실이 너무 감사했습니다. 그 후 저는 항상 나누며 살고 싶다는 꿈을 가져왔고, 각종 자원 활동과 헌혈, 한국어 도우미 등을 통해 실천해 왔습니다.

이제 CJ에서 나눔이 가장 큰 행복이라는 꿈을 함께 하고 싶습니다. 여타의 기업과 달리 CJ는 직원의 "업무시간 중 유급 자원봉사활동"을 통해 생활 속의 나눔을 현실화하고 있습니다. 일회성에 그치기 쉬운 기업의 사회환원사업을 "지속성"이라는 사회공헌 원칙을 내세우며 함께 나누는 삶을 만들어 가기 위해 적극 노력하고 있습니다. CJ의 함께 나누는 문화를 정착시켜 기업의 메세나 운동의 선구가 될 수 있도록 힘이 되겠습니다.

4. 위에 기술한 내용 외에 첨부하고자 하는 내용이 있으시면 아래에 이력서를 첨부하거나 추가

하실 내용을 기술하여 주세요.

"김예지는 자신이 하고 싶은 일을 즐길 줄 아는 사람입니다." 이 말은 제가 사회인으로서 살아갈 때 듣고 싶은 평가입니다. 하고 싶은 일을 할 때 더 많은 창조적인 사고가 가능하며, 발전을 위한 모티브를 개발해 낼 수 있습니다. 저는 안주하지 않고 끊임없이 도전할 것입니다.

④ CJ에서 발현하고 싶은 저의 준비된 역량은 다음과 같습니다.

1. 고객(Customer's custom)

홀로 자취 생활을 하는 제게 '햇반'은 엄마가 해 주는 그리운 밥이었습니다. 거사를 앞둔 저녁 무렵, 선배가 건네준 '컨디션'은 끝까지 살아남는 힘이 돼 주었습니다. 현재 저는 독립한 친구를 위해 햇반을 선물하고 후배를 향해 컨디션을 건네주는 사람이 되었습니다.

2. 존중(Respect) - 당신을 믿어요

저는 4년째 과외를 하고 있습니다. 여러 학생 중에 초등학교 6학년인데도 불구하고 사칙연산과 알파벳을 제대로 익히지 못한 학생이 있었습니다. 누구보다 속상해했을 그 학생을 격려하며 끌어나갔습니다. 과외가 세 달째 접어들 무렵, 학생은 빠지기 일쑤이던 과제를 꼬박꼬박 해 왔고 자신의 꿈을 이야기하는 자신 있는 모습으로 변하였습니다. 어떤 사람이든 가능성을 끝까지 믿어 주는 것이 중요하다는 것을 새삼 느낄 수 있었습니다.

3. 협동(Cooperation) - 밀어주고 끌어주고

10박 11일의 하계 촬영을 제주도로 다녀왔습니다. 30여 명의 학생을 인솔했던 당시, 숙소 근처로 촬영을 갈 계획이었습니다. 숙소를 나선지 얼마 되지 않아 장맛비가 내리기 시작하였습니다. 제가 머리가 되어 앞에서 끌고 동아리장이 뒤에서 멤버를 챙기며 이동하였습니다. 도로변을 따라 이동하는 중이라 빗길을 달리는 차들로 조심해야 했습니다. 옷은 비에 젖고 무거운 카메라 장비에 몸은 지쳐갔지만 콧노래를 불러가며 동기들과 하나 되어 아무런 사고 없이 촬영 장소까지 도착할 수 있었습니다.

4. 창의(Creativity) - 왕성한 지적 편력

후배들은 자신의 사진을 들고 와 곧잘 저에게 내밀었습니다. 사진의 제목을 지어 달라는 것이었습니다. 저는 사진에서 느껴지는 느낌을 제목으로 만들어 보였습니다. 평소 대학 주간지나 여러 잡지 및 책을 즐겨보던 것이 효력을 발휘하는 순간이었습니다.

5. 도전(Challenge) - 변화하기 위해!

항상 보고 듣고 느끼기 위해 노력하였습니다. 임진각에서 열리는 평화축전에 매일 아침 기차를 타고 가 참여하기도 하고, 후배들을 격려하기 위해 홀로 버스를 탔다 영월 어딘가 불시착하기도 했지만 많은 것을 경험하며 발전 있는 변화를 위해 열심히 노력하고 있습니다.

6. 정직(Honesty) - My Way

바르게살기 운동본부에서 자원봉사를 하시는 어머니와 6년간 청년회장을 맡아 오신 아버지의 삶 속에 '정직'이란 두 글자가 숨어 있었습니다. 이런 부모님의 가르침을 통해서 정직한 삶을 살았고, 경찰청의 포순이로 선발되기도 하였습니다. 바르게 살아온 것을 최고의 긍지로 여기며 지난 20여 년을 걸어왔습니다.

이러한 능력 위에 CJ의 체계적이고 전문적인 훈련과 선배님의 관심어린 지도를 얹어 주십시오. 저는 더욱 쓸모 있는 유능한 인재가 되어 보답하겠습니다.

위의 자기소개서는 오랫동안 준비하여 잘 작성한 글이지만, 몇 가지 고칠 점이 있다. 본문에 번호를 붙여 놓은 곳을 중심으로 살펴보자.

① 자기소개서에 자신을 집약적으로 표현하는 소제목을 다는 전략을 사용하였다. 그런데 '기획력 있는 그녀의 커뮤니케이션'이라는 제목은 다소 추상적이다. 이와 비슷한 구호는 다른 지원자도 비슷하게 쓸 것이다. 자신의 경험과 장점을 바탕으로 구체적으로 제시하는 것이 좋다. 본문의 내용을 보면 사진 동아리 활동과 공연 기획 경험이 있으니 이를 하나로 묶어 다음과 같이 표현하는 것이 더 구체적이다.

- 사진을 통한 소통 능력, 풍부한 공연 기획 경험
- 사진을 통한 소통, 공연 기획을 통한 통합 능력 탁월
- 사진으로 삶을 발견하다, 공연으로 기획을 알다

② 설명이 추상적이다. 여러 분야의 아르바이트, 각종 축제 도우미, 음악회의 '성공적 개최' 등의 설명은 구체성이 떨어진다. 인사담당자가 지원자의 경험을 상상할 수 있어야 한다. 그러기 위해서는 대표적인 에피소드를 한두 개 제시하는 것이 좋다. '새로운 프로그램'이 무엇인지 불분명하다. 그러면 상상하지 못한다. '개교 이래 최대 규모의 교내 축제'라든가, '선생님과 학생이 하나 되는 장'이라는 표현은 추상적이다. 어떤 새 프로그램을 제안해서 호응이 좋았는지, 규모가 어느 정도였고 그것은 예년과 어떤 차이가 났는지, 선생님과 학생이 하나 되는 느낌을 가장 선명하게 주는 장면은 무엇이었는지를 제시하는 것이 더 실감난다. 다른 단락에서도 사진을 찍으면서 소통의 소중함을 느꼈다는데 그게 무엇인지 더 구체적으로 설명해야 한다.

③의 제목도 추상적이다. 제목은 그저 멋있기만 해서는 안 된다. 자신의 경험이 녹아 있어야 한다. 그것이 아픈 기억이든 자랑스러운 기억이든 그것을 추상화하기 전에 글 속에 그것이 잘 들어가 있는지를 먼저 살펴야 한다. 다음과 같은 제목들을 생각해 보면 어떨까?

- 전시회 도록 제작과 학점을 맞바꾸다
- 전시회 성공을 위해 학점을 맞바꾸다
- 만인을 위한 전시를 위해, 나만을 위한 학점을 포기하다

④ 자신의 준비된 역량을 몇 개의 핵심 단어로 제시한 시도가 참신하다. 다만 이왕 이러한 방식을 택했다면 좀 더 세련되게 다듬으면 좋겠다. 예를 들어 본문을 보면 본인의 역량을 6개의 단어와 영문 대역으로 정리하고 있다.

고객(Customer's custom)

존중(Respect)

협동(Cooperation)

창의(Creativity)

도전(Challenge)

정직(Honesty)

위의 단어들은 조금만 다듬으면 지원하는 회사명(CJ)과 자연스럽게 연결할 수 있다. 정직(Honesty)을 이와 연결되는 '정의(Justice)'로 바꾸고, '존중(Respect)'을 '고객' 항목에 통합하면 '고객(Customer's custom), 협동(Cooperation), 창의(Creativity), 도전(Challenge), 정의(Justice)'가 되어 '4CJ'가 된다. 그렇다면 '예지4CJ'(예지 for CJ)처럼 명명(naming)을 할 수 있다.

6. 매력적인 자기소개서의 실례

아래의 자기소개서는 자유 형식으로 작성한 글이다. 출판사나 신문사, 광고회사, 홍보직 등 창조적인 아이디어와 개성을 중시하는 회사에서 취하는 방법이다.

이 출판사에서 낸 자료에 따르면 자기소개서에 담겨야 할 가장 중요한 사항은 '열정'과 '진심'이다. 자기소개서만 읽어보아도 글쓴이의 마음을 고스란히 알아챌 수 있다고 한다. '아, 이 친구가 정말 고민하면서 마음을 담아 썼구나' 혹은 '그냥 여러 출판사 중 하나로 우리 출판사를 선택했구나' 하는 것이 다 느껴진다는 것이다.

그러면서 이 회사의 인사담당자는 다음 5가지 요소를 중심으로 자기소개서를 읽고 평가한다고 한다. 첫째, 문장력. 화려한 수사보다는 담백하고 건조하더라도 비문이 없는지, 정확한 단어를 사용하고 있는지, 오탈자는 없는지를 살핀다. 둘째, 세계관. 사람살이와 사회에 대해 어떤 생각을 가지고 있는가를 본다. 셋째, 출판(혹은 편집)에 대한 생각, 어떤 책을 만들고 싶은가, 책을 만들고 싶어 하는 이유가 뭔가, 출판과 편집에 대한 정의가 명확하게 내려져 있는지를 보고, 지원자의 출판관이 해당 출판사의 출판관과 소통할 수 있는 범위 내에 있는가를 가늠해 본다. 넷째, 독서 이력. 출판사와 관련된 분야의 책들을 얼마만큼 읽었는지, 관심은 어느 정도인지를 파악한다. 다섯째, 해당 출판사를 어떤 곳으로 생각하고 있는가. 자신이 지원서를 내는 곳이 어떤 비전을 가지고 그 업계에서 어떤 위치를 점하고 있으며 어떤 상품(서비스)을 제공하는 곳인가를 정확히 알고 있는가를 본다. 본인이 해당 출판사에 들어가길 원한다면 그곳에서 출간한 목록들을 꼼꼼하게 리뷰해 보고, 해당 출판사의 슬로건과 비전, 홍보된 자료 등을 종합적으로 검토해 일종의 보고서를 써보라고 권한다. 그러면서 그 출판사의 도서 목록의 강점과 보완점을 자기소개서에 담는다면 좋을 것이라고 말한다.

이러한 요구는 특정 회사에 국한된 사항이 아니다. 자기소개서를 보면 '귀사는 국내 굴지의 기업'이니, '글로벌 스탠더드를 지향한다'느니, '귀사는 정직과 신뢰를 바탕으로 운영하고 있다'느니, '기술력과 자본력을 갖춘 귀사에서 함께 일하기를 간절히 원한다'느니 하는 진부한 글들이 넘친다. 그런 가운데에서 해당 업체에서 그동안 출시한 제품의 목록을 조사해 보고 시장에서의 반응이나 문제점 등을 분석하여 제시한다면 인사담당자의 눈을 잡아끌 수 있을 것이다.

내용이 다소 길지만 자유 형식의 자기소개서의 진수를 보여주는 것이라 전문을 그대로 싣는다.

■ 자기소개서의 실례 4

○ 이론편: 영문학, 교지 편집부, 그리고 출판학교

1. 전공은 영'문학'이지만 전공 수업은 문학적이기보다는 철학적이었다. 지젝, 프로이트, 라캉, 에드워드 사이드가 늘 등장했고, 에드가 앨렌 포의 소설을 보며 베이컨의 그림을 떠올리는 것이 어느 정도 자연스러워졌다. 세상의 모든 텍스트들이 'double'과 'uncanny'로 해석되던 때도 있었다. 공부의 즐거움, 그것은 늘 나에게 스릴과 긴장을 선물했다. 나

는 공부를 잘하는 아이는 아니었지만 교과서 바깥의 공부들로 너무나 즐거웠고, 고등학교 때 제목만으로 나의 미움을 샀던 그 책, 『공부가 제일 쉬웠어요』처럼 나도 공부가 제일 쉽다고 생각했다.

2. 내가 교지 편집부에 들어간 날을 정확히 기억한다. 2002년 3월 8일, 대학에 들어가서 처음으로 실감하는 '여성의 날'이었다. 자신들이 세상에서 가장 큰 피해자인 듯한 여성들의 간증에 몸둘 바를 몰라 했던 그날 저녁 이후였다. 공감하지는 못했지만 적어도 이해하고 싶었기 때문이었다.

교지 편집부는 조선일보에서 하지 않는 이야기를 하는 학내 언론이었다. 이미 세상에 많은 이야기를 할 필요는 없다고 생각하여, 우리는 소수자들의 목소리에 확성기를 달아 주었다. 책임감 있는 책을 만들기 위해, 손이 아닌 발로 글을 썼다. 행동했고, 또 공부했다. 방학 때면 일 주일 동안 합숙을 하며 세미나를 했고, 천성산에 가고, 새만금에 가고, 부안에 갔다. 뭐가 문제인지 우리의 눈으로 확인하고, 몸으로 느끼고, 그러고 나서 글로 썼다. 책은 그런 것이라고 생각했다. 나와 깊은 연관성을 가지고 있어야 비로소 진정성을 획득할 수 있는 것이라고.

3. 대학교 1학년, 사회비평아카데미에서 『자본』 강독을 할 때, 나는 '도대체 아마포가 뭐지?' 하는 물음밖에는 생기지 않았었다. 대학교 2학년, 『공산당 선언』을 읽고 나서는 아름다운 문장력에 감탄할 뿐이었다. 대학교 3학년, 『매트릭스』가 끝났고 나에게 마르크스를 들려주던 간사님은 〈매트릭스 세미나〉를 해 주셨다. 아, 세상은 연결되어 있는 것이구나. 대학교 4학년, 메리 셸리의 『프랑켄슈타인』을 읽고서 근대와 여성과 생태와 언어와 사회를 고민했다. 역시 문학과 사회는 결코 따로 존재하는 것이 아니었다.

4. 출판학교는 그 자체로 나에게 축복이었다. 내가 좋아하는 일, 하고 싶은 일들을 더 잘 할 수 있도록 해 주는 곳이었다. 막연하기만 했던 '책'과 '출판'이 학교에 와서야 비로소 손으로 만져지기 시작했다. 원고 검토를 할 적엔 무엇이 중요하고, 원고 교열을 할 적엔 무엇을 해야 하는지를 배웠다. 책 전체에 책임을 지는 것은 그것을 만든 편집자의 몫이었고, 따라서 책의 머리부터 발끝까지 하나하나 주의를 기울이는 것이 편집자가 할 일이었다. 늘 쓰던 단어도 국립국어원을 찾아보게 했고, 늘 보던 것도 다르게 보게 되고, 늘 읽던 책들

의 또 다른 면들을 보게 되었다.

눈 나빠지고, 몸 나빠진다는 어떤 이의 말. 그럼 어떤가. 좋아하는 일을 하는데.

○ 실천편: 나를 만든 일들, 내가 해나갈 일들

1. 2003년 이라크 전이 일어났고, 내 곁의 두 사람이 훌쩍 이라크로 날아갔다. 이라크 아이들에게 사탕을 주고 싶다는 이유였다.

나에게 처음 마르크스를 들려주었던 오빠가 평화의 신념을 가지고서 총을 잡을 수 없다며 감옥으로 향했다. 서울구치소에 그를 찾아갔을 때, 오빠의 밝은 얼굴을 기억한다. 행동하는 이의 아름다움이었다.

2. 대학교육을 받을 수 있다는 것, 수도권 소재의 대학을 다니고 있다는 것만으로도 나는 어느 정도 혜택을 누리고 있다고 생각했다. 철거촌에 가도, 장애인 이동권 투쟁을 가도 완전한 '입장의 동일함'은 불가능했다. 스스로 나의 연대를 공허하다 느낀 이유였다. 내가 그들을 보며 느낀 것은 '어쨌거나 나는 그들과 다르다'는 분리에서 오는 연민이었고, 그 불행은 내 것이 아니었다. 나의 구호가 공허한 외침이 되지 않을 수 있는 삶의 고민이 시작되었고, 대자본에 반대한답시고 코카콜라 컴퍼니와 패스트푸드점 보이콧을 시작했다. 그때가 대학교 2학년 때였다. 자연스럽게 비육식을 선택했고, 생태에 대한 문제를 머리가 아닌 몸으로 고민하기 시작했다. 세상은 생각했던 것보다 훨씬 육식적이었고, 따라서 남성적이었다. 내게 세상이 불편했던 이유들에 대한 근거를 책에서 차근차근 찾아내기 시작했다. 책은 나에게 원인이자, 결과였다.

3. 좋은 생각은 전염된다. 좋은 책도 전염된다. 책에서 찾은 좋은 생각을 전염시켜, 나와 같은 행동을 하는 사람들이 서넛에서 예닐곱으로 늘었다. 나와 친구들은 현금인출기에서 영수증을 받지 않고, 컵을 가지고 다니고, 자전거를 타고 다니면서 책이 갖는 엄청난 힘을 느낀다. 김규항 씨는 『고래가 그랬어』를 보고 햄버거를 먹지 않는 아이들이 생겼다며, 아이들에게서 책의 희망을 보았다 했다. 책의 가능성을 긍정하는 건 비단 김규항 씨뿐이 아니다. 나 역시도 책 한 권이 개인을 뿌리부터 뒤흔들어 놓을 수 있다고 믿는다. 그리고 내가 그런 책을 만들 수 있기를 희망한다.

4. 내 머릿속은 인문학과 문학이 적당히 버무려져 있다. 문학을 볼 때, 인문학적 배경으로 보면 그 텍스트가 훨씬 풍요로워지는 경험이 많았다. 그래서 내가 만들고 싶은 책들은 바로 인문학적 상상력으로 문학을 풀어내는 것들이다.

가끔 나에게 닥친 문제들을 인문, 사회과학 서적보다 소설 한 편, 시 한 편이 더 잘 풀어내는 경우가 종종 있다. 명쾌하고 합리적으로 세상을 해석하는 책들과 나에게 공감을 주는 책들 그 사이에 내가 원하는 책의 모습이 있다. 그 무엇도 따로 떨어져 있지 않다. 세상은 무수히 작은 점들로 연결된 하나의 선이고, 그 선에는 무수히 많은 개인과, 이야기와, 책이 있다. 점과 점, 선과 선을 이어줄 수 있는, 서로 다른 영역의 상상력을 결합시킬 수 있는 책을 만들고 싶다.

○ 설득편: 나를 뽑아야 하는 이유

1. "열심히 사는 너에게 꽃을 바친다. 내 꽃을 받아줘."

도착한 편지에는 꽃을 들고 있는 손이 있었다. 그런 식이다. 손 편지로 가득한 상자만 벌써 여러 개, 내 소통의 끈이다. 기본적으로 사람 자체에 관심이 많은 나는 궁금한 것도, 하고 싶은 말도, 듣고 싶은 말도 많다. 커뮤니케이션, 소통, 교감, 그것이 나의 강점이다. 출판학교에서 조별로 책 한 권씩을 만들면서도 소통의 필요성을 절감했다. 책을 만드는 이들과의 소통, 저자와의 소통, 독자와의 소통, 그 길이 막힌다고 할지라도 나는 언제든지 벽을 뛰어넘을 준비가 되어 있다.

2. 토익점수를 위해서도, 학교 시험을 위해서도 아니었다. 내가 영어 공부를 했던 것은 단순히, 언어에 대한 호기심에서였다. 영화와 음악을 좋아했던 과거, 같은 포인트에서 웃고, 같은 포인트에서 감정을 공유하고 싶은 마음에 영어공부를 했고, 그걸로 대학까지 갔다. 영어 텍스트를 다루는 일은 나에게 큰 즐거움이었다. 출판학교에서도 선생님께서는 개별 특화과제로 번역할 텍스트들을 툭툭 던져 주셨고, 나는 적합한 단어와 표현들을 고민하며 영어 텍스트들과 씨름했다. 엑설런트, 과한 칭찬이었지만, 선생님의 칭찬은 나를 춤추게 했고 그 이후 원서를 검토하여 원고 검토서를 쓰기도 하고, 한 권 분량의 원서를 통째로 번역해 보기도 하면서 나름의 강점이었던 영어를 심화 발전시킬 수 있었다.

언어에 대한 나의 호기심은 비단 영어뿐 아니라 일본어에까지도 이어졌는데, 출판학교에서 했던 일본어 스터디는 언어에 대한 내 열정의 결과였다. 아직 잘하지는 못하지만, 언제까지고 잘하지 못할 거라고는 생각하지 않는다.

3. 출판학교에서 나는 책의 물질성을 찾았다. 날원고부터 보도자료까지 책 한 권을 탄생시키면서, 책 이전에 구체적으로 어떤 작업들이 진행되는지를 몸소 경험했다. 번역 상태가 좋지 않은 원고를 다루면서 한국어 문장에 민감해져야 했고, 일상적인 단어도 항상 의심해야 했다. 출판학교에서 한국어 교열 연구 수업을 들으면서 배운 것들은, 나를 예전보다 훨씬 예민한 사람이 되도록 했고, 철저하게 독자의 입장이 되어서 문장을 다루도록 했다. 어쨌거나 책의 존재의미는 그것이 사람들에게 읽힐 때 비로소 생겨나는 것이라는 깨달음. 당연한 것이지만 직접 해보면서 몸으로 실감하는 깨달음이 많았다.

출판학교에서 찾은 것은 물질성 외에도 편집자의 '정신'이었다. 입학과 동시에 편집자의 상을 그려 보게 한 것은 시작과 동시에 위치적인 고민을 하게 하려 함이었을 것이다. 매일 써내야 하는 평가일지와 수강보고서 외에도 정기적인 토론과 페이퍼들은 편집자로서의 고민을 안 하려야 안 할 수 없도록 만들었다.

출판학교 전 과정을 통틀어 가장 중요한 것은 책 한 권을 만들어 보는 것이지만, 결과물로서의 책 한 권보다 그것을 만들어 가는 그 과정이야말로 학교에서 학생들에게 주려던 메시지였음을 느낀다. 조금이라도 문제라고 느낀 점을 해결해 나가고자 했던 선생님들의 피드백도 같은 이유에서 나온 것이라고 생각한다. 끊임없이 고민하게 하고, 끊임없이 평가하게 했다. 고민 없이, 반성 없이는 발을 들일 수 없는 세계이기에 5개월간 학생들은 끊임없이 달려야 했다.

이제 그 5개월간의 달리기가 끝마쳐 간다. 출판학교는 육체적으로나 정신적으로나 든든한 트레이너로서, 나를 이끌어 주었다. 진짜 세상에 나가더라도 진짜 잘 달릴 수 있도록.

4. 대학교에 와서야 '그린비'를 알았다. 일만 이천 대학생들의 세미나 교재 '철굴' 덕분이었다. 이후 동양사, 서양사에 대한 세미나를 하면서, 프란츠 파농의 책을 읽으면서, 리라이팅 클래식 시리즈를 읽으면서, 진심으로 전율했다. 단순히 책 한 권이 아닌 출판사 자체에 대한 믿음이 생겼다. 아, 이곳의 책은 그냥 믿고 선택할 수 있겠구나, 하는 생각이 들었다. 책의 상품성을 부정할 수는 없겠지만 어쩔 수 없이 지고 가야 하는 짐이라면 나의 가치관에 부합하는 방향으로 나아갔으면 한다. 책에 나의 진정과 진심을 담아 독자에게 전하고

싶다. 내가 생각하는 '책'은 곧 '진정성'이다.

누군가에게 책을 통해 그런 떨림을 전해줄 수 있는 일을 나도 '할 수 있을까' 생각해 본다. 그리고 그런 일을 '하고 싶다'고 생각해 본다. 그렇다면 '그린비라면 된다'고 생각해 본다. 그린비, 초록별 출판사에서 꿀벌과 같은 편집자로 일하고 싶다.

-그린비출판사(2009), 『gblog』 2권, 46~49쪽-

1. 인턴이나 아르바이트를 위해 자기소개서를 작성해 보자. 지원하는 업체는 자신의 전공이나 관심사를 중심으로 각자 정하자.

2. 취업 준비생이라고 가정하고 가상의 자기소개서를 작성해 보자. 자신이 이력이나 경험 등을 가상으로 상상하여 쓰되, 지원하는 분야나 업종을 구체적으로 정하여 써 보자.

3. 다음 사항에 대한 자기소개서를 작성해 보자.

① 학교생활에서 일반적으로 경험하기 힘든 특별한 경험이나 남다른 성취가 있다면 기재해 주시기 바랍니다.

② 지금까지 살아오면서 겪은 가장 큰 시련과 그것을 어떻게 극복했는지 써 주시기 바랍니다.

③ 자신이 가장 잘 다루는 도구가 무엇인지 써 주시기 바랍니다.

11장

글로 세상에 말을 걸자 — 에세이 쓰기

1. 에세이란 무엇인가

에세이란 수필과 동의어로 경수필(miscellany 또는 informal essay)과 중수필(essay 또는 formal essay)로 세분하기도 한다. 그러나 일반적으로 수필이라고 하면 문학적인 성격이 두드러진 경수필을 일컫는 경우가 많고, 에세이라고 말할 때는 논리성이 강한 중수필을 일컫는 것이 일반적이다. 요컨대 에세이란 하나의 주제를 평이하고 간단하게 쓴 글을 두루 일컫는 것으로, 소논문, 신문 사설, 칼럼 등을 예로 꼽을 수 있다.

에세이는 분량에 있어서는 길지 않지만 문학, 역사, 철학, 정치, 사회 등 모든 분야를 아우르면서 체계적이고 깊이 있는 논의를 펼친다. 그러나 논문처럼 '전문성'이 강조되는 글은 아니어서 연구 대상과 범위, 연구 방법 등을 체계적으로 서술하기보다는 일상적인 관심에서 출발한다. 자신의 주관적인 생각을 자유롭게 드러내는 것이 아니라 현실에 대한 날카로운 비판과 견해를 객관적으로 서술한다는 점에서는 감상문이나 편지, 일기, 여행기 등 일상적인 글과도 구별된다. 즉, 에세이는 현실의 다양한 문제들을 비판적인 시각으로 분석하되 일반인들을 독자로 삼아 논리적이면서도 객관적으로 자신의 주장을 펼치는 글이라 할 수 있겠다. 딱딱함과 유연함, 전문성과 일상성 등이 적절히 조화를 이루는 것이 에세이의 특징이다. 에세이가 편안하면서도 가볍지 않은 것은 그러한 강약의 조화 때문이다.

2. 에세이 쓰는 법

1) 주제 설정과 사고하기

신변잡기적인 내용보다는 사회적 현상을 주된 소재로 삼게 되는 것이 에세이의 내용적 특징이다. 경수필이 나를 겉으로 드러내는 개인적이고 주관적인 서술인데 반해, 에세이는 서술자인 나는 겉으로 드러나지 않는 경우가 대부분이다. 따라서 에세이는 역사, 철학, 과학 등의 다양한 내용을 포괄하되 현상이나 사실에 대한 비판적이고 분석적인 시각을 유지해야 한다. 이를 위해서는 다음과 같은 사고 훈련이 요구된다.

① 비판적으로 사고하라

문제점을 발견하기 위해서는 문제의식을 가지고 사회 현상을 비판적인 시각으로 바라볼 수 있어야 한다. 항상 '왜'라는 질문을 던지면서 당연하다고 여겨지는 현상들에 문제를 제기해야 한다. 다양한 시각에서 비판하고 고정 관념을 깨는 전복적 사고를 훈련함으로써 참신하고도 예리한 문제제기가 가능하게 된다.

② 분석적으로 사고하라

이미 일반화된 것처럼 보이는 사회 현상이나 고정관념에 문제를 제기했다면 그 원인을 분석하는 과정이 필요하다. 가시적인 현상 이면에는 그러한 현상을 가능케 한 원인들이 복합적이고 중층적으로 자리 잡고 있는 경우가 많다. 또한 각기 상이해 보이는 현상들이 하나의 원인에 기인하는 경우도 많으므로 다양한 현상과 원인들의 관계를 파악하면서 심층적으로 사고해야 한다. 문제를 분석하는 데에는 직관과 통찰력이 필요한 경우도 있으나 원인과 결과를 깊이 있게 따져보는 것만으로도 문제의 본질을 파악할 수 있다.

③ 논리적으로 사고하라

자기가 주장하는 바를 다른 사람에게 설득력 있게 전달하기 위해서는 감정보다는 논리가 유리하다. 논리성을 확보하기 위해서는 주장에 따른 합리적인 논거를 마련하는 것이 중요하지만 그보다 더 앞서는 것이 자신의 주장을 명확히 하는 것이다. 어떤 사실이나 현상에 대해 최대한 객관적인 시각을 유지하되, 자신의 태도나 주장을 확고히 해야 한다. 자신의 입장이 명확하지 않을 경우, 타인의 논리에 휘둘리기 쉬우므로 논리적 사고는 애초에 불가능해지는 것이다.

④ 종합적으로 사고하라

에세이는 사실이나 현상에 대해 문제를 제기함으로써 다른 사람들에게 비판적인 시각을 제공함으로써 '성찰' 그 자체에 의의를 두기도 하지만 가능하다면 대안을 제시해 줄 수도 있다. 비판과 반성을 통한 대안은 다양 다기한 현상과 문제들을 발견하도록 도와주며 이들을 종합해 내는 사고를 통해 긍정적이고 미래지향적인 대안을 제시할 수 있다.

2) 구성 및 서술하기

① 흥미로운 첫머리

글의 첫머리는 독자를 자신의 논의로 끌어들이는 기능을 한다. 따라서 독자의 흥미를 유발하면서 문제에 접근하는 것이 좋다. 이를 위해서는 다음과 같은 기술적 방법들이 사용된다.

■ 주제에 대한 정의로 시작하기

> 우선 '야만'이란 무엇인가 하는 점부터 생각하기로 합시다. 우리는 평소에 아무렇지도 않게 이 단어를 사용하고 있지만, 잘 생각해보면 이 단어가 정확히 무엇을 의미하는지 매

우 불분명하다는 것을 알 수 있을 겁니다.

(니카자와 신이치, 김옥희 옮김, 「야만을 내포한 현대사회」, 『곰에서 왕으로』, 동아시아, 19쪽)

자신의 경험과 생각으로 시작하기

서구인들은 한국에서 산낙지나 아직 입을 빼끔거리는 생선회를 보고 기겁을 한다. 삶은 채로 통째로 올라온 돼지머리, 특히 펄펄 끓는 물 속에 산 채로 들어가는 낙지를 보고는 경악을 금치 못한다. 하지만 비슷한 체험을 나도 독일에서 했다. 슈퍼마켓 냉장 판매대에 수북이 쌓인 냉동된 소의 혀 무더기, 판매대에 가지런히 걸려 있는 껍질 벗긴 토끼들을 보고 '엽기적'이라고 느꼈다. 한국에서 이런 건 주방에 있어야지 주방 밖에서 봐야 할 것들이 아니기 때문이다.

(진중권, 「식탁 위의 해부학」, 『호모 코레아니쿠스』, 웅진 지식하우스, 2007, 129쪽)

없는 사람들이 살기는 겨울보다 여름이 낫다고 하지만 교도소의 우리들은 없이 살기는 더합니다만 차라리 겨울을 택합니다. 왜냐하면 여름 징역의 열 가지 스무 가지 장점을 일시에 무색케 해버리는 결정적인 사실 - 여름 징역은 자기의 바로 옆사람을 증오하게 한다는 사실 때문입니다.

(신영복, 「여름 징역살이」, 『감옥부로부터의 사색』, 돌베개, 1998, 329쪽)

인용이나 예시로 시작하기

"나는 가난한 탁발승이오. 내가 가진 거라고는 물레와 교도소에서 쓰던 밥그릇과 염소젖 한 깡통, 허름한 요포 여섯 장, 수건 그리고 대단치도 않은 평판 이것뿐이오."

마하트마 간디가 1931년 9월 런던에서 열린 제2차 원탁회의에 참석하기 위해 가던 도중 마르세유 세관원에게 소지품을 펼쳐 보이면서 한 말이다. K. 크리팔라니가 엮은 <간디어록>을 읽다가 이 구절을 보고 나는 몹시 부끄러웠다. 내가 가진 것이 너무 많다고 생각되었기 때문이다. 적어도 지금의 내 분수로는.

(법정, 「무소유」, 『무소유』, 범우사, 1999, 23쪽)

질문과 대답으로 시작하기

보호무역주의가 경제 성장에 해가 된다면, 정작 보호 무역적인 정책을 펼친 영국과 미국 두 나라의 경제는 어떻게 해서 역사상 가장 성공적이 되었을까? 한 가지 가능한 대답은 영국과 미국이 보호 무역국가이기는 했으나, 그 보호 수준이 다른 나라들에 비해 약했기 때문에 보다 번영할 수 있었다는 것이다. 보호 무역주의 성향이 강한 것으로 유명한 프랑스나 독일, 일본과 같은 부자 나라들은 영국이나 미국보다 훨씬 높은 관세 장벽을 쌓지 않았을까?

하지만 현실은 그렇지 않았다. 1930년대의 스페인을 제외한다면 오늘날의 부자 나라 가운데 영국이나 미국만큼 강력하게 보호무역 정책을 실시했던 나라는 없다.

(장하준, 이순희 옮김, 「다른 나라들, 부끄러운 비밀들」, 『나쁜 사마리아인들』, 도서출판 부키, 2007, 92쪽)

문제가 된 배경을 설명하면서 시작하기

소문 통신에 따르면 '행복사냥'이 요즘 세계 몇몇 나라에서 대중적 유행이 되어 있다 한다. 영국에서는 행복론 계열의 책들이 무더기로 쏟아져 나와 사람들을 행복의 나라로 안내해 주고 있고(내 귀에 들려온 책 제목만도 대여섯 종은 된다) 여당 야당 할 것 없이 정치권이 부쩍 '행복의 정치학'이라는 것에 열을 올리고 있다는 소식이다. 미국에서는 '행복학' 강의가 대학의 인기 과목으로 올라섰다는 소문도 들린다. 우리도 그 몇몇 나라에 낀다. '웰빙'이라는 말은 업계가 수입한 지 몇 해 만에 중산층 이상의 사람들에게는 '팥빙수'보다 더 친근한 말이 되어 있다. '행복해지는 법'을 가르쳐주겠다고 공언하는 책들도 여럿 나와 있다.

(도정일, 「(행복=소유÷욕망)인가」, 〈한겨레 신문〉, 2006.7.28)

인쇄 미디어의 확산은 정치적 변통을 가져왔다. 성경의 번역과 인쇄술의 발전은 종교개혁이라는 거대한 물결을 만들어 냈고, 신문의 보급은 부르주아혁명을 앞당겼다. 신문이 보급되면서 공론장이 형성되었고, 공중(public)이 등장했다. 프랑스 대혁명 과정에서 출발한 '대중'이라는 사회학 개념은 포드주의를 내재한 텔레비전 시대에 경제적 개념이 되었다. 대량 생산된 텔레비전 프로그램을 '시청'이라는 행위를 통해 소비하는 사람은 자신도 모르는 사이에 동일한 상품을 소비하는 대규모 인간 덩어리의 일부로 편입된다. 텔레비전 만큼 동일한 상품에 대한 소비가 대량으로 일어나는 산업도 없다.

(노명우, 『텔레비전, 또 하나의 가족』, 프로네시스, 2008, 121~125쪽)

② 논리적인 본문

본문에서는 자신의 주장을 뒷받침하는 근거들을 제시함으로써 설득력을 확보해야 한다. 이 때 활용되는 논거들은 과학적이고 분석적인 추론이 될 수도 있고, 직·간접적인 경험을 통한 예시가 될 수도 있는데 경험을 통한 예시의 경우, 자신의 경험을 예로 들 수도 있고 통계 자료나 책 등을 인용할 수도 있다. 본문은 자신의 견해를 펼치는 부분이므로 주장에 따른 논거의 타당성을 확보하는 것도 중요하지만 무엇보다 애초에 가졌던 문제의식과 입장을 끝까지 견지하는 것이 가장 중요하다.

③ 인상 깊은 마무리

결론에서 논의를 어떻게 마무리하느냐에 따라 글의 성패가 좌우된다고 해도 과언이 아니다. 마무리는 간결하게 하되 자신의 주장이 선명하게 부각되도록 하는 것이 좋다. 일반적으로 활용되는 마무리는 '논의의 요약과 강조'인데 전망이나 제안 등도 함께 활용할 수 있다.

광우병의 근본 원인은 결국 인간의 육류 섭취의 급증이다. 육식을 선호하는 사람들은 인간이 오랫동안 동물을 먹고 진화했다고 주장한다. 하지만 사실 지난 수천 년간 대부분의 사람은 고기가 아닌 곡물을 먹고 생존해 왔다. 인간에게 고기를 제공하기 위해서 전 지구적으로 수백억 마리의 가축을 키우고 죽이며, 그 가축을 먹이기 위해 엄청난 곡물을 경작해야 한다. 이렇게 해서 과잉 섭취한 고기가 비만과 성인병의 원인이라면, 우리 식생활을 한번 근본적으로 다시 검토해 봐야 하지 않을까?

(홍성욱, 『홍성욱의 과학 에세이』, 동아시아, 2008, 168~171쪽)

자동차를 지혜롭게 극복할 수 있느냐 없느냐 하는 것은 지구상에서의 인류존속 가능성의 문제이기도 하지만, 무엇보다 '지금 이곳에서'의 인간의 삶의 온전성을 회복하는 문제이기도 하다. 자동차 문제의 궁극적 해결은 하나밖에 있을 수 없다. 그것은 자동차를 버리는 것이다. 자동차를 버리는 것으로써만 우리는 진정으로 인간다운 수준으로 성숙하는 것이 가능할 것이다.

(김종철, 『간디의 물레』, 녹색평론사, 1999, 191~193쪽)

3. 에세이의 실례

1) 현대 사회와 행복

인간이라면 누구나 행복을 꿈꾼다. 행복의 추구는 인간의 보편적 욕망이기는 하나 현대 사회에서 행복에 관한 담론은 자본주의와 만나면서 또 다른 성찰을 요구한다.

소문 통신에 따르면 '행복사냥'이 요즘 세계 몇몇 나라에서 대중적 유행이 되어 있다 한다. 영국에서는 행복론 계열의 책들이 무더기로 쏟아져 나와 사람들을 행복의 나라로 안내해 주고 있고(내 귀에 들려온 책 제목만도 대여섯 종은 된다) 여당 야당 할 것 없이 정치권이 부쩍 '행복의 정치학'이라는 것에 열을 올리고 있다는 소식이다. 미국에서는 '행복학' 강의가 대학의 인기 과목으로 올라섰다는 소문도 들린다. 우리도 그 몇몇 나라에 낀다. '웰빙'이라는 말은 업계가 수입한 지 몇 해 만에 중산층 이상의 사람들에게는 '팥빙수'보다 더 친근한 말이 되어 있다. '행복해지는 법'을 가르쳐주겠다고 공언하는 책들도 여럿 나와 있다.

영미 두 나라가 행복에 관심이 많은 것은 우연한 일이 아니다. '최대 다수의 최대 행복'이라는 말로 '행복'을 사회적 화두가 되게 한 것은 영국의 공리주의 철학이다. 미국의 경우, 폴 새뮤얼슨이 쓴 인기 경제학 교과서가 '행복의 공식'이란 걸 들고 나와 대학 학부생들을 유혹하기 시작한 것은 벌써 20년도 더 된 일이다. 무엇보다도 두 나라는 자본주의, 시장 경제, 자유무역, 세계화, 신자유주의의 선도국이다. 자본주의 선도국들은 행복을 강조할 필요와 의무가 있다. 자본주의가 사람들을 행복하게 해준다면 그걸 자랑하기 위해서도 "봐라, 우리는 행복하다"고 떠들 필요가 있고, 자본주의가 약속과 달리 사람들을 비참하게 한다면 그 비참을 덮고 가리기 위해서, 그리고 그 비참에 비례해서, 행복해지는 법("불행은 네 탓이야")의 개인적 터득 기술을 열심히 사람들에게 가르쳐주어야 한다. 그런데 우리는 뭔가?

21세기 초 도시 중산층 이상의 한국인을 지배하는 정신 상태는 두 개의 강력한 '코드'에 관통 당해 있다. 더 날씬한 은유가 생각나지 않아 좀 투박하게 대놓고 말하자면, 하나는 '탐욕의 코드'이고 또 하나는 '선망의 코드'다. 탐욕의 코드는 폴 새뮤얼슨이 말한 자본주의적 '행복의 공식'을 따른다. 이 경제학자가 내놓은 계산법에 의하면 행복(H)은 욕망(D) 분의 소유(P)다. 내가 원하는 것을 얼마만큼 소유했는가가 나의 행복을 결정한다. 내가 100을 원하는데 100을 가지고 있으면 나는 완벽하게 행복하다. 그러나 100을 원하는데 가진 것은 20뿐이라면 내 행복은 완전치의 1/5에 불과하다. 이 경우 나는 겨우 20 퍼센트만 행복하고 80 퍼센트는 불행하다. 그러므로 소유하라, 친구여, 욕망의 크기만큼 소유하고 그 소유를 달성하기 위해 뛰어라, 그러지 않으면 너는 불행을 벗어날 길이 없다. 네가 뛰어야 네 부동산도 뛴다.

선망의 코드는 "저 자는 갖고 있는데 나는 없어, 이건 안 되지, 암. 안 될 일이고 말고"라고 사람들을 들쑤셔 견딜 수 없게 만드는 전염성 질투의 부호다. 저 사람이 갖고 있는 것은 나도 가져야 한다. 내가 저 인간만큼 갖지 못한다면 나는 불행하다. 내가 가질 행복을 저 자가 갖고 있네 그랴? 저런 도둑놈, 내 행복을 훔쳐가다니. 화가 치미는 바로 그 순간에 질투의 여신이 나타나 행복에 이르는 길을 확인시켜 준다. 저 자가 가진 것은 너도 가져라, 훔쳐서라도. 그러면 행복은 네 것이다. 아니, 너는 저 자가 가진 것 이상으로 가져야 해. 저 녀석이 100을 가졌다고? 그러면 너는 200을 가져, 300이면 더 좋고.

탐욕과 선망의 부호가 행복의 공식이 될 수 없다는 것을 일찌감치 알려준 것은 석가모니다. 욕망의 크기는 무한해서 그것을 충족시킬 방도가 없다는 것, 그것을 알게 된 것이 붓다의 '깨침' 가운데 하나다. 욕망은 일정량의 크기로 묶이지 않는다. 100을 바라던 욕망은 그 100을 소유하는 순간 200으로 불어나고, 200을 갖는 순간 300으로 커져 달아난다. 욕망의 크기를 정할 수 없기 때문에 소유를 키우는 방법으로 행복에 도달한다는 것은 신기루 잡기다. 그러므로 욕망의 크기를 줄여라. 그것만이 평온에 이르는 길이다. 욕망이 제로일 때는 제로의 소유만으로도 너는 행복하다. 재갈 물리지 않은 욕망이 탐욕이다. 그 탐욕이 충족되지 않아 너를 화나게 하고 질투하게 하는 것이 '진'(분노)이며 이 간단한 진리를 모르는 것이 '치'(어리석음)다. 그러므로 욕망을 다스려라, 줄여라, 끊어라, 그리고 평화로워라, 친구여.

그러나 자본주의적 행복의 공식이 행복은커녕 불행, 불안, 불만의 기원이라면, 석존의 평화 공식만으로 이 지상에 살 수 있는 사람도 히말라야의 도인 말고는 아무도 없다는 것 역시 인간 세계는 안다. 욕망을 제로 지점에 두는 것이 '니르바나'라면, 욕망이 제로 포인트로 돌아가는 그 열반은 죽음의 순간에만 가능하다. 생물학의 관점에서 보면 죽음은 생명체의 목표가 아니다. 사회적 관점에서도 그러하다. 모두 죽어서 니르바나에 들자고 주장하는 '열반당'이 정치의 세계에 뜰 수 있는 가능성은 그야말로 제로다. 욕망이 아니라면 인간 세계에서는 아무 일도 일어날 수 없다. 생존에 필요한 욕망과 과잉의 탐욕은 서로 성질이 다르다. 그러나 석존의, 혹은 동양적 정신세계의 가르침은 현대인의 불행감을 다스리는 데 너무도 중요하고 요긴하다. 사람들의 탐욕과 선망을 부추기지 않고서는 단 하루도 지탱되지 않는다는 것이 현대 경제의 치명적 결함이며 현대인의 삶을 괴롭히는 딜레마다. 이 결함을 치유하고 딜레마를 풀 방법이 있을까? 동양 문화권에 속한다면서 동양의 정신적 가치는 시궁창에 던지고 탐욕과 선망의 코드에 나포되어 있는 것이 지금 우리 사회다. 그러나 그 치명적 결함을 고쳐 나가야 하는 것이 현대 문명의 과제이자 우리 사회의 과제다.

고통과 불행은 그 자체로는 결코 예찬할 것이 못 된다. 많은 경우 그것은 무의미하고 잔인하다. 그러나 삶이 고통과 불행을 수반한다는 것 역시 아무도 피할 수 없는 인간세계의 현실이다. 만약 행복의 추구가 불행의 완벽한 제거와 고통의 회피에 목표를 둔다면 그 목표는 달성 불가능할 뿐 아니라 그 목표 자체가 고통의 기원이 된다. 완벽한 행복의 추구란 가능하지 않다. 그것은 이미 삶의 진실이 아니며, 영국 심리학자 애덤 필립스의 주장처럼 인간 사회의 도덕적 이상도 아니다. 사람들이 행복해지는 법을 열심히 찾아 헤매야 하는 사회는 행복한 사회가 아니다. 그것은 오히려 절망의 사회다.

(도정일, 「(행복=소유÷욕망)인가」, <한겨레신문>, 2006.7.28)

위의 글은 과도하게 '행복'을 추구하는 사회 현상에 문제를 제기한다. 이러한 사회현상의 이면에는 자본주의 선도국들의 불순한 의도가 깔려 있다는 점을 간파하면서 '우리는 뭔가?'라는 의문을 던진다. 근본적인 원인을 간과한 채 꼭두각시놀음을 하고 있는 것은 아닌지 반성을 요구하면서 그러한 반성을 바탕으로 우리 사회 현상을 '탐욕'과 '선망' 두 개의 코드로 분석해 낸다. 예리한 분석과 통찰을 통해서 현상의 문제들을 정확히 짚어내고 있는 것이다. 글쓴이는 경제학자 폴 새뮤얼슨이 말한 자본주의적 '행복의 공식(행복=소유÷욕망)'에 의문을 제기하면서 탐욕의 코드가 이에서 기인한 것으로 파악한다. 이러한 '현대사회의 치명적 결함'을 치유하기 위해 글쓴이가 대안으로 제시한 것은 동양적인 가르침이다.

한편 인간의 채워지지 않는 소유욕과 욕망은 인간 개인에 국한되는 문제만은 아니다. 다음 글은 눈에 보이지 않는 메커니즘이 작동하면서 사회 자체가 개인으로 하여금 소비하도록 부추기고 있음을 간파하고 있다.

대량생산 - 대량소비의 경제학

인쇄 미디어의 확산은 정치적 변동을 가져왔다. 성경의 번역과 인쇄술의 발전은 종교개혁이라는 거대한 물결을 만들어 냈고, 신문의 보급은 부르주아혁명을 앞당겼다. 신문이 보급되면서 공론장이 형성되었고, 공중(public)이 등장했다. 프랑스 대혁명 과정에서 출발한 '대중'이라는 사회학 개념은 포드주의를 내재한 텔레비전 시대에 경제적 개념이 되었다. 대량 생산된 텔레비전 프로그램을 '시청'이라는 행위를 통해 소비하는 사람은 자신도 모르는 사이에 동일한 상품을 소비하는 대규모 인간 덩어리의 일부로 편입된다. 텔레비전만큼 동일한 상품에 대한 소비가 대량으로 일어나는 산업도 없다. 매일 저녁 인기 드라마가 방송되면 수천만 명의 사람들이 몰입하여 동일한 상품을 시청(소비)한다. 아무리 인기 있는 자동차라 하더라도, 아무리 혁신적인 핸드폰이라 하더라도 이렇게 많은 사람들의 소비를 이끌어낼 수는 없다. 오직 텔레비전 산업만이 그 꿈을 실현한다.

고대 아테네인들은 도시 설계를 할 때 정치의 장소인 프닉스(Pnyx)와 경제의 장소인 아고라(Agora)를 공간적으로 분리했다. 정치의 공간과 경제의 공간을 분리해야 하는 이유는 명확했다. 아테네인들은 경제는 욕망에 따라 움직이지만, 정치는 정의에 따라 움직인다고 생각했다. 경제의 원리와 정치의 원리는 상호 충돌한다. 따라서 경제의 공간과 정치의 공간은 분리되어야 했다. 그런데 텔레비전은 이러한 분리를 쓸모없게 만든다. 발터 벤야민이 근대성의 형성을 분석하기 위해 모델로 삼았던 파사주(Passage)를 어슬렁대는 산보자 개념은 더 이상 의미가 없다. 현대의 산보자는 자신의 몸을 움직여 신상품들이 미로처럼 전시되어 있는 파사주와 백화점을 산보할 필요가 없다. 광고가 있기 때문이다. 텔레비전 프로그램과 프로그램 사이를 이어주는 광고는 시청자들로 하여금 거실에 앉아서 상품 사이를 산보할 수 있도록 만들어준다.

텔레비전 프로그램은 사회의 최신 경향을 개인에게 그 어떤 미디어보다 빠르게 전달한다. 홍수가 났을 때 텔레비전 방송국의 카메라는 재난 현장에 그 어떤 미디어보다 빨리 도착하며, 가장 빠르게 재난 현장을 거실로 전송한다. 중요한 사건 사고가 벌어지면, 신문은 고작 호외를 발행할 수밖에 없지만 텔레비전은 훨씬 기민하게 대응할 수 있다. 중대사가 벌어지면, 텔레비전의 일상적인 흐름은 깨지고, 그 흐름 사이로 긴급 사건에 기민하게 대응하는 방송국 카메라가 끼어든다. 긴박한 상황이 화면을 통해 전송되고, 현장을 중계하는 앵커의 목소리가 다급해지며 텔레비전 화면의 오른쪽에 'LIVE'라는 글자가 깜박이며, 최신 흐름을 좇아가는 텔레비전이라는 외양은 완벽하게 갖춰지는 셈이다.

텔레비전 자체가 '최신'의 은유가 된다. 텔레비전에 등장한 것은 다른 미디어에 등장한 것보다 항상 '최신'이다. 따라서 '최신'을 알기 위해서는 텔레비전을 봐야 한다. 텔레비전이라는 미디어에 붙여진 '최신'이라는 이미지는 텔레비전을 '신상품'의 전시장으로 만든다. 텔레비전에는 매일매일 신상품이 넘쳐난다. 광고는 매일매일 새로운 상품을 소개하고, 홈 쇼핑 채널에서는 아예 한술 더 떠 일 년 365일 신상품을 소개한다.

텔레비전을 타고 흐르는 광고만이 시청자를 소비주의로 유혹하는 주인공일까? 나는 텔레비전 광고를 절대 보기 않기에 텔레비전이 설치한 소비라는 유혹의 덫에 빠지지 않는다고 항변해도 소용없다. 소비주의는 프로그램과 프로그램 사이에만 흐르지 않는다. 프로그램 내부에도 소비주의는 흐른다. PPL(Product Placement)이라는 명목으로, 그리고 협찬이라는 보다 노골적인 방법으로 텔레비전에 등장하는 사람들은 마네킹이 된다. 드라마의 세트 속에는 최신 상품이 노골적으로, 때로는 은밀하게 전시된다. 드라마 주인공은 최신 주거 형태에 산다. 오피스텔이 대세일 때 주인공은 오피스텔에 살고, 타운 하우스가 대세일 때 주인공의 거주지는 타운 하우스에 있다. 주인공이 냉장고에서 음료수를 꺼낼 때 그가 여는 냉장고는 최신 모델이다. 그가 음료수를 들고 소파로 오면, 그 소파는 가구 업계가 그 시즌에 최신 상품으로 내놓은 물건이다. 그가 잠들기 위해 입는 잠옷, 침대, 침대 커버 모두 최신이다. 심지어 유행이나 소비주의를 엄격하게 꾸짖는 뉴스 프로그램 앵커 또한 늘 최신 양복을 입고 있고, 그가 매고 있는 넥타이는 그 시즌에 백화점에서 가장 '핫'하게 팔리는 물건이다. 시청자는 텔레비전을 보고 있는 시간만큼 백화점을 어슬렁대고, 남들의 살림살이를 엿보고 있는 셈이다.

텔레비전을 보고 나서 자신의 집안을 살펴보라, 어떤 느낌이 드는가? 집안에 있는 물건은 텔레비전에 등장하는 물건과 다르다. 옷장 문을 열면 나의 옷은 모두 시대에 뒤떨어진 느낌이다. 심지어 거울로 내 얼굴을 보면, 얼굴조차도 최신 트렌드를 따라가고 있지 못하다고 자책하게 된다. 이러한 압박감은 결국 소비 행위로 이어진다. 내가 어떤 물건을 구매할 때, 나는 그 물건이 필요해서 샀다고 생각하지만, 나의 배후에는 텔레비전이 있다. 텔레비전은 "소비사회 시민으로서의 자격을 얻기 위해 소비자가 소지해야 할 최소한의 공통 파노폴리(Panopoly)로서의 표준적인 짐 꾸러미(Standard Package)"를 제공한다.

(노명우, 『텔레비전, 또 하나의 가족』, 프로네시스, 2008, 121~125쪽)

위의 글은 미디어의 발달과 함께 형성된 대중이 역으로 미디어에 종속됨으로써 소비를 위한 '인간 덩어리'로 개인이 편입되는 문제 현상을 짚어내고 있다. '정치의 장소'와 '경제의 장소'를 분리했던 고대와 달리 현대는 텔레비전을 중심으로 경제·정치가 공존하면서 긴밀하게 영향관계를 주고받는다는 것이다. 매일 새로운 신상품이 쏟아져 나오는 광고나 노골적으로 신상품을 쏟아내는 홈쇼핑 채널은 말할 것도 없고, 드라마의 PPL이나 협찬을 통한 내부 광고, 심지어 소비주의를 비판하는 뉴스에까지 새롭게 등장하는 신상품은 개인의 소비 욕구를 부추기고 소비주의를 조장한다고 지적하면서 현실을 비판적으로 분석해 내고 있다. 이러한 분석을 통해 우리는 우리가 속한 사회의 메커니즘을 이해할 수 있게 되고, 스스로에 대해서도 눈을 뜰 수 있게 되는 것이다.

다음에 이어질 법정 스님의 유명한 에세이는 현대 사회와 행복에 대한 문제제기가 있기 이전에 발표된 것이다. 현상적인 문제가 심화되기 전에 이미 현대 사회에 대한 통찰을 통해 대안을 제시하고 있었던 것이다. 이 글은 자신의 경험을 통한 진솔한 반성과 함께 독자로 하여금 소유의 역사와 그로 인한 폭력의 역사를 되돌아보게 만든다. 이처럼 자신의 개인적인 경험을 바탕으로 하면서도 읽는 이들에게 경계와 성찰을 촉구하는 글을 써 보자(1,000자 내외).

"나는 가난한 탁발승이오. 내가 가진 거라고는 물레와 교도소에서 쓰던 밥그릇과 염소젖 한 깡통, 허름한 요포 여섯 장, 수건 그리고 대단치도 않은 평판 이것뿐이오."

마하트마 간디가 1931년 9월 런던에서 열린 제2차 원탁회의에 참석하기 위해 가던 도중 마르세유 세관원에게 소지품을 펼쳐 보이면서 한 말이다. K. 크리팔라니가 엮은 <간디어록>을 읽다가 이 구절을 보고 나는 몹시 부끄러웠다. 내가 가진 것이 너무 많다고 생각되었기 때문이다. 적어도 지금의 내 분수로는.

사실, 이 세상에 처음 태어날 때 나는 아무것도 갖고 오지 않았었다. 살 만큼 살다가 이 지상의 적(籍)에서 사라져 갈 때에도 빈손으로 갈 것이다. 그런데 살다 보니 이것저것 내 몫이 생기게 된 것이다. 물론 일상에 소용되는 물건들이라고 할 수도 있다. 그러나 없어서는 안 될 정도로 꼭 요긴한 것들만일까? 살펴볼수록 없어도 좋을 만한 것들이 적지 않다.

우리들이 필요에 의해서 물건을 갖게 되지만, 때로는 그 물건 때문에 적잖이 마음이 쓰이게 된다. 그러니까 무엇인가를 갖는다는 것은 다른 한편 무엇인가에 얽매인다는 것이다. 필요에 따라 가졌던 것이 도리어 우리를 부자유하게 얽어맨다고 할 때 주객이 전도되어 우리는 가짐을 당하게 된다. 그러므로 많이 갖고 있다는 것은 흔히 자랑거리로 되어 있지만, 그만큼 많이 얽혀 있다는 측면도 동시에 지니고 있다.

나는 지난해 여름까지 난초 두 분을 정성스레, 정말 정성을 다해 길렀었다. 3년 전 거처를 지금의 다래헌(茶來軒)으로 옮겨왔을 때 어떤 스님이 우리 방으로 보내준 것이다.

혼자 사는 거처라 살아 있는 생물이라고는 나하고 그 애들뿐이었다. 그 애들을 위해 관계 서적을 구해다 읽었고, 그 애들의 건강을 위해 하이포넥스인가 하는 비료를 구해오기도 했었다. 여름철이면 서늘한 그늘을 찾아 자리를 옮겨 주어야 했고, 겨울에는 그 애들을 위해 실내 온도를 내리곤 했다.

이런 정성을 일찍이 부모에게 바쳤더라면 아마 효자 소리를 듣고도 남았을 것이다. 이렇듯 애지중지 가꾼 보람으로 이른 봄이면 은은한 향기와 함께 연둣빛 꽃을 피워 나를 설레게 했고, 잎은 초승달처럼 항시 청정했었다. 우리 다래헌을 찾아온 사람마다 싱싱한 난초를 보고 한결같이 좋아라 했다.

지난해 여름 장마가 갠 어느 날 봉선사로 운허노사(耘虛老師)를 뵈러 간 일이 있었다. 한낮이 되자 장마에 갇혔던 햇볕이 눈부시게 쏟아져 내리고 앞 개울물 소리에 어울려 숲속에서는 매미들이 있는 대로 목청을 돋구었다.

아차! 이때서야 문득 생각이 난 것이다. 난초를 뜰에 내놓은 채 온 것이다. 모처럼 보인 찬란한 햇볕이 돌연 원망스러워졌다. 뜨거운 햇볕에 늘어져 있을 난초잎이 눈에 아른거려 더 지체할 수가 없었다. 허둥지둥 그 길로 돌아왔다. 아니나다를까, 잎은 축 늘어져 있었다.

안타까워하며 샘물을 길어다 축여 주고 했더니 겨우 고개를 들었다. 하지만 어딘지 생생한 기운이 빠져나간 것 같았다.

나는 이때 온몸으로 그리고 마음 속으로 절절히 느끼게 되었다. 집착이 괴로움인 것을. 그렇다, 나는 난초에게 너무 집념한 것이다. 이 집착에서 벗어나야겠다고 결심했다. 난을 가꾸면서는 산철(승가僧家의 유행기遊行期)에도 나그네 길을 떠나지 못한 채 꼼짝을 못했다. 밖에 볼일이 있어 잠시 방을 비울 때면 환기가 되도록 들창문을 조금 열어놓아야 했고, 분(盆)을 내놓은 채 나가다가 뒤미처 생각하고는 되돌아와 들여놓고 나간 적도 한두 번이 아니었다. 그것은 정말 지독한 집착이었다.

며칠 후, 난초처럼 말이 없는 친구가 놀러 왔기에 선뜻 그의 품에 분을 안겨주었다. 비로소 나는 얽매임에서 벗어난 것이다. 날아갈 듯 홀가분한 해방감. 3년 가까이 함께 지낸 '유정(有情)'을 떠나보냈는데도 서운하고 허전함보다 홀가분한 마음이 앞섰다.

이때부터 나는 하루 한 가지씩 버려야겠다고 스스로 다짐을 했다. 난을 통해 무소유(無所有)의 의미 같은 걸 터득하게 됐다고나 할까.

인간의 역사는 어떻게 보면 소유사(所有史)처럼 느껴진다. 보다 많은 자기네 몫을 위해 끊임없이 싸우고 있다. 소유욕에는 한정도 없고 휴일도 없다. 그저 하나라도 더 많이 갖고자 하는 일념으로 출렁거리고 있다. 물건만으로는 성에 차질 않아 사람까지 소유하려 든다. 그 사람이 제 뜻대로 되지 않을 경우는 끔찍한 비극도 불사하면서, 제 정신도 갖지 못한 처지에 남을 가지려 하는 것이다.

소유욕은 이해와 정비례한다. 그것은 개인뿐 아니라 국가 간의 관계도 마찬가지다. 어제의 맹방들이 오늘에는 맞서게 되는가 하면, 서로 으르렁대던 나라끼리 친선 사절을 교환하는 사례를 우리는 얼마든지 보고 있다. 그것은 오로지 소유에 바탕을 둔 이해관계 때문이다. 만약 인간의 역사가 소유사에서 무소유사로 그 방향을 바꾼다면 어떻게 될까. 아마 싸우는 일은 거의 없을 것이다. 주지 못해 싸운다는 말은 듣지 못했다.

간디는 또 이런 말도 하고 있다.

"내게는 소유가 범죄처럼 생각된다……."

그는 무엇인가를 갖는다면 같은 물건을 갖고자 하는 사람들이 똑같이 가질 수 있을 때 한한다는 것. 그러나 그것은 거의 불가능한 일이므로 자기 소유에 대해서 범죄처럼 자책하지 않을 수 없다는 것이다. 우리들의 소유 관념이 때로는 우리들의 눈을 멀게 한다. 그래서 자기의 분수까지도 돌볼 새 없이 들뜬다. 그러나 우리는 언젠가 한 번은 빈손으로 돌아갈 것이다. 내 이 육신마저 버리고 훌훌히 떠나갈 것이다. 하고 많은 물량일지라도 우리를 어떻게 하지 못할 것이다.

크게 버리는 사람만이 크게 얻을 수 있다는 말이 있다. 물건으로 인해 마음을 상하고 있는 사람들에게는 한번쯤 생각해 볼 말씀이다. 아무것도 갖지 않을 때 비로소 온 세상을 갖게 된다는 것은 무소유의 또다른 의미이다.

(법정, 「무소유」, 『무소유』, 범우사, 1999, 23~27쪽)

2) 객관적 시각과 비판적 현실 인식

사물이나 현상에 대해 정확한 인식은 대상과 일정한 거리를 유지하면서 객관적 시각을 유지 했을 때라야 가능하다. 우리가 현실을 직시하지 못하는 이유는 우리가 현실 속에 위치해 있기 때문이다. 자신이 처한 현실을 냉정하게 비판하고 분석하기 위해서는 현실과 자신을 분리하여 객관적인 시각을 유지할 필요가 있다. 다음의 글은 현실과 어떻게 객관적인 거리를 유지할 것인가를 잘 보여주는 사례다.

내게는 여섯 살 난 아들이 있다. 이름은 진규다. 아들은 나에게 의존하여 생활하고 있지만, 스스로 생활비를 벌 충분한 능력이 있다. 나는 아들의 의식주 비용과 교육 및 의료 비용을 지출하고 있지만, 내 아들 또래의 아이들 수백만 명은 벌써부터 일을 하고 있다. 18세기에 살았던 다니엘 디포는 아이들은 네 살 때부터 생활비를 벌 수 있다고 생각했다.

뿐인가. 일을 하면 진규의 인성 개발에도 많은 도움이 될 것이다. 아이는 지금 온실 속에 살고 있기에 돈이 중요한 줄도 모르고 지낸다. 아이는 자기 엄마와 내가 저를 위해 노력하는 것에 대해, 자신의 한가로운 생활을 보조하고 자신을 가혹한 현실로부터 보호해 주는 것에 대해 전혀 고마움을 모른다. 아이는 과잉보호를 받고 있으니 좀 더 생산적인 인간이 될 수 있도록 경쟁에 노출시켜야 한다. 아이가 경쟁에 더 많이, 그리고 더 빨리 노출될수록 미래에 아이의 발전에는 더 많은 도움이 될 것이고, 아이는 힘든 일을 감당할 수 있는 정신력을 갖추게 될 것이다. 나는 아이를 학교에 보내지 말고 일을 하게 해야 한다. 아이에게 더 많은 직업 선택의 기회를 주기 위해서 아이 노동을 합법적이거나 최소한 묵인이라도 되는 나라로 이주할 수도 있는 노릇이다.

내 귀에는 여러분이 나를 보고 미친 사람이라고 욕하는 소리가 들린다. 생각이 짧다고, 매몰찬 사람이라고. 여러분은 나에게 아이를 보호하고 양육해야 한다고 말할 것이다. 내가 여섯 살 먹은 아이를 노동 시장으로 몰아넣는다면 아이는 약삭빠른 구두닦이 소년이 될 수도 있고, 돈 잘 버는 행상이 될 수도 있다. 하지만 뇌수술 전문의나 핵물리학자가 되는 일은 결코 없을 것이다. 만일 아이가 그런 직업을 가지려면, 내가 앞으로 적어도 10년 이상의 세월 동안 보호와 투자를 해야 할 것이다. 여러분이 단순히 세속적인 관점에서 보아도 아이를 학교에 보내지 않아 절약되는 돈을 보고 히죽거리는 것보다는 아이의 교육에 투자를 하는 편이 현명하다고 말할 것이다. 어쨌든 내 생각이 옳다면, 올리버 트위스트는 생각이 짧은 착한 사마리아인 브라운로우 씨의 손에 구조되는 것보다는, 늙은 악당 페긴을 위해서 소매치기를 하는 편이 나았을 것이다. 브라운로우 씨는 소년 올리버에게서 노동 시장에서 경쟁력을 유지할 수 있는 기회를 빼앗은 것이다.

나의 이런 터무니없는 주장은 개발도상국에는 급속하고 대대적인 무역 자유화가 필요하다는 자유 무역주의 경제학자들의 주장과 근본적으로 논지가 일치한다. 이들은 개발동상국의 생산자들이 생존을 위해 자신의 생산성을 끌어올리려는 동기를 가질 수 있도록 가능한 한 경쟁에 많이 노출시켜야 한다고 주장한다. 보호는 안이함과 나태함만 유발할 뿐이므로, 경쟁에 노출되는 것이 빠르면 빠를수록 경제 발전에 더 많은 도움이 된다는 것이다.

그러나 동기 부여 외에도 주목해야 할 것이 있다. 그것은 바로 능력이다. 진규가 여섯 살에 학교를 그만둔다면 설령 2,000만 파운드라는 엄청난 보수를 주겠다는 제의나 머리에 총알을 박아 넣겠다는 무시무시한 협박이 있다고 해도, 어려운 뇌수술을 성공시킬 수는 없을 것이다. 마찬가지로 개발도상국의 산업 역시 너무 일찍부터 국제적인 경쟁에 노출되면 살아남지 못한다. 이들에게는 선진 기술을 익히고 효율적인 조직을 만드는 등의 능력을 키워갈 수 있는 시간이 필요하다. 이것이 바로 내가 앞 장에서 미국의 초대 재무 장관이었던 알렉산더 해밀턴이 처음으로 이론화하고, 그 이전과 이후의 정책 입안자들이 여러 세대에 걸쳐서 사용해 온 것이라고 소개한 유치산업 이론의 핵심이다.

(중략)

물론 부모들이 자식을 키우다 보면 흔히 일어나는 일처럼 유치산업 보호가 일을 그르칠 수도 있다. 과잉보호를 하는 부모들이 있는 것처럼 정부가 유치산업을 응석받이로 키울 수도 있는 것이다. 마찬가지로 어른이 되어서도 자립적으로 살아갈 준비를 하지 않으려는 아이들처럼, 아무리 유치산업 지원책을 써도 밑 빠진 독에 물을 붓는 것이나 마찬가지인 회사들이 있게 마련이다. 아동기를 넘어서까지 부모들의 지원을 받으려고 부모를 조종하는 아이들이 있는 것처럼, 약삭빠른 로비 활동을 통해 정부 보호를 연장하는 산업들이 있는 것이다. 그러나 제대로 기능을 하지 못하는 가정이 있다는 것이 부모들이 자녀를 양육하지 말아야 한다는 논거가 될 수는 없다. 마찬가지로 유치산업 보호 정책에서 실패한 사례가 있다고 해서 그 자체가 잘못된 것이라고 할 수 없다. 보호주의의 잘못된 사례는 그 정책이 현명하게 사용되어야 한다는 것을 말해 줄 뿐이다.

(장하준, 이순희 옮김, 『나쁜 사마리아인들』, 도서출판 부키, 2007, 107~110쪽)

반어적인 가정을 통하여 자유 무역주의 경제학자들의 논리를 날카롭게 비판하고 있는 이 글은 객관적인 시각을 견지함으로써 현상을 예리하게 분석해 내고 있다. 고립되거나 파편화된 개인은 거대 자본이나 정치적 메커니즘과는 별개인, 독립적인 존재로 스스로를 인식하기 쉽다. 그러나 개인은 자신이 속한 사회나 국가와 관련을 가질 수밖에 없으며 사회와 국가에 통용되는 논리와 개인에게도 통용되는 논리는 다르지 않다는 점을 이 글은 간파하고 있는 것이다.

자신과 자신이 속한 세대나 계급, 사회, 국가에 대한 이해를 명확히 한다면 현실에 대한 올바른 인식이 가능해 질 것인데 그러기 위해서는 스스로에 대한 인식에서부터 출발해야 한다. 다음 글은 '88만원 세대'라는 말을 유행시킨 글의 일부다.

삼성의 20대에 대한 인식은 두 가지로 요약된다. "잘 모르겠다"와 "그래도 중요하다". 그 자체로 특별한 것은 없지만, 위 시도는 삼성이 20대를 '지지'하기 위한 활동을 시작하면서, 언젠가 20대 역시 자신의 중요한 지지자로 만들어야 한다는 큰 틀의 전략 정도로 이해할 수 있을 것이다. 삼성의 이런 움직임에서 읽어 내야 할 특이점은 딱 한가지이다. 20대를 하나의 그룹 혹은 분석이 필요한 집단으로 본 거의 유일한 기업 집단이 바로 삼성이라는 점이다.

그만큼 지금의 20대를 정의하거나 정형화해서 표현하기는 어렵다. 신문기자, 방송국 PD와 작가 그리고 사회학자나 정치학자 등의 사회과학자, 이렇게 세 그룹으로 나누어서 약 50명 정도의 지인들에게 질문을 해본 적이 있다. 그들이 조심스럽게 보인 첫 번째 반응은 "잘 모르겠다"이고, 두 번째 반응은 "그럼에도 불구하고 전 세대와 뭔가 다르다"라는 것이었다. 전문직 종사자들의 관찰을 일반화하기는 어렵지만, 하여간 이 사람들은 잘 모르겠다고 했다. 정치적으로 보수화되는 경향이 있다는 지적이 있기는 하지만, '보수화'라는 말이 워낙 경제학에서 정의하기 어려운 말이기 때문에 의미 있는 정보는 아닌 것 같다. 심리학에 조금 익숙한 몇 사람은 '분열증적'이라는 표현을 하기도 했는데, 우리나라의 20대가 다른 나라의 20대 그리고 다른 집단과 비교해서 정신병이나 신경증의 발현 정도가 통계적으로 유의미하게 높다는 통계 증거가 제시되기 전에는 "잘 모르겠다"는 표현과 동일한 의미를 가지는 것이라 할 수 있을 것이다.

어떤 사람은 책을 너무 안 읽는다는 것을 지적하기도 했고, 반면에 자신감이 있어서 항상 주눅 들어 있던 저 세대보다 오히려 낫다고 얘기한 사람도 있었다. 하지만 민족주의 성향에 대해서는 대체로 견해가 엇갈렸다. 물론 이런 이야기들은 단편적인 인상에 가깝기 때문에, 그야말로 일상적인 세대담론이 빠질 수 있는 위험성을 다분히 내포하고 있는 것이라 할 수 있겠다.

(우석훈·박권일, 『88만원 세대』, 레디앙, 92~94쪽)

필자의 설명에 의하면 88원 세대는 이탈리아의 '천유로 세대'와 유사한 조어법으로 만들어진 용어로, '386세대'라고 하는 막강한 기성세대와 세대 간 경쟁관계에 있는 20대의 다른 이름이다. 우리나라 전체 비정규직 평균 임금(월급)인 약 119만원에 전체 임금과 20대 임금 비율인 74%를 곱해서 뽑아낸 숫자가 88만원이라는 것이다.

위 글은 20대에 대한 인식을 바탕으로 20대가 처한 현실 문제를 날카롭게 짚어내면서 문제제기를 하고 있다. 세계에 대한 올바른 인식은 자신에 대한 자각에서 비롯된다고 할 때 20대가 당면하고 해결해야 할 과제는 20대가 가장 잘 알고 있다고 보는 것이 옳을 것이다. '88만원 세대'가 생각하는 '88만원 세대'는 어떠한 특성을 가지고 있는지 생각해 보고, 당면한 현실 문제를 비판적인 시각으로 제시해 보자. 혹시 20대의 눈으로 본 대안이 있다면 그 대안을 제시하는 글을 써 보자(1,000자 내외).

3) 역사와 현실에 대한 올바른 성찰

현재의 문제는 과거의 역사가 끼친 영향의 결과이며 따라서 과거를 통한 성찰은 미래를 위한 대안과 모델을 제시할 수 있다는 점에서 의미를 지닌다. 다음의 에세이는 과거에 대한 성찰을 통해 반성을 모색한다.

아우슈비츠 수용소는 들어갈 때보다 돌아 나오는 발걸음이 더 무거웠습니다. 나뿐만 아니라 이 비극의 현장을 돌아 나오는 방문자들의 표정은 하나같이 침울하기 짝이 없습니다. 분노와 경악이라기보다는 차라리 허탈에 가까운 표정들이었습니다. 인간의 양심에 대한 최후의 신뢰가 무너진 허탈함이었습니다. 그것은 2차 세계대전에서 나치 독일이 자행한 만행이라는 과거의 일회적 사건에 대한 분노나 충격을 넘어선, 인간성 그 자체에 대한 좌절이라고 해야 합니다. 아우슈비츠 뮤지엄에 전시되어 있는 비극의 잔해들은 차마 눈길을 주기 어려웠습니다. 인모(人毛)로 짠 모직물에 이르러서는 전신에 소름끼치는 전율을 금할 수 없었습니다. 아무리 전쟁이라는 집단적 광기를 핑계 삼는다 하더라도 살인공장을 건설하여 수백만의 인명을 살해하였다는 것은 어떤 이유로도 그것을 합리화할 수 없는 죄악입니다.

(중략)

당신은 아마 이 지옥의 입구와 같은 현장의 몸서리를 벗어나기 위해서라도 서둘러 영화 '쉰들러 리스트(Schindler's List)'의 감동적인 이야기를 떠올리게 될 것입니다. 쉰들러는 바로 이곳에 내리는 수많은 유대인들의 목숨을 구해낸 독일인이었으며 그의 실화를 바탕으로 하여 만든 영화가 바로 '쉰들러 리스트'입니다. 이 영화는 당신도 잘 알고 있듯이 나치즘의 광기 속에서 피어난 한 송이 장미꽃의 이야기이며 절망의 땅에서 건져 올리는 양심의 이야기입니다.

나는 아우슈비츠를 떠나 곧장 크라쿠프에 있는 쉰들러의 공장을 찾아갔습니다. 쉰들러의 공장을 찾아봄으로써 아우슈비츠에서 받은 충격으로부터 한시바삐 벗어나고 싶었기 때문인지도 모릅니다. 영화 '쉰들러 리스트'의 촬영 현장이기도 한 이 공장은 텔포드(Telpod) 전자부품공장이 되어 있었습니다. 창문의 새시와 복도는 영화 촬영을 위하여 회색으로 바꾼 것이라고 하였습니다.

그러나 다음 이야기는 쓰지 않으려고 한동안 망설이다 덧붙입니다. 우리를 안내하던 카지나예슈 보야스는 조심스럽게 이야기를 들려주었습니다. '쉰들러 리스트'라는 영화는 사실과 다르다는 것이었습니다. 점령군 사령관으로부터 법랑 냄비 생산 공장인 레코르드(Rekord)를 불하받은 쉰들러가 이 공장에 유대인들을 고용함으로써 수천 명의 유대인들을 아우슈비츠로부터 구해 낸 것은 사실이었습니다. 그러나 그것은 고용의 대가로 뒷돈을 받는 그의 '장사'였다는 것입니다. 이곳에서는 널리 알려진 사실이라고 하였습니다.

나는 또 한 번 충격을 받지 않을 수 없었습니다. 자신이 유대인이었던 스필버그 감독이 쉰들러의 정체를 몰랐을 리 없으면서도 그의 이야기를 아름답게 극화한 이유가 무엇이었을까. 아우슈비츠의 비극을 더욱 처절하게 조명하기 위한 구성일 수도 있으며, 최후의 위로를 남겨두려는 그의 고뇌일 수도 있을 것입니다. 그러나 이곳에서 듣는 쉰들러의 '상혼(商魂)'은 다시 한 번 우리를 좌절하게 합니다. 진실이 아닌 위로는 또 하나의 절망을 안겨줄 뿐입니다.

나는 '죽음의 문' 안으로 길게 뻗어 있는 철길을 다시 떠올리지 않을 수 없었습니다. 철길은 이제 잡초만 간간이 자라고 있는 녹슨 기찻길입니다. 그러나 지금 우리가 살고 있는 세상에는 과연 '죽음의 열차'는 없는지. 자기 민족의 영광을 위하여 달리고 있는 '번영의 열차'는 없는지 마음은 한없이 무거워집니다. 그리고 문득 누군가에게 묻습니다. 이 철길의 종착역은 어디에 있는지, 20세기를 넘어 21세기로 이어지고 있는지 묻고 싶습니다.

(신영복, 「단죄 없는 용서와 책임 없는 사죄는 은폐의 합의입니다」, 『더불어 숲』 1, 중앙 M&B, 2001, 100~104쪽)

위의 글은 독일의 아우슈비츠 수용소를 돌아보면서 그 고통과 비극의 역사를 돌이켜 보고 있다. 극단적인 민족주의가 저지른 죄상이 인류에게 남긴 교훈이 어느 한 민족에만 국한된 것은 아닐 것이나 식민지 경험을 가지고 있는 우리에게는 더더욱 의의가 깊다는 점을 강조한다. 반성과 성찰 없이 역사가 반복된다면 21세기에는 그 역사적 과오를 우리가 되풀이할 수도 있음을 경고하고 있는데, 이는 우리의 과거이기도 하면서 미래일 수 있다는 점에서 더욱 뼈저린 역사적 교훈이 된다.

내가 만나본 대부분의 한국인들이 자기 민족의 주요 특징을 이야기할 때 빠짐없이 꺼내는 '단골 메뉴'가 몇 가지 있다. 하나는 "우리가 다른 나라를 침범한 적이 없는 민족"이라는 이야기였고, 또 하나는 "우리만큼 민족의식과 주체성이 강한 민족이 드물다(없다)"는 것이었다. 물론 말하는 사람의 이념과 사상적 배경에 따라서는 위와 같은 의견들이 다른 방법으로 나타날 수도 있다. 문약(文弱)에 빠져 세계적 경쟁의 무대에서 제대로 운신(運身)을 못해 왔다는 방식으로 전자의 주장을 표현할 때도 있었고, 민족적 배타성이 심해서 국제화에 걸림돌이 된다는 방식으로 후자의 주장을 표현할 때도 있었다. 그러나 일반적으로 '타고난 평화 지향의 민족성'도 '철저한 민족주의'도 자랑으로 들리는 것은 왜일까.

위와 같은 자기 평가가 모든 국민이 의무적으로 받는 학교 교육을 통해 형성됐음은 두말할 것도 없다. 한국의 교육이 한민족의 '평화 지향'을 그토록 강조하는 배경은 상당히 복잡하다. 사실 신채호로 대표되는 구한말과 일제 시대의 비타협적 민족주의자들은 '평화 지향'보다 오히려 만주까지 점령할 수 있었던 고구려와 발해의 '호전적인 성격'을 훨씬 더 강조했다. 그들에게 안정을 지향한 조선시대 양반관료의 외교적 태도는 지탄받아 마땅한 '문약'이자 거의 '반민족적 행위'였다. 현재 한국 국사교육이 '평화적 성격'을 강조하는 것은 아마도 남한의 '방어적 태도'와 북한의 '한반도 남반부 적화야욕'을 더욱 부각해 '호전적인' 북한의 '민족적 정통성'을 부인하려는 남한 지배층의 의도와 관련이 있는 것으로 보인다.

그리고 민족의식과 민족 주체성의 강조는 반(半)권위주의적 국가의 지배를 정당화할 수 있는 '민족적 명분'을 조작·강요하기 위한 것이 분명하다. '민족주체성'으로 세뇌당하지 않은 사람이라면, 혹독한 체벌이 아직 많이 남아 있는 학교와 인간의 존엄성을 짓밟는 의무 군대, 주당 평균 55시간의 세계 최고 강도의 노동을 강요하는 회사라는 남한의 현실을 과연 달갑게 받아들이겠는가. 물론 학교와 군대의 '정신교육' 시간에, 또 신문과 텔레비전에서 부단히 '민족의 주체성'과 '민족의식' 등에 대해 권위적인 '어른'들의 이야기를 들은 정상적인 대한민국 시민이면 '우리나라'와 '우리 말' 같은 -유럽인의 입장에서 보면 극단적인 국수주의 냄새를 풍기는- 표현의 잦은 사용으로 외국인들의 놀라움을 충분히 자아내겠지만.

(중략)

노골적인 국수주의를 회피하던 소련 지성계에서 듣기 힘든 민족적 우수성 위주의 자신만만한 어법에 놀란 나는 '역시 한국의 자기 민족 중심주의가 강하다'는 생각에 고개를 저을 수밖에 없었다. 그러나 그들이 타민족에 대한 우수성보다도 북한이나 운동권 같은 민족 내의 '이질적 부분'에 대한 '승리'를 더 중시한다는 사실에 착안하여, '오히려 계급적·극우적 배타주의로 봐야 하지 않을까'라는 생각도 들었다.

우수한 복종 능력을 지녔다고 특권층에게 '칭찬'을 받는 일반인들도 '우리나라의 성공'을 민족 우수성 입장에서 자랑스럽게 여기고 있다는 느낌을 강하게 주었다. 그러나 이미 그때 해외 골프 여행을 정기적으로 다니던 한국 지배층의 매우 강력한 '우리 민족의 능력' 주장과 "글쎄, 우리가 대단한 일을 이루어냈지… …"라고 말하면서도 피곤하고 슬픈 웃음을 감추지 못하던, 고된 노동과 환경 오염, 교통 혼잡에 만성적 피로를 느끼던 -그러나 그러면서도 '국위 선양'에 한없는 기쁨을 느끼던 -그들의 '백성'이 보여준 표정 사이에 상당한 차이가 있음을 감지할 수 있었다.

10년 전에 나를 놀라게 한, 한국 지배 엘리트의 민족주의 색깔이 짙은 트라이엄펄리즘(triumphalism, 의기양양한 승리자의 태도)이 외환 위기를 겪은 뒤에 수그러든 것은 분명하다. 그러나 비록 수그러든 모습이긴 해도 술에 취한 한국 '지도층' 인사의 '우리 민족의 우수성'에 대한 횡담(橫談)은 아마 지금도 외국인 상대자를 놀라게 하고 있을 것이다. 그렇다면 비교론적 입장에서 본 한국인들의 평균적인 '자기 민족 중심주의'가 과연 그토록 심한 것인가?

(박노자, 『당신들의 대한민국』, 한겨레출판, 2006, 219~222쪽)

신영복의 에세이가 우리의 눈으로 본 타인의 역사와 그 반성이라면 박노자의 에세이는 타인의 눈으로 본 우리의 역사와 현실에 대한 반성이다. 우리가 아닌 다른 나라 사람이 우리 민족과 역사를 보는 시각은 어떠한가? '극단적 국수주의의 냄새를 풍기는' 우리나라 사람들의 '민족의식과 민족 주체성의 강조'는 권위주의적 국가의 지배를 정당화하고, 여기에 순응하고 복종하도록 조작된 '민족적 명분'에 불과하다는 것이다. 우리나라 사람들의 '자기 민족 중심주의'의 심각성을 지적하는 이 글은 우리에게 던지는 경고이기도 하며 역사와 현실에 대한 성찰을 촉구하고 있다.

최근 '다문화주의'에 대한 관심이 확산되고 있는 가운데 외국인 노동자의 인권 문제 등이 사회 현안으로 떠오르고 있다. 한국인의 '민족주의'를 비판적인 시각으로 바라보고 있는 박노자의 글 또한 이와 같은 맥락에서 읽을 수 있다. 그러나 문제는, 식민지 경험을 가진 우리로서는 '민족주의'에 대한 시각이 외국인과는 또 다를 수 있다는 점이다. 우리 역사에서 '민족주의'가 긍부정적으로 작용한 사례들을 각각 찾아보고, 다문화 사회를 향해 가고 있는 현 시점에서 우리의 태도와 역할을 생각해 보자(1,000자 내외).

4) 과학의 발달과 인간의 미래

현대 사회의 가장 두드러진 특징 중 하나는 과학의 발달로 정의될 수 있을 것이다. 인간의 가장 커다란 성취 중의 하나이기도 하며 인간의 미래와 직결되어 있다는 점에서 가장 깊이 있는 사고와 반성이 필요한 분야 중의 하나다.

> 만일 다윈이 오늘날 살아 있다면, 적자생존에 관한 자신의 이론이 인상적으로 증명되었다는 사실에 기뻐하면서도 한편으로 놀랄 것이다. 화학방제가 대세인 상황에서 약한 곤충은 사라지게 마련이다. 곤충을 제거하려는 인간의 노력과는 상관없이 많은 지역에서 가장 강하고 환경에 잘 적응하는 종들만이 살아남게 되었다.

(중략)

곤충이 살충제에 대한 내성을 너무나도 빨리 획득하고 있기 때문에 화학방제의 성공을 알리는 보고서의 잉크가 채 마르기도 전에 내용을 개정해야 하는 경우도 생긴다. 예를 들어 남아프리카의 목장주들은 푸른진드기 때문에 많은 피해를 입었는데 농장 한 곳에서는 600마리의 소가 진드기 때문에 죽었다고 했다. 이 진드기는 수년 동안 비소계 살충제에 내성을 지니게 되었다. 그 후로 벤젠헥사클로라이드 사용을 시도했는데 그 효과는 아주 짧은 시간 지속되었을 뿐이다. 1949년 초반에 발표된 보고서는 비소에 내성을 보이는 진드기를 새로운 화학물질로 박멸시도했다고 했다. 하지만 그해 말이 되자 이 물질에 대해서도 진드기가 내성을 보인다는 우울한 보고가 이어졌다. 이런 상황은 1950년 〈피혁산업 리뷰(Leather Trades Review)에 실린 글을 통해 잘 알 수 있다.

> 이 문제는 과학계에서만 알려지고 일반 신문에는 아주 자그마한 기사로 소개될지 모른다. 하지만 그 중요성이 제대로 이해되기만 한다면 새로운 원자폭탄의 등장처럼 신문의 헤드라인을 장식하기에 충분하다

곤충의 내성은 농업과 산림업 분야뿐 아니라 공공보건 분야에서도 심각한 문제가 아닐 수 없다. 곤충과 인간의 질병은 오래 전부터 밀접한 관계가 있었다. 아노펠레스 모기는 인간의 혈류에 말라리아 병원균을 주입시킨다. 어떤 모기는 황열병을 옮기고 또 어떤 모기는 뇌염을 일으킨다. 집파리는 사람을 물지 않지만 접촉을 통해 사람들이 먹는 음식물을 오염시켜 이질균을 퍼뜨리고 세계 곳곳에 눈병을 옮기기도 한다. 티푸스와 이, 페스트와 쥐벼룩, 아프리카 수면병과 체체파리, 다양한 열병과 진드기 등 각종 질병과 그 질병을 옮기는 매개체의 목록은 수없이 이어진다.

(중략)

해충 관련 문제를 다루는 농무부의 1952년도판 연감은 해충이 점점 더 내성을 지니게 되었다는 사실을 인정하면서도 "해충을 적절히 통제하기 위해서는 살충제를 더 많이 사용해야 한다"고 말하고 있다. 아직 시도되지 않은 유일한 화학물질이 곤충뿐 아니라 모든 생명체를 없애는 것이라면 그때는 어떤 결과가 일어날지 아무 말도 없다. 하지만 이런 충고를 한 지 7년 만인 1959년, 코네티컷 주의 한 곤충 학자는 〈농화학 및 식품 저널(Journal of Agricultural and Food Chemistry)〉이라는 학술지에서 한두 종류의

곤충에 새로운 살충제를 사용했는데 이것이 아마도 시도할 수 있는 마지막 화학물질이라고 말했다. 이런 상황에 대해 부리에르 박사는 이렇게 주장한다.

> 우리가 위험한 길을 탐험하고 있는 것이 분명하다. ……방제법에 관해 열심히 연구를 하겠지만 이 방제법은 생물학적 관점이어야지 화학적인 관점이어서는 안 된다. 우리의 목적은 폭력적인 힘을 사용하는 것이 아니라 가능한 한 주의 깊게 자연의 순리를 따르는 올바른 방향을 향하는 것이다…….

더욱 숭고한 목표와 깊은 통찰력이 필요하겠지만, 많은 연구자들에게는 이런 점을 발견할 수가 없다. 생명이란 인간의 이해를 넘어서서는 기적이기에 이에 대항해 싸움을 벌일 때조차도 경외감을 잃어서는 안 된다. 자연을 통제하기 위해 살충제와 같은 무기에 의존하는 것은 우리의 지식과 능력 부족을 드러내는 증거이다. 자연의 섭리에 따른다면 야만적인 힘을 사용할 필요도 없을 것이다. 지금 우리에게 필요한 것은 겸손이다. 과학적 자만심이 자리를 잡을 여지는 어디에도 없다.

(레이첼 카슨, 김은령 옮김, 「밀려오는 비상사태」, 『침묵의 봄』,
에코리브르, 2002, 298~312쪽)

인간의 욕망은 과학의 발달을 촉진시켰고, 과학은 인간의 삶을 편리하게 만들었다. 그러나 인간의 더 나은 미래를 가능하게 만드는 눈부신 과학의 발달은 자연의 훼손과 착취를 심화시키고 있다. 인간의 '과학적 자만심'은 스스로가 자연의 일부라는 점을 망각하도록 만들고 있다. 이 글은 자연과 생명에 대한 횡포가 그 정도를 더할수록 스스로의 존재도 위협당하고 있다는 사실을 경고하고 있다. 최근 심각해지고 있는 환경 문제와 관련하여 인간의 욕망이 스스로를 어떻게 위협하는가를 잘 보여주고 있다.

19세기 중엽까지 사람들은 채식 위주로 식사를 했다. 고기는 귀하고 비쌌다. 서구 사회의 경우 이 시기 평균 식비의 90%는 밀, 귀리와 같은 곡식을 사는 데 쓰였다.

산업화가 진행되면서 식단에 변화가 생기기 시작했다. 산업혁명의 종주국 영국에서는 노동자들의 노동력을 효율적으로 이용하는 방법의 하나로 육식이 장려되었다. 가난한 노동자들도 고기를 먹을 수 있게 저렴한 가격으로 고기를 공급하기 위해서 과학적 축산이 시작되었고, 미국에서도 고기를 싸게 수입하기 시작했다. 고기의 저장과 운반 기술이 급속히 발전했으며, 미국의 도축장에는 자동화 기계가 도입되었다. 19세기 후반이 되면서 미국에서 도살된 수백만 마리의 가축은 뉴욕으로, 영국과 파리로 운송되었다.

육류 소비는 1950년 이후에 급증했다. 패스트푸드가 발달하면서 고기의 소비가 지난 50년간 4배나 되었다. 사람들은 점점 더 싼값에 고기를 먹을 수 있게 되었다. 하지만 이것이 비싼 대가를 수반하리라는 것은 생각하지 못했다.

(중략)

1950년대 이후 육류 소비가 급증하고 가축이 먹어치우는 곡류의 소비가 증가하면서, 서구의 축산업자들은 이 문제를 해결하기 위해 묘안을 짜내기 시작했다. 미국의 한 축산업자는 닭의 배설물을 관찰한 결과 사료의 25%가 소화되지 않고 그대로 배설된다는 사실을 발견했다. 그리고 닭의 배설물을 모아 말려서 다시 소와 닭의 사료로 사용하기 시작했다. 곡물 경작지가 상대적으로 부족한 영국에서는 도살한 소에서 고기를 발라낸 뒤에 남은 내장, 뼈를 가지고 가축 사료를 만드는 방법을 개발했다.

이렇게 만들어진 육골분(肉骨粉)은 1970년대부터 본격적으로 가축의 사료로 사용되었다. 그러다가 1980년에 단백질을 많이 섭취한 소가 우유도 많이 생산한다는 것이 알려지면서 동물성 단백질을 많이 포함한 육골분 사료가 급증했다. 곧바로 1985년에 광우병으로 죽는 소가 나오기 시작했다. 이어서 수만 마리의 소가 광우병에 감염되었으며 그 원인이 육골분이라는 사실이 밝혀지면서 영국에서 육골분 사용이 금지되었다. 미국에서도 육골분 사료의 사용이 금지되었지만, 닭의 배설물을 소의 사료로 사용하는 것은 관행대로 행해졌다. 이것은 2007년 12월에 광우병에 걸린 소가 발견되면서 비로소 금지되었다. 그 이유는 육골분이 포함되어 있어서인데, 광우병에 걸린 소를 모른 채로 닭의 사료로 사용할 경우 이를 먹은 닭의 배설물이 다시 소의 사료로 사용되어 광우병이 확산될 위험이 있기 때문이다.

(중략)

광우병의 근본 원인은 결국 인간의 육류 섭취의 급증이다. 육식을 선호하는 사람들은 인간이 오랫동안 동물을 먹고 진화했다고 주장한다. 하지만 사실 지난 수천 년간 대부분

> 의 사람은 고기가 아닌 곡물을 먹고 생존해왔다. 인간에게 고기를 제공하기 위해서 전 지구적으로 수백억 마리의 가축을 키우고 죽이며, 그 가축을 먹이기 위해 엄청난 곡물을 경작해야 한다. 이렇게 해서 과잉 섭취한 고기가 비만과 성인병의 원인이라면, 우리 식생활을 한번 근본적으로 다시 검토해 봐야 하지 않을까?
>
> (홍성욱, 「육식과 광우병에 대해 다시 생각함」, 『홍성욱의 과학 에세이』, 동아시아, 2008, 168~171쪽)

광우병은 인간의 탐욕이 불러온 자연의 불균형과 그로 인한 결과이며 강력한 경고의 메시지이다. 필자는 인간과 자연의 관계 고리를 통해 그것이 우연히 닥친 불행이 아니라는 점을 강조하고 있다. 결국은 인간에게서 비롯된 문제이며 인간의 끝없는 탐욕이 불러온 결과라는 것을 지적하면서 성찰을 촉구하고 있다.

과학의 위험에 대해 경고하는 일은 어렵지 않다. 위험의 징후는 어디에서나 발견되고 있기 때문이다. 인간을 마침내 파멸로 이끌고 말 것이 분명한 과학을 버리자고, 우리는 본래 자연의 일부였으니 자연으로 돌아가자고 말할 수도 있다. 그러나 그러기에 우리는 이미 너무 멀리와 버린 것은 아닐까. 과학은 그것이 긍정적이든 부정적이든 이제는 인간의 미래와 떼려야 뗄 수 없는 관계에 있는 것처럼 보인다. 과학, 자연, 인간의 관계에 대해 생각해 보고 바람직한 방향을 제시해 보자(1,000자 내외).

12장

책을 통해 세계와 교감하자 — 서평 쓰기

우리가 흔히 접하는 독후감(감상문)은 한 권의 책 혹은 하나의 작품을 읽고 그에 대한 감상을 적은 글이다. 이에 비해 서평은 한 권의 책에 대한 객관적이고 비판적인 정보를 담고 있는 글이다. 서평은 주관적 감상과 객관적 평가의 성격을 동시에 지닌다. 독후감을 업그레이드하면 서평이 되는 셈이다. 서평은 작품의 요지, 작품의 의의, 작품에 대한 비판 등을 담고 나아가 그 작품을 다른 사람에게 소개·추천하는 것을 목적으로 한다.

1. 서평을 잘 쓰는 방법

서평을 잘 쓰기 위해서는 책 읽기에 대한 두려움을 떨치고 부단히 읽으면서 질문하는 열린 자세가 필요하다. 무엇보다도 저자와 대화하려는 마음가짐이 중요하다.

다음은 인터넷 서점에서 '파란 여우'라는 닉네임으로 서평을 쓰고 있는 한 블로거를 인터뷰한 기사이다. 이를 통해 서평을 잘 쓸 수 있는 방법에 대해 생각해 보자.

윤미화(45)씨는 인터넷 서점 알라딘에서 '파란 여우'라는 닉네임으로 서평을 쓰는 파워 블로거다. 평범한 공무원이었던 그는 마흔 살 되던 해에 귀농(歸農)을 단행한 후, 5년간 1,000권의 책을 독파했다. "자의반 타의반으로 퇴직을 했고, 곧바로 시골로 이사해 염소를 키우기 시작했다"는 그는 "가까운 곳에 친구가 없고 시간 여유가 생기다 보니 자연히 책에 관심을 갖게 됐다"고 했다.

"지난 5년간 닥치는 대로 읽었어요. 20대 중반부터 마흔 살까지 책을 안 읽고 살았거든요. 허둥지둥 사느라고 몰랐던 책 맛을 뒤늦게 알게 된 거죠." 윤씨는 "잊지 않고 기록을 남기기 위해 서평을 쓰기 시작했고, 그렇게 하나씩 써서 올리다 보니 2-3년 전부터 고정 팬들이 생기기 시작했다"고 했다 『깐깐한 독서본능』(21세기북스)은 그가 블로그에 올린 서평 380편 중에서 86편을 추려 엮은 책이다. (중략)

그는 이탁오의 『분서』를 읽고 '공자의 중국'과 베이징올림픽을 연결하고, 『홍길동전』과 『춘향전』을 통해 노블레스 오블리주의 주제를 짚어 낸다. 『장정일의 독서일기』를 읽고 나서는 "장정일은 내게 독서 인생의 첫사랑"이라며 "당신과 함께 늙을 수 있어서 기쁘네요"라고 썼다.

책 읽기에 막연한 두려움을 갖고 있는 사람들에게 자신만의 노하우도 들려준다. "우선 자신의 취향에 맞는 책을 고르고, 읽으면서 중요한 부분은 공책에 메모하세요. 한 번 눈에 읽었던 것을 손으로 옮겨 적으면서 한 번 더 복기하는 거죠. 텍스트를 그저 읽고 마는 것이 아니라 꼭꼭 씹어 자기 것으로 소화시키겠다는 마음가짐이 중요합니다."

충남 홍성에서 염소 농장을 운영하는 그는 다독의 비결을 '주경야독'이라고 밝혔다. "책 한 권 읽는 데 평균 이틀 정도 걸려요. 읽으면서 서평 공책에다 감상을 적고, 중요한 건 형광펜으로 칠하면서 꼭 인용해야겠다 싶은 부분에 나만의 표시를 해두죠."

윤씨는 "가리지 않고 무조건 읽다 보니 자연스럽게 관심 분야가 좁혀지더라"고 했다. 그렇게 찾은 분야는 고전과 환경, "앞으로 한 해 50권씩만 읽으면서 두 분야의 책들을 깊이 있게 읽으려 한다"고 했다.

"블로그는 내 공부방이면서 사람들과 정보를 주고받는 장소예요. 내가 올린 서평 밑에 달린 댓글들을 읽다보면, '아, 이렇게 읽을 수도 있구나' 하게 되요. 거기에 다시 답글을 달려면 저도 정보를 찾아야 하니까 계속 공부가 되는 거죠."

어떻게 하면 책 서평을 잘 쓸 수 있을까. "책에 대한 정보와 함께 잡담을 넣으면 풍성한 서평을 쓸 수 있어요. 사적인 얘기도 좋고 다른 책 이야기도 좋아요. 가령 스티븐 킹의

『유혹하는 글쓰기』를 읽고 서평을 쓸 때, 먼저 읽은 나탈리 골드버그의 『뼛속까지 내려가서 써라』를 접붙이면 내용이 좀 더 풍부해지죠. 단, 비슷한 책을 골라 연결하는 안목이 필요하고 자연스럽게 연결하는 문맥의 기술도 필요합니다. 서투르게 연결하면 맥락이 틀어져버리니까요."

1,000권의 책 중에서 단 한 권을 꼽으라면? 그는 소동파의 소품집 『마음속의 대나무』를 추천했다. "흔히 고전은 어렵다고 생각하지만 이 책은 쉬우면서도 재미있어요. 43편의 산문 모음집인데, 소동파의 문학적 감수성도 접하면서 당대의 정치·역사적 배경까지 아우를 수 있는 책이죠."

(허윤희, 「마흔에 책 맛 알게 됐고 독서인생 시작됐죠」, 〈조선일보〉, 2009.11.27)

『깐깐한 독서본능』의 저자는 먼저 '닥치는 대로 읽는 것', 즉 다독(多讀)을 강조한다. 이를 통해 독서에 대한 막연한 두려움을 떨치고 자연스럽게 '자신의 취향에 맞은 책'을 고를 수 있게 된다는 것이다. 다음으로 메모하는 습관을 강조한다. 그는 '잊지 않고 기록을 남기기 위해 서평을 쓰기 시작'했다고 말한다. '한 번 눈에 익었던 것을 손으로 옮겨 적으면서 한 번 더 복기'하면 책을 '꼭꼭 씹어 자기 것으로 소화'하는 데 도움이 된다. 마지막으로 '책에 대한 정보와 함께 잡담을 넣으면 풍성한 서평'을 만들 수 있다고 조언한다. 여기에는 '비슷한 책을 골라 연결하는 안목'과 '자연스럽게 연결하는 문맥'의 기술이 요구된다.

이를 요약해보면 다음과 같다.

① 닥치는 대로 읽기

② 관심분야 좁히기

③ 꼼꼼하게 읽으면서 메모하기

④ 자신의 것으로 소화하기

⑤ 비슷한 책을 골라 자연스럽게 연결하기

좋은 서평은 책을 통해 세계와 교감하려는 마음자세에서 비롯된다는 점을 기억하자.

2. 서평 쓰기의 과정과 실제

서평 쓰기의 과정은 '창조적·비판적 독서→내용 요약하기→저자와 생각 비교하기→서평 쓰기'의 단계로 이루어진다. 이 장에서는 위의 단계를 염두에 두고 서평이 만들어지는 과정을 살펴보기로 한다.

1) 창조적·비판적 독서

다음은 한 책의 저자가 제안하는 창조적이고 비판적인 독서법이다. 누구나 알고 있는 내용 같아 보이나 실제로 서평을 쓸 때 꼭 필요한 알찬 정보가 들어 있다.

01 텍스트의 내적 일관성에 주목하면서 독서를 한다. 앞에서 한 이야기와 뒤에서 한 이야기가 부합되는지, 주장이 증거에 의해서 충분히 뒷받침되고 있는지, 주장을 하기 위해 엉뚱하거나 설득력 없는 비유를 드는 것은 아닌지, 과도한 일반화와 같은 오류를 범하는 것은 아닌지에 충분히 주의하면서 텍스트를 읽는다.

02 저자가 얘기하는 데이터(data)나 사실(fact)과 내가 이미 알고 있는 것들을 비교해 본다. 내가 잘못 알고 있었다고 판명이 나면 내 지식을 '업그레이드'하는 기회로 삼는다. 텍스트를 쓴 저자의 잘못이 자꾸 드러나거나 결정적인 사실을 잘못 전달하고 있다면, 그 텍스트의 주장 자체도 의심을 가지고 꼼꼼히 살펴볼 필요가 있다.

03 항상 질문을 던져가면서 읽는다. 왜 저자는 여기서 이런 얘길 했을까? 이 챕터의 주

장을 한 마디로 요약하면 무엇일까? 이 개념은 흥미로운가, 새로운가? 핵심은 어디에 있을까? 나는 여기서 무엇을 새롭게 배웠나? 그리고 이러한 질문을 던지는 것만큼이나 질문에 대한 답을 텍스트에 대한 이해와 자신의 지식을 바탕으로 하여 찾아내는 것이 중요하다는 사실을 잊지 말아야 한다.

04 저자의 주장이나 해석에 그 사람의 선입견이나 편견이 포함된 것은 아닌지 따져 본다. 그렇지만 이 과정은 무척 조심스러워야 하는데, 그러한 검토의 과정에 나 자신의 선입견이나 편견이 포함될 수 있기 때문이다.

05 저자의 주장 자체에는 문제가 없다고 생각되지만 선뜻 동의하기 어려운 경우, 우선 저자와 나의 의견 차이가 세계관이나 취향의 차이인지 살펴본다. 그리고 다시 이 차이가 논리적인 추론과 토론을 통해서 좁혀질 수 있는 것인가를 생각해 본다. '경험', '의미(meaning)', '취향'의 차이라 해도 서로 소통하고 그 차이를 좁힐 수 있는 경우가 있기 때문이다.

06 많은 노력에도 불구하고 생각의 차이를 좁히기 힘들거나 뚜렷한 이유나 근거 없이 텍스트의 주장에 동의하기 힘들 때에는 일단 조금 시간의 여유를 가져 본다. 훗날 더 많은 지식과 경험을 쌓게 되었을 때, 이런 문제가 봄눈 녹듯이 쉽게 해결되는 경우가 종종 있기 때문이다. 그렇지만 이럴 때는 반드시 자세한 메모를 해둔다. 인간의 기억처럼 신뢰하기 힘든 것도 없다.

07 텍스트를 통해서 무엇을 배웠는지, 어떠한 점이 새로웠는지 항상 기억하고 기록한다. 그리고 새롭게 읽고 새롭게 배운 것과 이미 알던 것 사이에 '잡종적인 연관'을 만들어 본다. 그럴 경우, 뜻하지 않게 새로운 아이디어를 얻을 수도 있다. 이러한 훈련이 축적될 때, 창조적인 사유가 싹틀 수 있는 비옥한 정신적 토양이 만들어진다.

(홍성욱, 『하이브리드 세상 읽기』, 안그라픽스, 2003, 74~75쪽)

위의 창조적 독서법을 참고로 하여, 매트 리들리의 『이타적 유전자』(사이언스북스, 2001)에 대한 서평 쓰기를 연습해 보자.

2) 내용 요약하기

서평 쓰기는 대상 도서를 꼼꼼하게 읽고 요약하는 단계에서 시작된다. 유의할 점은 책이 나오게 된 배경, 책이 문제 삼는 대상, 책이 제기하는 핵심 주장 등을 염두에 두고 저자와 대화하는 자세로 책의 내용을 요약해야 한다는 것이다.

다음은 『이타적 유전자』를 읽은 한 학생이 내용을 요약한 것이다.

> ① 『이타적 유전자』는 인간이 보여주는 이타적 행동, 상호부조적 협력의 관계를 진화론의 관점에서 해명하기 위한 저작이다. 또한 이 책은 리처드 도킨슨의 『이기적 유전자』의 내용을 반박하고 있는 저작이다.
>
> ② 『이타적 유전자』는 『이기적 유전자』의 전제를 부정하지는 않는다. 즉 자연은 이기적인 유전자를 지닌 생명체들의 거대한 생존 투쟁의 장이라는 점을 저자는 받아들이고 있다.
>
> ③ 그렇다면 왜 어떤 사람들은 자신의 목숨을 희생하면서까지 다른 사람을 구해내거나, 세계 평화를 위해 노력하는 것일까? 어미는 왜 새끼를 지키기 위해 겁 없이 사냥꾼 앞에 나서며, 꿀벌은 왜 자신의 희생을 감수하면서까지 집단을 지키려고 하는 것일까? 이것은 다윈 이후로 가장 근본적인 전제조건으로 자리 잡은 '개체의 이익'에 반하는 행동이다.
>
> ④ 매트 리들리는 기본적인 유전자의 성질은 분명 이기적이지만 이기적 성향으로는 설명할 수 없는 도덕과 사회성, 즉 인간이 지닌 덕(德)은 이타적 유전자의 명령에 의해 나타나는 것이라고 말한다. 다시 말해 매트 리들리가 보기에 이기적 유전자의 생존 투쟁만이 생명체의 본질이라는 논리로는 인간사회에서 구현되는 윤리나 협동은 설명되지 않으며, 인간에게 이기적 유전자가 있는 건 사실이지만 '사회성'이라는 유전자도 동시에 존재한다는 것이다.
>
> ⑤ 인간은 환경 및 다른 생명체들과의 투쟁에서 이기기 위해 사회적 집단을 만들고, 이에 따라 사회성, 협동성, 신뢰성을 발달시켜 왔다.

3) 저자와 생각 비교하기

서평의 핵심은 책에 대한 가치평가이다. 이를 위해서는 저자의 생각을 객관적으로 파악하고, 저자와 자신의 생각을 비교하는 과정이 필요하다. 이때 책에 대한 평가가 주관적인 인상에 그치지 않도록 논리적 근거를 갖추는 것이 중요하다.

다음은 저자의 생각과 자신의 생각을 비교하면서 의문을 제시한 한 학생의 글이다.

① 이 책을 통해 저자가 도입하고 있는 사회생물학, 진화론, 게임 이론, 윤리 철학 등의 이론이 과연 인간의 이타성, 상호부조, 협동과 같은 윤리적 덕목을 완전하게 설명할 수 있는가?

② '어떤 것이 이타적 행동인가'를 정의내리는 매트 리들리의 사고방식은 이타성의 도덕적 동기를 고려하기보다는 이타적 행위의 결과만을 고려하는 현대인의 실용주의적 윤리의식을 그대로 반영하고 있는 것은 아닌가?

③ 유전자로 인간의 이타성을 일부 해명할 수는 있지만, 그것만으로 윤리적 동물로서 인간의 전모를 설명할 수는 없지 않을까? 유전자 환원주의는 오히려 인간 도덕의 기반을 훼손할 수 있지 않을까?

지금까지 살펴본 '창조적·비판적 독서→내용 요약하기→저자와 생각 비교하기'의 과정을 참고로 하여, 매트 리들리의 『이타적 유전자』(사이언스북스, 2001)에 대한 서평을 완성해 보자(1,000자 내외).

3. 서평의 다양한 사례

1) 홍정윤, 「도발적 예술가들, 시대를 뒤흔들다」, 『인디고 서원에서 행복한 책읽기』, 궁리, 2007, 153~156쪽.

너무 낡은 시대에 너무 젊게 세상에 온 사람들이 있다. 현대사회에서, 혹은 미래사회에서나 통용될 만한 획기적인 예술을 행하여 예술이 새롭게 흐를 수 있는 길을 터준 사람들이다. 예술은 우리가 상상하는 것 이상으로 그 형태가 다양하다. 그림, 음악, 글, 사진, 건축, 조각, 영화, 춤 등 모두 나열하자면 끝이 없을 정도이다. 이런 각 분야의 단조로운 흐름을 새로운 예술적 가치로 역류시켜 출렁이게 만든 사람들, 그 불멸의 예술가 17인의 인생이 담긴 책을 소개하려고 한다.

이 책을 읽는 내내 나는 17명의 예술가들의 폭발적인 열정과 예술의 본질을 뚫는 날카로운 시선에 압도되어버렸다. 저자는 이런 예술가들의 열정과 예술이 존재하도록 한 내적 동인을 밝혀내고자 했고, 그래서 그는 "그러기 위해 매번 나는 그들의 삶을 축약해서 살아야만 했다. 나는 아마도 저 신화 속의 불도둑처럼 그들의 삶과 예술에 자욱하게 번져 있는 취기를 훔치고 있었는지도 모르겠다"(8쪽)라고 책에서 말했다. 17명 예술가들의 삶을 축약해서 살고, 그 취기에 흠뻑 취했다가 빠져나온 저자는 그들의 인생에서 가장 핵심적인 가치를 읽어낸다. 그들의 이야기를 읽으면 아마 우리도 그들의 삶과 예술에 취할 것이다. 그리고 그 취기에서 빠져나오는 순간 스스로의 인생의 방향을 새롭게 잡을 수 있을 것이다.

유난히 예술가들 중에는 당시 사회에서는 인정받지 못하다가 죽은 후 후세 사람들에게 사랑받은 사례가 많다. 그건 예술가가 새롭고 도발적인 예술을 선보이는데 비해 그것을 받아들이는 사람들의 시야는 너무 좁기 때문일 것이다. 이런 시대에 반하는 도발적 예술을 행한 사람으로, 사회로부터의 조직적 폭력의 대표적 희생자인 파졸리니, 그 천재성이 확인되었지만 동료들의 시기와 질투로 비참한 최후를 맞은 바슬라프 니진스키 등이 소개된다.

파졸리니가 남긴 작품들과 그의 인생을 들여다보면 가슴이 뛰는 것을 느낄 수 있다. 그는 창작을 멈추지 않았다. 계속 일했고, 그것만이 자신에게 등돌리는 세상을 살아갈 힘의 원천이 되었던 것이라고 생각한다. 그에 반해 바슬라프 니진스키는 어렸을 때부터 무용가로서의 재능을 인정받고 교육을 받아 세계적인 공연에 올라 찬사를 받는 인생을 살았다. 하지만 그래서 다른 동료들의 시기와 음해를 당했고 결국 다른 여러 가지 환경적 요인, 예를 들어 전쟁이나 어린 시절의 가난 등에 의해 그는 정신의 끈을 놓고 30년간 정신병원에서 요양하는 신세가 된다. 너무 뛰어난 작품성 때문에 시기와 오해를 산 그들, 그러고 보면 예술가들의 인생은 참 아이러니하다.

위대한 예술가들은 그 시대가 요구하는 대로 작품을 창작하지 않았다. 그들은 독자성을 지닌 예술을 하며 자신이 원하는 것을 하기 때문에 위대한 예술가로 추대받는 것이다. 여기 17명의 예술가들 중에서는 두드러진 개성으로 다른 사람이 한 번도 하지 않은 그들만의 예술을 한 사람들이 있다. 감히 '가우디의 건축'이라고밖에 칭할 수 없는 독특한 건축양식을 창조한 안토니오 가우디, 그 시대의 아픔을 그대로 새긴 판화와 반전 포스터의 어머니 캐테 콜비츠, 기존의 조각에서 완전히 벗어나 사물의 본질을 조각하고자 했던 콘스탄틴 브랑쿠시, 특이한 주제와 기발한 표현방식으로 다큐멘터리 사진의 길을 연 다이안 아버스, 그의 그림을 보는 순간 온몸에 전율이 일어나게끔 만드는 섬뜩하면서도 진실된 그림의 주인 히에로니무스 보슈 등이다.

따로 설명할 것도 없이, 누구든지 그들의 작품을 보기만 해도 "새롭다, 독특하다, 독자적이다"라고 외칠 것이다. 그 중 특히 매료된 사람은 콘스탄틴 브랑쿠시였는데, 그는 동시대의 화가인 로댕(당시에도 로댕은 아주 유명한 조각가였다)의 함께 일하자는 요구를 "큰 나무 밑에서는 아무것도 자랄 수 없다"라고 말하며 단번에 거절했다. 또 그가 보기에 로댕의 조각은 그저 사물의 형태를 다시 형태화한 것에 불과한 무의미한 것이라고 생각했다. 그래서 그는 사물의 외형을 재현하는 것이 아니라 그것의 본질을 포착하여 하나의 조각작품으로 응축시켜려고 노력했다. 그 당시에는 받아들이기 힘든 예술이었을 것이다. 그럼에도 불구하고 그는 계속 조각했고 즐거운 인생을 살았다. 다른 예술가들과는 다르게 비극적인 최후를 맞이하거나 고독한 인생을 살지 않았기에 더욱 매료되는 예술가이다.

불멸의 예술가 17인은 각기 다른 예술의 분야에 크게 기여했고, 그들이 있었기에 현재의 예술도 존재하는 것이다. 처음에는 만약 이 젊은 예술가들이 현대에 이 세상에 왔더라면 마음껏 자신들만의 예술을 했을 것이라고 생각했는데, 지금 생각해보면 그들은 너무 낡은 시대에 너무 젊게 이 세상에 왔어야만 했었다고 생각한다. 그들이 없었더라면 지금의 예술도 없을 것이므로.

한 가지 재미있는 이야기가 있다. 책에 소개된 에릭 사티와 모리스 위트릴로, 그리고 그의 어머니에 얽힌 이야기이다. 위트릴로에 대한 이야기 중에서 유명한 여류 화가였던 그의 어머니 쉬잔 발라동이 잠시 언급된다. 인터넷에서 그녀에 대해 검색해보던 중 난 그녀와 에릭 사티가 약 반년 동안의 동거를 하기도 했던, 사랑하던 사이였음을 알았다. (중략)

사소해 보이지만 이 사건이 세 명의 예술가에게 준 영향은 막대했다. 사티의 음악에 변화를 주었고, 발라동의 그림에도 변화를 주었다. 그리고 사티와 발라동이 연애하던 당시 어렸던 위트릴로는 어머니의 사랑을 받지 못한 채 어두운 성격으로 자랐고, 이후 그의 그림도 적막하고 고요했다. 예술가는 겉으로 보기에는 일반 사람들과는 다르게 특징적이고 새로운 인생을 산 것 같지만, 그들도 모두 우리와 같이 사소하고 일상적인 일들을 겪으며 기뻐하고 좌절하는 인간이다. 그렇기에 더욱 끌리고 매료되는 것이라 생각한다.

-『너무 낡은 시대에 너무 젊게 이 세상에 오다』(박명욱, 그린비, 2004)를 읽고

일반 독자(청소년)가 쓴 서평이다. 다양한 예술가들의 삶을 다룬 책을 비슷한 주제나 제재별로 묶어 효과적으로 정리하고 있다. 일반 독자의 서평은 자신의 감상이나 주관적 해석을 보태는 것만으로도 충분하다.

2) 고명섭, 「'실천하는 개혁' 왜 다시 다산인가?」, 〈한겨레신문〉, 2003.10.17.

다산 정약용(1762~1836)을 형용하는 말을 찾기는 쉽지 않다. 그는 18세기 조선 문예부흥기의 가장 높은 자리에서 피어난 꽃이었으며, 중세의 어둠을 헤치고 근대의 여명을 밝힌 실학의 개척자이자 학문의 전복자였다. 그의 학문세계가 하도 넓고 깊어 후학인 추사 김정희는 감히 그 세계를 논평할 수 없다고 했다. 위당 정인보는 조선의 역사를 알려면 다산을 알아야 한다고 했다. 다산학이야말로 조선의 온갖 사상과 학문을 다 품고 있다고 본 것이다.

『다산 정약용 유배지에서 만나다』는 사상가이자 경세가로서 시대의 난제를 붙들고 싸웠던 이 예외적 인물의 75년 삶을 찬찬히 살핀 다산 전기다. 지은이 박석무(61·전 학술재

단 이사장) 씨는 1970년대 초반부터 30여 년 동안 다산을 연구해온 이 분야의 전문가다. 그는 13, 14대 국회의원을 지낼 때도 국회 안에 다산사상연구회를 조직해 다산의 학문적·실천적 고민을 우리 시대의 문제로 되살리는 데 힘썼다. 15년 가까운 세월을 들여 펴낸 이 책에서 그는 다산의 드넓은 사상세계뿐만 아니라, 이재(異才)니 기재(奇才)니 하는 찬사를 받았던 대문호의 시세계를 활짝 펼쳐 보여주고 있다. 무엇보다도 성리학 이데올로기의 강압에 정신이 억눌리고 지배층의 가렴주구에 백성의 등골이 내려앉던 시대에 온몸으로 그 시대의 장벽을 돌파하려 했던 한 비범하고 영민한 인물의 고뇌와 투혼을 실감 있게 그리고 있다. (중략)

다산이 세운 거대한 지적 건축물의 두 기둥은 공맹과 서학이라고 이 책은 말한다. 그는 지배이데올로기로 굳어진 성리학을 깨뜨려 공자와 맹자의 근본 원리를 되살렸으며, 서양학문을 빨아들여 이 원리에 실용성과 현실성을 주입했다. 유교사상의 혁신자이자 실학사상의 주창자는 이런 경로를 거쳐 태어났다. 근대 유럽의 학문사정에 비유하자면, 그는 '헤겔 좌파'였다. 철학자 헤겔에게서 보수적 우파와 진보적 좌파가 형성됐듯이, 다산은 실학의 선구자인 성호 이익에게서 발원한 두 파 가운데 진보파에 속했던 것이다.

'성호 좌파'는 서양 학문을 받아들여 공부하는 데 열성이었다. 반면에 '성호 우파'는 서학을 비판하고 공격했다. 여기에 다산의 영화와 고난의 모든 원인이 있다. 이 책은 젊은 시절 다산의 정신을 키운 지적 환경에 주목한다. 최초의 천주교 신자 이벽을 비롯해 윤지충·이승훈·황사영·정약종 등 초기의 순교자들이 모두 다산의 가까운 친인척이었다. 새로운 것에 대한 지적 호기심이 강했던 그는 그들과 더불어 『천주실의』와 같은 천주교 서적을 탐독하고, 천문·농정·수리 등에 관련된 서양과학을 공부했다. 그러나 바로 이런 관심 때문에 그는 정조 사후 터진 신유박해 때 천주교도라는 모함을 받고 유배를 당하는 처지가 된다. 권력을 되찾은 노론 벽파가 반대파를 소탕하기 위해 찾아낸 명분이 척사위정이었고 다산이 거기에 휘말린 것이다.

다산에게 정말 중요했던 것은 '실용'과 '실천'이었다고 이 책은 강조한다. 그의 실용주의를 보여주는 적절한 사례가 그가 직접 설계하고 감독한 수원 화성일 것이다. 다산은 정조의 명을 받아 화성을 축조하면서 노동력을 획기적으로 절감할 수 있는 거중기를 만들어냈다. 도르레 원리를 원용한 거중기로 그는 백성을 노역에서 해방시키고 막대한 비용을 아꼈다. 창궐하는 질병으로부터 인민을 구제하기 위해 『마과회통』이나 『촌병혹치』와 같은 방대한 의서를 쓴 것도 그의 실용주의를 보여주는 한 단면이다.

더욱 중요한 것은 그가 '실천' 혹은 '행위'라는 개념으로 성리학의 관념주의를 혁파했다는 사실이다. 이를테면, 그는 인간의 선한 본성만 지키면 만 가지 일이 모두 해결된다는 주자의 성리학적 사고를 거부하고, 아무리 훌륭한 성품을 갖추었더라도 그것만으로는 아무것도 할 수 없으며 선한 성품을 행동으로 옮겨야만 덕이 될 수 있다는 새로운 주장을 폈다. 일종의 '실천철학'인 셈이다. 그런 실천적 철학 사상을 바탕에 깔고 있었기에 그는 백성들이 겪는 끝 모를 고통에 동참하는 수많은 사회비판시를 쓸 수 있었고, 그들의 고통을 재생산하는 사회구조 자체를 바꿔야 한다는 변혁적 사고로 나아갈 수 있었다고 이 책은 말한다.

그렇다고 해서 그가 당대의 정치체제를 완전히 뒤엎어야 한다고 본 것은 아니다. 그는 다수 민중이 아닌 현명한 군주를 변혁의 주체로 상정했다는 점에서 한계를 안고 있었다. 그러나 압박 받는 인민들이 정당한 삶을 살아갈 공정한 세상을 만들자던 다산의 구상과 노력은 오늘날에도 여전히 깊은 울림을 지니고 있다고 지은이는 강조한다.

-『다산 정약용 유배지에서 만나다』(박석무, 한길사, 2003)를 읽고

일간신문 기자의 전문 서평이다. 저자에 대한 소개, 책의 위상 및 가치, 책의 핵심 내용, 독자에게 권유하는 이유 등 서평이 지녀야 할 기본적인 사항들이 잘 담겨 있다.

3) 이권우, 「슬프고도 기이한 사랑 이야기」, 『죽도록 책만 읽는』, 연암서가, 2009, 64~68쪽.

사람들은 누구나 사랑을 꿈꾼다. 만약, 사랑의 노래를 문학으로 형상화하지 못하게 되면, 세계문학사의 곳간은 텅 비고 말 것이다. 어찌 문학뿐이겠는가. 대중가요에 이르면 거의 모든 노래가 사랑타령이라고 해도 과장이 아닐 정도다. 그런데 희한하다. 그토록 많은 사랑 이야기가 있는데도 여전히 새로운 사랑 이야기를 만든다. 아직도 만들어지고 있는 것은 지금껏 사랑 이야기를 갈구하는 사람들이 많기 때문이다. 사람들은 왜 이토록 사랑 이야기를 원하는 것일까. (중략)

카슨 매컬러스의 『슬픈 카페의 노래』(장영희 옮김, 열림원, 2005)는 새로운 사랑의 유형을 선보인다. 아니, 새롭다는 것은 정직하지 못한 말인지도 모른다. 시쳇말로 하면 엽기적이기까지 하다. 도대체 이런 사랑이 가능한 것인지 의구심이 들 수도 있다. 주인공 아밀리아는 수전노에 선머슴 같은 여성이다. 그녀를 사랑했고 결혼까지 했던 메이시는 동네 깡패다. 어느 날 갑자기 동네에 나타나 아밀리아의 친척 오라버니라고 떠벌린 라이먼은 꼽추인데다 부랑아다. 한마디로 너무 넘치거나, 너무 모자란 사람들이다.

그런데 이들끼리 기묘한 사랑의 방정식이 성립한다. 이러니 엽기적이랄밖에. 평균적인 남자이거나 재산이 탐나지 않는다면 결코 거들떠보지 않을 아밀리아를 메이시는 사랑했다. 사랑은 역시 묘약이다. 아밀리아를 사랑했기에 문제아에다 깡패인 메이시가 변한다. 말하자면, 눈에서 독기가 사라지고, 애완견처럼 고분고분해지기까지 했다. 문제는 아밀리아다. 끝내 아밀리아는 메이시를 받아들이지 못했다. 결혼까지 했건만 금세 파탄나고 만다. 사랑을 잃은 메이시는 긴 꿈에서 깨어난 듯 원래대로 돌아간다. 난폭해지고 말았으니, 결국에는 교도소에 처박히는 꼴이 되었다.

라이먼이 등장했을 적에 마을 사람들은 아밀리아가 곧 망신을 주며 쫓아내리라 기대했다. 그렇지 않을 리가 있겠는가. 족보에도 없는 오빠라고 하며 아양을 떨어대는 꼴이나, 거렁뱅이 신세나 다를 바 없는 처지에다, 불구이지 않은가. 그런데 놀라운 일이 벌어진다. 라이먼은 쫓겨나기는커녕 집안 어른 노릇을 하기 시작한다. 사람들을 이간질시키는 악마적 속성이 있는 사람이건만 아밀리아는 라이먼을 감싸고 돈다. 밤에 잠이 잘 들지 못한다고 같이 밤을 새우기까지 하는 데다, 나중에는 카페를 차린다. 밤에 사람들과 즐겁게 떠들며 놀라고 내린 조치다.

덕분에 마을 사람들은 마음에 드는 카페를 이용할 수 있게 되어 즐거워했다. 사막 한가운데 낭만적 분위기가 풍기고 신나게 떠들며 놀 수 있는 공간이 생긴 것에 자부심마저 느꼈다. 정말, 그곳은 오아시스 같은 곳이었다. 그리고 사람들은 눈치챘다. 아밀리아가 변하는 것을. 그녀 역시 사랑의 묘약을 마신 셈이다. 그러니 놀라지 않을 수가 있겠는가. 그 아밀리아가 어떻게 라이먼 같은 사람을 사랑할 수 있단 말인가.

노래에 시작이 있으면 끝이 있는 법이다. 사랑이 정점에 이르면, 파국이 예고되게 마련이다. 메이시가 출소했다. 카페에 들어와 자신을 과시하며 아밀리아를 압박한다. 마을 사람들은 결투가 벌어질 것을 예상한다. 그런데 이상한 일이 벌어진다. 라이먼이 메이시 뒤를 졸졸 쫓아다니더니, 급기야 집에까지 끌어들인다. 메이시야 당연히 라이먼을 벌레 보듯 하지만 라이먼은 다르다. 아밀리아가 누구던가. 남정네들보다 더 힘 세고 싸움질 잘하는 여장부이지 않은가. 육탄전이 벌어졌는데, 아밀리아가 메이시를 때려눕히고 그의 몸에 올라탔다. 회심의 일격을 가하면 모든 상황이 끝나는 순간이었다. 그때 라이먼이 달려들어 아밀리아를 공격한다. 대반전이 일어난다. 승리감에 도취한 두 사람은 카페와 가게를 초토화하고 나서 마을을 떠난다. 그야말로 상처 입은 아밀리아만 남겨놓고 말이다.

작품을 읽다보면, 정말 어찌 이렇게 지독한 사랑 이야기가 있을까 싶다. 작가의 개인사에 관심을 기울이게 되고, 그것과 어떤 관련이 있지 않나 궁금해지기까지 한다. 그러나 문학을 지나치게 환원적으로 보아서는 안 되는 법이다. 분명 개인사에 뿌리를 박고 있으나, 그 열매는 거기서 멀찌감치 떨어져 있는 것이 문학이기에 그러하다. 그러니, 에돌지 말고 작품 속에 집중할 일이다. 이 사랑 이야기를 이해하는 열쇠 역시 작품 속에 있으니, 그 내용은 이렇다.

> "우선 사랑이란, 두 사람의 공동 경험이다. 그러나 여기서 공동 경험이라 함은, 두 사람이 같은 경험을 한다는 것을 의미하지 않는다. 사랑을 주는 사람과 사랑을 받는 사람이 있지만, 두 사람은 완전히 별개의 세계에 속한다. 사랑을 받는 사람은 사랑을 주는 사람의 마음 속에 오랜 시간에 걸쳐 조용히 쌓여온 사랑을 일깨우는 역할을 하는 것에 불과한 경우가 많다. 그는 자신의 사랑이 고독한 것임을 영혼 깊숙이 느낀다. (중략) 아주 이상하고 기이한 사람도 누군가의 마음에 사랑을 불지를 수 있다. 선한 사람이 폭력적이면서도 천한 사랑을 자극할 수도 있고, 의미 없는 말만 지껄이는 미치광이도, 누군가의 영혼 속에 부드럽고 순수한 목가를 깨울지도 모른다. 그래서 어떤 사랑이든지, 그 가치나 질은 오로지 사랑하는 사람 자신만이 결정할 수 있다."

정말 사랑이란 무엇이라 할 수 있는 것일까. 우리가 알고 있는 사랑은 얼마나 편협한 것인가. 『슬픈 카페의 노래』는 우리에게 사랑에 관한 새로운 잠언을 던져준다. 왜 사랑 이야기 가운데 이성적으로 이해하기 힘든 이야기가 많은지 해명해주기도 한다. 사랑이란 놈의 속성이 그러하니 어찌 할 것인가.

-『슬픈 카페의 노래』(카슨 매컬러스, 장영희 옮김, 열림원, 2005)를 읽고

도서평론가의 전문 서평이다. 외국의 소설을 다루고 있다. 소설의 줄거리를 잘 요약하고, 적절한 인용을 통해 소설이 감동적인 이유를 효과적으로 전달하고 있다.

위에서 제시한 세 권의 책 중 한 권을 골라 서평을 써 보자(1,200자 내외).

13장

논리적인 사고와 체계로 승부하라 — 리포트 작성법

1. 보고서의 종류와 형식

보고서는 객관적인 사실이나 결과의 정리 보고를 주된 목적으로 하는 글이다. 이러한 보고서의 종류로는 학교에서 주로 쓰게 되는 실험 보고서, 조사 보고서, 답사 보고서, 채집 보고서, 관측 보고서, 기업에서 쓰게 되는 매출 현황 보고서, 출장 보고서, 사례 분석 보고서 등이 있다. 객관성과 정확성을 그 생명으로 하고 있는 보고서는 자신의 연구 결과를 정리하여 독창적인 결론을 도출해 내는 논문과는 엄밀히 구별되지만 어떤 주제에 대한 자료 검토를 통해 자신의 주장을 논리적으로 펼치는 글이라는 점에서는 넓게 보아 논문의 한 종류로 파악하기도 한다. 보고서의 이러한 특성으로 인하여 대학에서는 기말 논문(term-paper)이나 학술 보고서를 비롯하여 감상 보고서, 요약 보고서 등 교과목 담당 교수가 학생에게 내는 과제물 전반을 '보고서'라고 부르기도 하는 등 보고서라는 이름은 매우 광범위하게 사용되기도 한다.

보고서의 가장 주된 목적은 '보고'를 하는 일이다. 답사 보고서는 답사한 내용에 대한 보고, 조사 보고서는 조사한 내용에 대한 보고, 실험 보고서는 실험한 내용에 대한 보고, 연구 보고서는 연구 내용에 대한 보고라고 생각하면 된다. 따라서 보고서는 얼마나 '효과적'으로 보고하는가가 매우 중요한데, 이를 위하여 요약 정리된 보고서를 제출하기도 하고, 상세하고 설득력 있게 서술된 보고서를 제출하기도 한다. 실험 보고서나 조사 보고서 등 사실을 객관적으로 서술하는 보고서의 경우, 항목 별로 중심 내용만 간략하고 일목요연하게 정리하는 것이 좋다. 이를 항목 나열식이라고 한다. 항목 나열식은 중심 내용을 항목화하여 핵심 내용만을 간략하게 서술함으로써 독자가 내용을 효율적으로 파악할 수 있다는 장점을 지닌다. 한편, 서론, 본론, 결론의 체계와 구성을 갖추어 보고 내용을 논리적이고 설득력 있게 서술하는 경우, 이를 항목 서술식이라고 한다. 학기말 논문이나 학술 보고서 등 대학에서 일반적으로 제출하게 되는 보고서는 대부분 항목 서술식을 쓰는 경우가 많은데 주석이나 참고문헌 등 내용과 형식면에서 소논문과 매우 유사하다.

물론 보고서의 종류에 따라 정해진 형식이 있는 것도 아니고, 한 편의 보고서에 요약식과 서술식을 각각 한 가지만 써야 하는 것은 아니다. 핵심만을 간략하게 드러낼 것인가, 자신의 논지를 설득력 있게 서술할 것인가에 따라 형식은 달라질 수 있으며, 두 형식을 복합적으로 사용할 수도 있다.

2. 보고서의 유형

1) 연구 보고서

일정한 주제에 대하여 심도 있게 분석하는 보고서로서 논문의 체계와 격식을 갖추어 작성해야 한다. 단순한 조사나 관찰 내용을 정리하는 것이 아니라, 판단과 의견을 논리적이고 체계적으로 서술할 수 있어야 하므로 연구 주제에 대한 깊이 있는 고찰과 분석이 요구된다. 연구 보고서는 일반적으로 다음과 같은 내용으로 구성된다.

<연구 보고서 차례의 예>

Ⅰ. 서론
 1. 연구 대상
 2. 관련 이론 및 선행연구 고찰
 3. 연구 목적
 4. 연구 방법
Ⅱ. 실태 분석 및 실행 목표
Ⅲ. 연구의 실행 및 검증
Ⅳ. 결론
 1. 요약 정리
 2. 한계와 전망
■ 참고문헌
■ 부록

2) 조사·답사 보고서

특정한 목적을 가지고 조사 대상의 실태와 사실을 정리하거나 현장을 방문 답사한 후 그 결과를 정리해 놓은 보고서로 현장성이 강하다.

<조사 보고서 차례의 예>

2007년 3분기 길거리 경기 조사 결과 보고서

■ 전체 요약
■ 조사 개요
 • 조사 목적
 • 대표 업종
 • 패널 구축 및 조사 설계

■ 조사 내용

■ 패널 특성

• 업종

• 지역, 연령, 성별

■ 조사 결과

Ⅰ. 이번 분기의 경기 수준

Ⅱ. 지난 분기 대비 이번 분기의 경기 동향(vs 소비자 평가 지수)

Ⅲ. 2-3개월 후 경기 전망(소비자 기대 지수)

Ⅳ. 1년 후 경기 전망

Ⅴ. 응답 업소의 이번 분기 매출 현황

Ⅵ. 응답 업소의 2-3개월 후 매출 전망

Ⅶ. 기타

(1) 추석 경기 작년 대비 변화

(2) 중국산 원재료, 외국인 인력 사용 정도

(3) 차기 대통령이 '자영업 활성화'를 위해 해야 할 일

■ 별첨 1,2

(LG 경제연구원, 『2007년 3분기 길거리 경기 조사 결과 보고서』, 2007)

〈답사보고서 차례의 예〉

2008 남극 대륙기지 후보지 답사 보고서

-지형·지질 및 환경을 중심으로-

1. 답사 위치

1.1. 아문센 해안의 Pine Island Bay 지역

1.2. Amundsen Sea 지역의 남극 대륙의 지체구조적 위치

2. 답사 내용

2.1. 1차: Canisteo Peninsula 및 Lindsey Island(2월 13일 오전)

2.2. 2차: Lindsey Island 조사 및 AWS 설치(2월 13일 오후)

2.3. 3차: Mtn. Hudson 화산대(Mtn. Moses 및 Maish 화산체) 답사
(2월 14일 오전)

3. 후보지 답사 계획 수립

3.1. 답사후보지 선정

3.2. 최종 답사계획 확정

4. 후보지 답사

4.1. Canisteo Peninsular 및 Lindsey Island

4.2. Mtn. Hudson 화산대

5. 결론

5.1. 대안 비교

5.2. 문제점

5.3. 향후 추진 방향에 대한 제언

참고문헌

부록1. Leningradskaya 기지 방문 보고서

부록2. Ruskaya 기지 방문 보고서

부록3. Canisteo Peninsula의 지형 분석

부록4. 답사 후보지의 암석 시료

부록5. 사진

(김지영 외, 『2008 남극대륙기지 후보지 답사 보고서』, 한국해양연구원부설 극지연구소, 2008)

3. 보고서의 요건

1) 과제의 의도를 파악하라

보고서의 주제는 대체로 교수자가 제시한다. 교수자는 학생이 해결해야 할 과제를 구체적으로 제시하기도 하지만, 유연하고 폭넓게 제시하기도 한다. 보고서를 작성할 때는 교수자의 의도를 파악하는 것이 가장 중요하다. 교수자가 원하는 것이 실험이나 조사 자료의 충실성인지, 자료에 대한 분석과 평가인지, 독창적 해석과 연구 결과인지, 어떤 문제에 대한 창조적 대안인지, 경험에 근거한 주관적 평가인지를 파악해야 한다. 즉 과제가 부여되는 시점의 강의 맥락을 파악하여 교수자의 의도를 읽어내는 것이 중요하다.

2) 정보성과 독창성을 확보하라

교수자가 보고서를 요구하는 목적은 여러 가지지만, 대개는 학생들이 스스로 자료를 찾고 주어진 문제에 대해 깊이 사고하기를 바라는 것이다. 결과물로 제출된 보고서보다는 깊이 있는 사고를 통해 문제를 제기하고 자료를 찾고 정리하면서 논리적으로 주장을 전개하는 과정 자체를 중시한다. 그런데 요즈음은 인터넷을 이용해 과제물을 베끼는 사례가 급증하고 있다. 심지어 얼마간의 비용을 지불하면 해당 주제에 대한 논문을 다운받을 수 있는 사이트까지 생겨나고 있다. 여기에 한번 재미를 들인 학생은 그 편리함의 유혹에서 쉽게 벗어나지 못할 것이다. 그러나 스스로 자료를 찾고 분석함으로써 스스로 문제를 발견해 낸 성취감을 경험해 본 학생은 어느 쪽이 가치 있는 일인지 분명히 판단할 수 있을 것이다.

3) 독자의 입장에서 서술하라

찾아 놓은 자료를 바탕으로 실제로 보고서를 쓸 때 가장 어려운 점은 어떻게 서술할 것인가의 문제이다. 학생들은 대부분 자신이 참고한 자료의 수준이나 어투에서 벗어나지 못하는 경우가 많다. 자료를 충분히 이해하지 못한 상태에서는 지나치게 어려운 단어를 그대로 쓰게 된다. 보고서를 쓸 때는 독자가 자기와 같이 수업을 듣는 학생들이라고 생각하는 것이 좋다. 자료를 정확히 이해해 어려운 용어를 사용할 수 있는 경우라도 다른 학생들이 이해하지 못할 어려운 개념이라고 생각되면 친절하게 설명해 주어야 한다. 쉬운 용어로 보고서를 썼을 경우 교수자가 낮은 점수를 주지 않을까 염려할 필요는 없다. 앞에서 말했듯이 교수자가 학생에게 요구하는 것은 보고서를 써나가는 과정이지, 그럴듯한 편집과 현학적인 표현으로 포장된 결과물이 아니기 때문이다.

4) 가독성을 높여라

보기 좋은 떡이 먹기도 좋다. 활자의 크기나 서체, 문단 등을 잘 편집하여 읽기 쉽고 핵심 내용이 잘 드러나는 문서를 작성해야 한다. 그림이나 표, 사진 등도 적극적으로 활용하여 내용 이해를 돕는 것이 좋다. 보고서의 기본 형식을 해치지 않는 범위 내에서 편집이나 디자인 기술을 잘 활용한다면 내용을 더욱 잘 드러내는 참신한 보고서가 될 수 있다.

4. 보고서의 구성

1) 표지

보고서의 표지는 지나치게 화려하게 꾸미기보다는 보고서의 내용과 보고서 제출자와 관련한 정보가 일목요연하게 명시되는 것이 가장 중요하다. 보고서에는 보고서의 제목, 담당 과목과 담당 교수 이름, 제출자의 소속 학과(학부/계열), 제출자의 학번, 제출일 등을 차례대로 기입하되 제목이 잘 부각되도록 구성하여 보고서의 내용이 무엇인지 한눈에 알아 볼 수 있도록 한다. 또한 보고서의 기본 형식을 해치지 않는 범위 내에서 보고서의 성격이 잘 드러나도록 편집 기술을 활용하는 것도 좋다. 가령, 월드컵과 관련한 내용일 경우, 월드컵과 관련된 그림을 적절하게 삽입하여 보고서의 성격을 명확히 드러내도록 도울 수 있다.

2) 제목

제목은 보고서의 핵심 내용을 한눈에 알 수 있어야 한다. 너무 독특하거나 추상적인 제목보다는 연구 내용과 의미가 무엇인지 알 수 있는 구체적인 제목이 좋다. 지나치게 범위가 넓은 경우, 부제를 붙여서 범위를 제한하여 줄 수 있다. 다음은 보고서 제목의 예다.

- 조선시대 향약의 성립과 실시 과정에 대한 연구
- 해방 공간의 농민소설 연구
- 지역 관광 활성화를 위한 컨벤션 산업과 지역축제의 결합
- 여성 결혼이민자의 부부갈등 및 학대에 관한 연구 - 사회문화적 요인을 중심으로 -
- 국제결혼 이주여성의 딜레마와 선택: 베트남과 필리핀 아내의 사례를 중심으로

3) 목차

제목과 본문 사이에 목차를 붙이면 전체의 구성을 일목요연하게 보여주어 읽는 이의 이해를 도울 수 있다.

〈목차의 예〉

18세기 노,주 분쟁의 한 사례 연구
- 조선후기 변화된 사회상과 관련하여 -

Ⅰ. 서론
Ⅱ. 자료 소개
Ⅲ. 소송의 전말
 1. 사건의 발단

2. 소송의 전개

3. 조사 과정

4. 판결

Ⅳ. 소송의 배경과 원인

Ⅴ. 결론

신자유주의 경제정책과 노동자의 삶의 질 변화

- 한국의 사례 -

Ⅰ. 문제 제기 및 목적

Ⅱ. 경제 위기와 신자유주의 경제 정책 도입

Ⅲ. 연구 내용 및 방법

Ⅳ. 자료 분석 및 논의

Ⅴ. 요약 및 결론

생활 속의 산

- 염기 적정도 -

1. 서론
2. 실험 목적
3. 실험 이론
4. 실험 장치 및 방법
5. 실험 결과
6. 고찰
7. 결론

4) 본문

본문은 서론, 본론, 결론으로 구성하되 항목 번호를 붙이는 것이 좋다. 항목번호를 붙이는 방법은 장과 절을 사용하는 장절식, 수와 문자를 혼합하는 수문자식, 숫자만을 이용하는 수식으로 나뉜다.

장절식 항목 번호는 전통적인 방식이고, 최근에는 수문식 항목 번호나 수식 항목번호를 더 많이 사용하는 추세다. 숫자와 로마자, 알파벳 등 다양하게 이용되는 수문식은 논문뿐만 아니라 비교적 가벼운 글에도 널리 사용되는 방식이다. 수식은 수문식 항목에 비하여 항목 간의 위계를 잘 보여 준다는 장점이 있어 주로 논문에서 많이 사용된다.

〈장절식(章節式) 예〉	〈수문식(數文式) 예1〉	〈수문식(數文式) 예2〉	〈수식(數式) 예〉
제1장	1.	Ⅰ.	1.
제2장	2.	Ⅱ.	2.
제1절	가.	A.	2.1.
제1항	1)	1.	2.1.1.
제2항	2)	2.	2.1.2.
제2절	나.	B.	2.2.
제1항	1)	1.	2.2.1.
제2항	2)	2.	2.2.2.
제3항	3)	3.	2.2.3.
제1목	가)	a.	2.2.3.1.
제2목	나)	b.	2.2.3.2.

5) 참고문헌

보고서의 말미에는 보고서를 쓰는 데 참고한 문헌들을 밝혀준다. 참고문헌은 연구자의 주장에 권위 있는 근거를 제공해 줄 뿐만 아니라 그와 유사한 주제에 대해 연구하려는 사람들에게 관련 문헌에 대한 정보를 제공해 준다.

참고문헌의 범위는 논리적 근거로 제시한 자료나 비판의 대상이 되었던 논저와 논문 작성에 직·간접적으로 영향을 준 모든 자료로 하되, 문제의 해결에 도움을 준 자료로 한정한다.

참고문헌에는 이름, 논문제목, 단행본 제목, 출판사명, 출판년도, 쪽수 등을 적게 되어 있는데 문헌의 종류에 따라 표기 순서나 방식 등이 다르다.

• 단행본의 경우

저자명, 서명, 출판사, 출판년도.

> 김진영, 『고전작가의 풍모와 문학』, 경희대학교 출판부, 2004.
> Chomsky, N. & Halle, M., *The Sound Pattern of English*, Harper and Row, 1968.

• 학술 논문의 경우

저자명, 논문제목, 학술지 제목, 권호수, 학회명, 출판년도, 쪽수.

> 이혜순, 「국제화 시대의 국문학」, 『국어국문학』 제114호, 국어국문학회, 1995, 415~433쪽.

• 신문

신문명, 발행 연월일.

> 〈한겨레신문〉, 2009년 5월 18일.

• 인터넷 자료

사이트 주소, 검색일. (가능하면 맨 앞에 사이트명을 적어 주는 것이 좋다.)

> 신동흔과 함께 여는 구비문학 고전문학 세상, http://www.gubi.co.kr/ (검색일: 2009년 2월 15일).

위에서 살펴 본 예는 일반적인 경우에 해당된다. 인용과 참고문헌 양식은 전공과 학술분야, 학술지에 따라서 서지 사항의 순서나 부호 등을 달리 사용하고 있으므로 자신의 전공 분야의 참고문헌 작성 방식을 참고해야 한다.

참고문헌을 배열할 때는 다음과 같은 원칙에 따른다.

- 동양문헌을 서양문헌보다 먼저 배열한다.
- 동양문헌은 가나다순, 서양문헌은 알파벳순으로 배열한다.
- 국내서, 중국서, 일본서 등의 동양서가 섞여 있을 경우에는 한글음 순서대로 배열한다.
- 동일 저자의 문헌이 여러 개 있을 경우, 연도순으로 배열한다.
- 동일 저자의 문헌을 여러 개 나열할 경우, 처음에만 이름을 적고 나머지는 줄표를 그어 동일인임을 표시한다.
- 동일 저자의 단독 집필 문헌과 공동 집필 문헌이 있을 경우에는 단독 집필문헌을 먼저 제시한다.

자신의 전공분야의 논문 투고 규정을 찾아보고, 참고문헌 작성 방법을 익혀 보자.

5. 보고서 작성 과정

1) 주제설정 및 예비목차

① 연구 주제의 설정

연구주제를 스스로 선택해서 보고서를 쓰는 경우도 있고, 주어진 주제로 보고서를 써야 하는 경우도 있다. 능숙한 연구자가 아니라면 양쪽 다 막연할 수밖에 없다. 그러나 어느 경우든 연구 주제는 자신의 관심사에서 출발하는 것이 바람직하다.

초보 연구자들이 연구 주제를 정할 때 가장 흔히 하는 실수는 지나치게 범위를 넓게 잡는다는 것이다. 주제가 너무 넓으면 백과사전처럼 사실을 나열하는 데 거쳐 독창성 없는 글이 되기 쉽다. 논제의 범위를 좁혀 창의적이고 의미 있는 결론을 도출해 내는 것이 중요하다. 이렇게 좁혀진 연구 주제는 자신뿐만 아니라 타인에게도 의미가 있는 것이어야 한다. 주제에 대해 다양한 시각에서 질문하면서 연구 과제의 중요성을 정당화하도록 한다.

② 주제문 작성

자신이 정한 주제를 문장의 형태로 만들어 보면 주제와 관점이 명확히 드러난다. 주제문을 작성할 때는 다음과 같은 사항을 고려해야 한다.

- 하나의 완전한 문장으로 진술해야 한다.
- 표현이 정확하고 구체적이어야 한다.
- 그 초점을 제재의 한정된 측면에 맞추어야 한다.
- 필자의 관점이 드러나야 한다.
- 누구나 알고 있는 자명한 이치나 의견이어서는 안 된다.
- 감정에 의해서가 아니라 근거에 의해 증명될 수 있는 것이어야 한다.

다음 주제문은 무엇이 문제인지 평가해 보고, 바람직한 주제문을 만들어 보자.

- 한반도 대운하와 4대강 살리기
- 글쓰기의 중요성
- 조선 후기 성리학에 대해 이야기하고자 한다.
- 세상에서 가장 아름다운 것은 사랑이다.
- 가을은 독서의 계절이다.

2) 자료수집 및 정리

① 자료의 종류

논문이나 보고서를 쓰는 데 활용되는 자료는 크게 원자료인 일차 자료와 비평자료인 이차 자료로 나뉜다. '김인후 시에 나타난 자연관 연구'라는 주제로 논문을 쓴다고 해 보자. 이 연구 대상은 김인후의 시이며, 이것이 일차 자료다. 이 일차 자료를 대상으로 그 속에 나타난 자연관을 분석해 내는 도구가 되는 자료들이 이차 자료인데 여기에는 김인후에 대한 다른 학자들의 평가나 김인후 시에 대한 비평, 자연관에 대한 여러 자료들이 포함된다.

자료가 꼭 텍스트의 형태로만 존재하는 것은 아니다. '해방 이후 통치 시기별 도서관 정책과 공공 도서관 발전에 관한 연구', '우리나라 보호 시설에 있는 미혼모의 의료 이용 형태에 관한 연구', '한국 전통 주택에 사용된 재료의 색채 특성 연구' 등과 같은 논문은 설문조사, 통계자료, 조사나 실험을 통해 얻어진 결과 등을 연구대상으로 삼는다. 이처럼 텍스트의 형태로 존재하지 않는 자료들은 논문에 수록됨으로써 텍스트가 된다.

연구를 진행하다 보면, 일차 자료와 이차 자료를 혼동해 자료에 대한 직접적인 해석보다는 다른 학자의 해석에 기대어 논의를 전개하는 경우가 있다. 연구자는 연구의 대상이 무엇인지 늘 인지하고, 일차 자료를 충실하고 꼼꼼하게 해석하고 평가해야 한다. 주제를 정할 때 연구 대상이 자신의 능력 밖에 있는 것인지 아닌지를 미리 생각한 후에 연구를 시작하는 것도 현명한 방법이다. 연구에 필요한 자료를 어디서 찾을 수 있는지, 쉽게 접근할 수 있는 자료인지, 그리고 자신이 그것들을 마음대로 다룰 수 있는지를 냉정하게 평가한 다음 연구를 진행해야 한다.

② 자료의 수집

자료 조사 방법에는 문헌 조사, 현장 조사, 실험 조사 등이 있다. 가장 보편적이고 기본적으로 활용되는 방법은 문헌 조사이다. 문헌 조사는 연구 주제가 결정되면 바로 시작하는 작업이지만, 주제를 심화하고 집필을 하는 동안에도 계속 병행해야 하는 작업이다. 따라서 연구자는 도서관에서 대부분의 자료를 찾게 되는데 최근에는 도서관의 많은 자료들이 데이터베이스화되어 있어 도서관 검색 시스템을 활용하여 집에서 편리하게 도서관 자료를 검색해 볼 수 있다.

최신 이론이나 연구 동향 등을 살피기 위해서는 학술지에 실린 논문을 살펴보아야 하는데 도서관의 색인 검색 시스템이나 원문 제공 서비스 등을 다양하게 활용할 수 있다. 학술지 논문의 경우, 한국연구재단(http://www.nrf.go.kr), 또는 한국연구업적통합정보시스템(http://www.kri.go.kr), 한국학술지인용색인(http://www.kci.go.kr), 국가 전자 도서관(http://www.dlibrary.go.kr), 각 학회 홈페이지 등의 인터넷 서비스를 이용하여 다양한 자료를 찾아 볼 수 있으며 포털 사이트나 위키피디아(http://www.wikipedia.org)와 같은 백과사전류도 이용할 수도 있다.

③ 자료의 검토와 정리

수집한 자료 전체를 꼼꼼하게 읽고 평가하여 연구에 활용하는 것이 가장 좋지만, 여러 가지 사정상 그렇게 하기 어려운 경우가 많다. 우선 제목을 보고 자신의 연구 주제와 연관성이 있을 경우, 색인이나 초록, 목차 등을 통해 가치와 필요성을 판단한다. 많은 자료들 중에서 자신에게 꼭 필요한 자료를 빠른 시간 안에 정확하게 구별하기 위해서는 권위 있는 자료들, 즉 공인된 출판사, 저명한 저자, 믿음직한 기관이나 학교에서 발표된 자료를 우선적으로 살펴보는 것도 한 방법이 될 수 있다. 목차의 짜임새, 색인의 충실도 및 정확성, 참고문헌 목록, 주석의 질, 양식 등 체재와 내용이 얼마나 충실한가 하는 것도 자료를 선별하는 기준이 될 수 있다.

이러한 과정을 통해서 선별한 자료는 다시 한 번 꼼꼼하게 읽으면서 평가한다. 내용에 무리나 모순, 편견이 없는지, 개연성 있는 결론인지, 내용이 정확한지, 참신한 논의를 하고 있는지 등을 살핀다.

<자료 검토와 연구 과정에서 범하기 쉬운 실수들>

- 연구를 빨리 시작하겠다는 생각이 앞서 기존 연구 문헌들을 소홀히 검토하는 것.
- 지나치게 2차 자료와 문헌에 의존하는 것.
- 기존 연구들의 결론에만 초점을 맞추어 읽음으로써 연구방법, 특정 등의 다른 중요한 정보들을 놓치게 되는 것.
- 연구 주제에 직접적으로 관련된 단행본이나 학술지에만 관심을 가지고 비관련 학술지, 신문, 잡지 등의 기타 자료는 소홀히 다룸으로써 연구주제에 관련된 정보를 놓치게 되는 것.
- 기존 문헌의 검토 범위가 적절하지 못한 것: 검토의 범위를 너무 넓게 잡는 경우, 방대한 양에 낙심하여 수박 겉핥기식 연구를 진행할 우려가 있으며, 검토의 범위를 너무 좁게 잡는 경우, 연구 주제와 직접적으로 관련되지는 않더라도 더 나은 연구 설계에 도움이 될 수 있는 정보를 가진 자료들을 간과할 수 있음.
- 참고자료를 잘못 기록하여 필요한 참고문헌을 찾을 수 없게 되는 것.
- 독서카드에 너무 많은 것을 기재하는 것: 이는 종종 연구 주제에 대한 이해가 부족하다는 사실을 보여주며, 아직 무엇이 중요하고 무엇이 중요하지 않은지를 구분하지 못하고 있음을 반증.

3) 집필단계

① 서론: 독자의 주목을 끌어라

서론은 독자에게 논문이나 보고서의 내용을 안내하고 글의 목적과 목표를 확인함으로써 독자의 주목을 끄는 기능을 한다. 따라서 서론에서는 연구 대상 및 목적, 연구사, 연구 방법 등을 기술한다. 연구하고자 하는 대상이 무엇인가, 왜 그것이 주요한 논제가 되는가, 이 글은 어떠한 성과를 가져올 수 있는가 등에 대한 답을 하나하나 정리하면 연구의 목적과 가치가 분명해질 것이다. 보고서 주제와 관련된 선행 연구를 요약하여 제시하는 것도 서론에 포함되어야 할 사항이다. 그러나 서론은 어디까지나 본문을 유도하는 역할을 하므로 지나치게 길어지지 않는 것이 좋다. 실험 보고서라면 보고서를 작성하는 배경과 목적, 내용과 범위 등 시험 전체의 개요를 밝혀 준다.

② 본론: 탄탄한 논거를 바탕으로 주장하라

본론에서는 몇 개의 장으로 나누어 주장을 전개한다. 주장을 뒷받침하기 위해 개관적인 자료를 충분히 제시하기도 하고, 자료를 분석하기도 하며, 가설을 증명해 내기도 한다. 어떠한 경우라도 탄탄한 논거를 바탕으로 주장을 펼쳐야 한다.

③ 결론: 요약 강조하고 새로운 문제를 제기하라

결론에서는 요약이 가장 중요하다. 본론의 내용을 토대로 새로운 내용을 제시하거나 해서는 안 된다. 주장하고자 하는 바는 본론에서 끝맺음하고, 결론에서는 이를 요약·정리해 준다. 본론에서 주장과 그것을 뒷받침할만한 논거가 탄탄하지 못할 경우, 요약이 명쾌하게 되지 않는 경우가 많다. 결론은 짧고 명쾌할수록 좋은데, 어떤 목적에서 이 연구가 시작되었고, 어떤 과정을 거쳐 결론에 이르렀는지를 밝혀 준다.

결론에서 꼭 빠뜨리지 말아야 할 것은 연구의 성과와 한계이다. 결론에 성과와 한계를 밝히는 것은 두 가지 의미를 지닌다. 첫째, 자기 보고서의 성과를 다시 한 번 확인하는 것이다. 이는 서론에서 제시한 목적이 얼마나 달성되었는지를 밝힘으로써 이 보고서가 최종적으로 어떤 가치를 지니는지 설명하게 된다. 둘째, 스스로 한계를 밝힘으로써 예상되는 반론을 미리 막는 것이다. 이 한계를 스스로 극복해야 할 과제로 남김으로써, 이후 자신의 연구 영역을 미리 확보해 둘 수 있다.

4) 인용과 주석

① 인용

인용은 필자가 자신의 논변을 강화하거나 이해시키는 수단으로서 다른 사람의 견해를 끌어 옴으로써 자기 주장에 객관성과 정당성을 부여한다. 필자는 선행 연구 결과와 자신의 견해를 비교하거나 대조적으로 제시하여 자신의 글이 가진 맥락을 밝히기도 하고, 권위 있는 필자의 글을 인용하여 자신의 주장이 가진 타당성과 정확성을 뒷받침하기도 하는데, 독자들은 이를 통해 글을 더욱 잘 이해할 수 있게 된다.

글을 인용하였을 때에는 출처를 밝히는 것이 기본인데, 신문과 잡지 등 출처에 대한 자세한 서지사항이 필요하지 않은 경우에는 쪽수와 연도를 생략하고 최소한의 출처만을 밝힌다. 그러나 논문이나 학술 보고서와 같이 학술적인 목적의 글에서는 저자명, 연도, 출판사, 쪽수 등을 항상 모두 밝혀 독자들의 이해를 돕고, 독자가 참고하거나 확인할 수 있도록 해야 한다. 단, 상식과 같이 잘 알려진 일반적인 지식이나 다른 여러 출처에서 자주 보도되어 일반적인 지식이 된 정보의 출처 등은 반드시 밝힐 필요는 없다.

논문이나 보고서에서 다른 사람의 글을 인용할 경우, 아래의 몇 가지 사항에 유의해야 한다.

- 인용하는 자료는 인용할 충분한 가치가 있어야 한다. 자신의 논지 전개에 결정적인 역할을 해야 하고 다른 사람들도 인정할 만한 것이어야 한다. 자신의 논지 전개와 동떨어진 자료를 인용하거나, 가치가 희박한 논문 등을 인용하면 오히려 논문의 가치를 떨어뜨리게 된다.
- 인용이 남의 것을 빌려오는 것이므로, 아무리 사소한 것이라도 인용의 근거를 분명하게 밝혀 자기 것이 아님을 분명히 해야 한다.
- 가급적 원전에서 인용해야 하며 부득이 남이 이미 인용한 것을 다시 인용한 경우에는 '재인용'이라 하여 그 사실을 명시한다.
- 원문에 충실해야 한다. 원문의 내용이나 형식을 자의적으로 바꾸어서는 안 된다.

- 원저자의 의도에서 벗어나지 않게 정확한 맥락에서 인용한다.
- 인용은 가급적 짧게 해야 한다. 지나치게 자주 인용을 하거나 인용문이 지나치게 길 경우 본말이 전도될 가능성이 있다.

인용법에는 원전을 조금도 변형시키지 않고 그대로 옮기는 직접 인용법과 다른 사람의 견해를 집필자의 이야기로 바꾸어 옮기는 간접인용법이 있다.

■ 직접 인용

문학작품, 사료, 기본서를 인용할 경우 원문을 직접 인용하게 되며, 원문의 표현 이외에 다른 표현 방법을 찾을 수 없거나 원문이 아니면 내용전달에 오해가 발생할 수 있는 경우에도 직접 인용의 방법을 사용한다. 직접 인용할 때, 그 인용부분이 짧을 경우에는 " "를 사용하여 직접 본문 문장에 쓴다. 그러나 인용 내용이 긴 경우에는 줄바꿈을 하여 독립된 문단으로 만들며, 몇 칸 안쪽으로 들여 쓰거나 글자 크기도 작게 하여 본문과 구분될 수 있도록 한다.

〈짧은 인용의 예〉

> 나아가 茶山의 경우는 어떠하였는가? "지금 세속의 학문에 빠져서 주자를 끌어대어 자위하고 있는 것은 모두 다 주자를 속이는 자들이다. 주자가 어찌 일찍이 그런 적이 있었는가? …… 끝내 손잡고 요·순 주공 공자에게로 함께 나아가지 못할 것이 지금의 성리학이다."[11)]라고 하여, 당시 성리학의 俗學化를 비판하고 있었다.
>
> (김태영, 『실학의 국가개혁론』, 서울대학교 출판부, 1998, 107쪽)

〈긴 인용의 예〉

> 그러나 이와 같이 기존의 향회를 이용하는 방식은 상당한 한계를 갖는 것이기도 하였

다. 향회를 이끌어가는 것은 신분적으로 대부분 양반에 속하는 지배층이었고 계급적 속성상 그들은 관의 입장을 대변하는 것이 일반적이었기 때문이다. 정약용의 다음과 같은 설명은 19세기 전반 향회 성격의 일면을 잘 보여 준다.

> 鄕中의 不肖子弟 수십 인, 부리기 쉬운 자를 객관에 모이게 한 후 돼지를 잡고 술을 걸러 잔치를 연다. 그들을 불러 말하기를 향회에서 役價를 올리는 일을 의논해야겠다고 하면 모두 좋다고 한다. 누가 감히 다른 의견을 내겠는가. … 舊令이 가고 新令이 이르면 또 전과 같이 하여 열 섬을 더하니, 시간이 지나면서 극한에 이르게 된다. 이것이 바로 역가가 늘어나는 까닭이다.(丁若鏞, 『經世遺表』 권 7, 地官修制, 田制)[7)]

정약용이 지적한 향회는 수령에 의해 역가를 올리기 위한 기구로 이용되고 있던 향회인 것이다.

(국사편찬위원회, 『한국사36-조선 후기 민중사회의 성장』, 탐구당, 2003, 73쪽)

■ 간접인용

간접 인용은 원저자의 글을 자신의 말로 바꾸어 보고서 속에 삽입하는 것이다. 출처의 아이디어가 전문적인 내용이나 용어로 표현되지 않은 경우나 출처의 핵심 포인트를 더 적은 어휘로 표현할 수 있을 경우 간접 인용할 수 있다. 요약과 풀어쓰기의 형식을 가진다.

〈간접 인용의 기본 방법〉

- 출처의 자료를 해석하되 필자의 생각과 말로 해석한다.
- 원전과 비슷한 어휘 수를 유지한다.
- 원전의 독특한 어휘나 절은 인용부호로 묶는다.
- 원전의 의미를 유지하면서 예를 들어, '[원저자는]… 주장한다, 설명한다, 강조한다' 등으로 나타낸다.

• 어휘를 그대로 옮기는 것을 피하기 위해 원전을 덮어 두고 자신의 말로 풀어 쓴다. 원전과 풀어쓴 것을 비교한다.

<간접인용 예>

임화는 소설의 통속화가 '구소설적인 퇴행'과 '현대 통속물로서의 변화'라는 두 방향을 다 갖고 있었다고 보았는데 이러한 해석이 객관적일 것이다. 임화는 '현대 통속물로의 변화'에 대해 당시 독자들의 취향이 '신파극·탐정소설 또는 일본의 통속문학의 영향을 배워' 형성된 것이라 하였다.[15)]

(천정환, 「근대독자 형성의 문화적 조건」, 『근대의 책 읽기』, 푸른 역사, 2003, 74쪽)

② 주석

주석은 인용한 자료의 출처를 밝히거나 본문에서 다루기 어려운 내용을 보충, 해설, 비판하기 위한 논문 작성의 형식이다.

■ 참조주와 내용주

주석은 내용에 따라 참조주(인용주)와 내용주(설명주)로 나뉜다. 직간접 인용의 출전을 표기할 때는 참조주를, 부연설명할 때는 내용주를 이용한다.

부벽 도화 취향이 여염 간에 확산되면서 고사 인물도를 비롯한 민화 성향의 그림 수요가 폭발적으로 늘어났다. 고사인물도 같은 모범적 선례를 좇아 자신을 반성하고 경계하고자 하는 의도로 제작된 그림뿐만 아니라 출산과 부귀, 애정과 장수 등 민중의 소박한 염원을 담은 그림들, 그리고 사악한 외부의 기운으로부터 집과 식구들을 보호하고자 하는 바람으로 제작된 벽사화들이 봇물 터지듯 크게 유행했던 것이다. 그것들은 처음에는 무엇을 소망하고 기원하는 마음을 강하게 내포하고 있었으나 나중에는 그런 의미가 많이 퇴색되고 그저 장식용으로 선호되었기 때문에 더욱 유행의 물결을 타게 되었다. 어느 정도 경제력을 갖춘 사람이라면 자기 집의 각종 문과 문설주, 그리고 방 안 여기저기에 과

도하다 싶으리만큼 도화를 붙였던 것이다.[6]

도화 선호풍조를 선도한 것은 병풍제작이었다. 『경도잡지(京都雜志)』는 금강산 1만 2천봉·관동팔경·화조도·백자도·곽분양행락도·요지연도·모란화도 등이 병풍으로 그려져 잔치나 행사 때에 이용되었다고 증언하고 있다.[7]

---

6) 서화는 벽에만 장식된 것이 아니라 조그마한 방문짝이나 미닫이, 다락방문, 그리고 심지어 뒤주에도 붙였다.
7) 유득공, 『경도잡지』(『조선세시기』, 이석호 옮김, 동문선, 1991, 198~203쪽) 참조.

(김현주, 『판소리와 풍속화 그 닮은 예술세계』, 효형출판, 2000, 57~58쪽)

■ 본문주(내주)와 외주

주석은 형태에 따라 본문주와 외주로 나눌 수 있다. 본문주는 본문 내에 표시하므로 내주라고도 한다. 외주는 주석의 위치에 따라 다시 각주와 미주로 나뉘는데, 각주는 본문의 하단에, 미주는 본문이 완전히 끝나는 마지막 장에 위치한다.

〈내주의 예〉

국내외를 막론하고 연어라는 개념은 Firth(1957)의 "you shall judge a word by the company it keeps"라는 정의에서 본질적으로 구별되거나 좀 더 발전된 정의를 내리지 못하고 있다(Parting 1996:15).

(김진해, 『연어(連語) 연구』, 한국문화사, 2000, 28쪽)

〈각주의 예〉

김동욱은 판소리사를 형성기(18세기), 전성기(19세기), 쇠잔기(20세기)로 보았고,[17] 조동일 역시 같은 입장이나 19세기에는 양반층의 애호로 판소리의 발전과 변질이 동시에 일어났다고 보았다.[18] 김흥규 역시 시기구분 자체는 같으나 더 자세한 검토를 하고 있다. 특히 판소리사에서 19세기를 판소리에 관한 양반층의 관심과 후원이 증대되어 판소리의 기술적 세련과 순화가 급격하게 촉진 증대되고, 12마당 중 일부의 침체 및 탈락이 이루어진 시기[19]로 보았다. 임진택은 생성기(18세기 초까지), 성장기(18세기 중엽부터 19세기 초까지), 굴절기(19세기 중엽부터 말엽까지), 쇠잔기(20세기 초와 일제시기)[20]로 나누었다. 역시 굴절기는 양반 향유층이 결정적 역할을 한 때로 보고 있는데, 특징적인 것은 20세기에 들어와서 양반층마저 분해되면서 판소리는 그 근거를 잃었다는 것이다.

---

17) 김동욱, 「판소리 연구의 제문제」, 『인문과학』 2, 연세대 인문과학연구소, 1968.
18) 조동일, 「판소리의 전반적 성격」, 조동일·김흥규 편, 『판소리의 이해』, 창작과 비평사, 1978.
19) 김흥규, 「판소리의 사회적 성격과 그 변모」, 『세계의 문학』, 1979년 겨울호.
20) 임진택, 「이야기와 판소리」, 『민중연희의 창조』, 창작과 비평사, 1981.

(김종철, 『판소리사 연구』, 역사비평사, 1996, 14쪽)

<미주의 예>

인터넷을 기반으로 하는 학습인 E-Learning은 인터넷이나 인트라넷을 이용해서 시·공간의 제약 없이 지식과 정보에 필요할 때마다 접근할 수 있는 학습방식을 말한다[1]. 새로운 교육 패러다임으로서의 이러닝은 폭넓은 교육내용을 제공하고 다양한 교육공학적 방법을 사용할 수 있다는 측면에서 학습자 중심의 교육을 촉진할 수 있다. 또한 웹상에서 학생들의 개별 자료를 축적하고 분석할 수 있으므로 학습자 중심의 맞춤교육이 가능하다[2]. 학습평가는 학습에 관련된 전반적인 평가를 의미하는 것이다[3]. 온라인 교육시스템에서의 학습을 평가하는 학습평가시스템은 객관식이나 주관식 문제를 나열하여 응시자로 하여금 시험을 치르게 하고 시험결과를 평가하는 방식으로서 접근성이 뛰어나다. 그리고 문제출제자의 자료와 수강생의 시험성적을 데이터베이스로 관리할 수 있어 자료의 체계적인 관리와 활용이 가능한 장점을 갖고 있다[4].

참 고 문 헌

[1] 정화영, "문항교정난이도를 이용한 컴포넌트 기반의 자기 주도적 E-Learning 시스템", 한국 인터넷 정보학회 논문지 제7권 제6호, 2006.

[2] 김주혜, "이러닝 구성요소에 근거한 영어 학습자의 정서적 측면 연구: 불안감을 중심으로", 영어교육연구 제19권 2호, 2007.

[3] 김종숙, "이러닝 학습성과의 영향변인 탐색과 인과분석의 교육정책적 함의", 열린교육연구 제15집 제3호, 2007.

[4] 정수현·염창선, "닷넷을 이용한 안정적 서비스를 위한 웹 기반 학습평가시스템 개발", 한국산업경영시스템학회지 제30권 제4호, 2007.

(정화영 외, 「웹 기반 학습평가를 위한 학습자 중심 문제추천 시스템」, 『전자공학회논문지』 제45권 IE편 제4호, 대한전자공학회, 2008)

■ 주석 표기 방식

• 내주

내주 방식은 논문의 본문에 괄호를 사용하여 필자명과 간행 연도만 밝히고 자세한 서지는 뒤에 제시되는 참고문헌에서 참조하는 방식이다. 필자명, 연도, 인용 쪽수 순으로 나열하되 ',' , ':' 등으로 구분하여 준다.

알렉산더는 기어츠가 문화의 인과적 힘을 특정화해서 보여주지 못한다고 비판하였지만, 사실 기어츠는 문화에 인과적인 힘을 부여하는 것보다는 행위를 이해 가능한 맥락으로 보는 것으로 만족하고자 했다(Geertz, 1973: 14)

(최종렬, 「뒤르케임주의 문화사회학: 스토롱 프로그램과 실제연구」, 『문화와 사회』 2, 한국문화사회학회, 170쪽)

도시화는 도시의 온난화 건조화 현상뿐만 아니라 대기오염 물질에 의하여 생태계를 교란시키고 있다. 어떤 개체가 한 생태계 내에서 생명을 유지하려면 재생, 광합성, 에너지 변환, 토양 및 지표에서의 분해 그리고 원소와 광물 및 물의 재순환 등이 연속적으로 이루어져야만 가능하다(노재식, 1993, p.156).

(양진석, 「도시기후와 환경」, 최운식 외, 『정보화 시대의 국토와 환경』, 법문사, 142쪽)

저자가 여러 명일 때는 ','나 ';' 등으로 구분한다.

기존의 연구에서는 다른 부사들과 달리 의성부사와 의태부사가 동사와 일정한 공기관계를 형성하며, 그 중에서도 특히 동작동사와 높은 정도의 공기 가능성을 갖는다는 점이 지적되어 왔다(우인혜 1990:291~300, 채완 1993:60, 손남익 1995:47).

(김진해, 『연어(連語) 연구』, 한국문화사, 2000, 96~97쪽)

서구적 의미의 국제법, 그리고 그것을 기초로 발전했던 국제정치학은 근대유럽에서 국가들 간의 관계를 규율하는 보편적 규범이 성립된 1648년 베스트팔렌평화체제에 기초를 두고 있다(Gross, 1948; 이혜정, 2002; 김명섭, 2007). 유엔의 날로 기념되는 유엔헌장 발효일이 10월 24일이고 베스트팔렌조약체결일 역시 10월 24일이라는 사실은 서유럽 공간에서의 국제규범으로 탄생했던 베스트팔렌조약이 전 세계적 공간에서의 국제규범으로 자리잡았음을 상징한다.

(김명섭, 「세계시민주의 대 애국주의-동북아시아에서의 정치적 함의를 중심으로」, 『21세기정치학보』 제18집 3호, 21세기 정치학회, 2008, 132쪽)

동일 저자, 동일 연도의 논문일 경우에는 'a, b, … ', 'ㄱ, ㄴ, …', '가, 나, …' 등으로 구분한다.

술어명사와 기능동사에 대한 일련의 논의인 홍재성(1993, 1995, 1997a, 1997b)에서는 목적보어에 대한 논항 부여 능력을 갖는 술어 명사와 결합하는 동사를 기능동사로 규정하고, 이러한 결합이 일반적으로 연어 구성을 이룬다는 점을 밝히고 있다.

(김진해, 『연어(連語) 연구』, 한국문화사, 2000, 96~97쪽)

• 각주

외주의 참조주의 경우 인용 자료의 모든 서지 사항을 밝혀야 한다. 제시 방식은 학문 분야나 학회지마다 다르나 일반적으로 다음의 항목들을 밝혀 주어야 한다.

<단행본>

저자명 / 서명 / (편찬자, 번역자) / (총서명과 권수) / (발행판수) / 출판지 / 출판사 / 출판연도 / 인용 혹은 참고한 면수

조동일, 『한국문학통사 2』(3판; 서울: 지식산업사, 1994), 79쪽.

A.P. 메리엄, 『음악인류학 Ⅰ』, 이기우 옮김, 서울: 한국문화사, 2001, pp.25~26.

Ame Melberg, *Theories of Mimesis* (New York: Cambridge University Press, 1995), p.6.

Cane, Mike. Ed, *Towards a Critique of Foucault*, London and New York: Routledge & Kegan Paul, 1986, pp.21~25.

<논문>

논자명 / 논문명 / 게재지명이나 논문집명 / 권수 및 호수 / 발행기관 / 발행일자 / 인용 혹은 참고 면수

성기련, 「국악 어법에 맞는 국악 교수법 고찰」, 『국악교육연구』 3권 2호, 한국국악교육연구회, 2009, 6~8쪽.

강명관, "16세기 말 17세기 초 의고문파의 수용과 진한고문파의 성립", 『한국한문학연구』 18, 한국한문학회, pp.290~291.

Anderson, Douglas. 1984. "Peirce on Metaphor", Transactions of the Charles S. Peirce Society: A Quarterly Journal in American Philosophy 20(4), pp.454~468.

<학위논문>

논자명 / 논문명 / 학위수여 대학명 / 발행일자 / 인용 혹은 참고 면수

최승용, 「경제적 부가가치(EVA)에 대한 비판적 고찰 : 한계점 및 개선방안」 (경희대 석

사논문, 2006), pp.34~35.

박종화, '정치뉴스 프레임의 냉소주의와 정치 행태 관계 연구', 경희대학교 박사학위 논문, 2003, 67~68쪽.

Al-zahrani, M. S.(1998), Knowledge of English Lexical Collections among Male Saudi College Student Majoring in English at a Saudi University, PhD Dissertation, Indiana University of Pensylvania, pp.143~145.

저자나 논자, 편찬자, 번역자 등을 적을 때에는 완전한 이름을 적는다. 서양인의 경우는 이름을 먼저 적고 성을 나중에 적는다. 학술단체나 협회, 정부기관 등은 단체명이 저자가 된다. 공저는 세 사람 이하일 때는 이름을 전부 쓰고, 그 이상일 때는 '○○○ 외 몇 명(and other 혹은 et. al.,)'으로 표기한다. 편저일 경우에는 편저자의 이름 뒤에 '편(編, ed.)'을 쓰고, 번역일 경우에는 번역자의 이름 뒤에 '역(譯, trans.)'을 쓴다. 자기의 저서나 논문을 인용했을 때는 저서는 '졸저', 논문은 '졸고'라고 한다. 그러나 영문은 그대로 자기의 이름과 성을 쓴다.

책의 제목인 '서명'은 국문 서명의 경우 논문 등과 구분하기 위해『 』,《 》, " " 등의 부호를 붙이고, 영문 서명인 경우에는 이탤릭체로 표시한다. 논문 제목은「 」, 〈 〉, ' ' 등으로 표시한다.

인용하거나 참고한 면수는 한 페이지만 참조했을 경우는 'p.'을 쓰고, 두 페이지 이상을 참조했을 경우에는 'pp.'을 쓰며, 참조한 처음 페이지와 마지막 페이지를 기입한다. 한글로 표기할 경우에는 참조한 면수 다음에 '면' 혹은 '쪽'이라고 쓴다.

바로 위에서 나온 단행본이나 논문을 다시 인용할 때는 '위의 책', '위의 논문', '상게서', '상게 논문', '같은 책', '같은 논문', 'Ibid' 등으로 적는데 바로 앞에 서지사항이 나와 있으므로 저자의 이름을 붙일 필요가 없다. 바로 위가 아닌, 앞에서 인용한 단행본이나 논문을 다시 인용할 때는 '앞의 책', '앞의 논문', '전게서', '전게 논문' 'op.cit;' 등으로 적되, 이때는 저자 이름을 밝혀 주어야 한다.

오성철, 「1930년대 한국 초등교육연구」, 서울대학교 박사학위논문, 1996 참조.

이범경, 『한국방송사』, 범우사, 1994, 148~158쪽.

노영택, 「일제시기의 문맹률 추이」, 『국사관논총』 51, 국사편찬위원회, 1994 참조.

오성철, 앞의 논문, 359쪽.

손정수, 「대중이라는 타자」, 『미와 이데올로기』, 문학동네, 2002, 76쪽.

위의 논문.

박영희, 「최근 문예이론의 신전개와 그 경향」, 『동아일보』 1934.1.2~11.

Girard. R., 김진식 옮김, 『폭력과 성스러움』, 민음사, 1995, 119쪽.

5) 표현상의 유의점

① 한자어나 외래어를 지나치게 사용하지 말라

필요 이상의 한자를 사용하는 것은 자제하고, 한자를 표기하지 않으면 그 뜻을 금방 알지 못하는 전문용어의 경우만 한자로 표기해 주는 것이 좋다. 영어를 비롯한 외래어를 그대로 사용하는 것도 가급적 제한하는 것이 좋고 부득이하게 외래어를 쓸 경우, 외래어 표기법을 엄격히 따른다.

② 존칭, 경칭 등은 원칙적으로 생략한다

자신의 은사라 할지라도 '김진영 선생님께서는 ~와 같이 주장하신다'와 같이 선생님, 박사님, 교수님, 선생, 박사, 교수 등의 호칭어나 존칭어를 사용하지 않는다. 문장 끝맺음도 '……합니다'보다는 '……하다'가 좋다.

③ 주어로 '나', '나의 논문' 등과 같은 표현을 사용하지 않는다

연구자를 지칭하는 사람 주어가 반드시 들어가야 할 경우라면 '우리'를 사용한다.

④ 단정적 표현을 삼간다

자신감 있게 자신의 견해를 밝히되 지나치게 단정적인 표현은 삼가고, '조사 결과에 따르면……' 식의 전제를 붙여 미리 한계를 분명히 해 두어야 한다.

⑤ 추상적이고 주관적인 표현을 삼간다

'많다, 적다, 아름답다, 좋다, 싫다, 대부분, 거의 모든' 등의 주관적인 표현보다는 정확한 수치와 근거를 제시해야 한다.

6. 글쓰기의 윤리

연구란 선학들의 뛰어난 연구 성과들을 배우고 그것을 바탕으로 자신의 생각을 발전시키는 과정이다. 따라서 연구 과정은 말할 것도 없고, 연구 결과를 논문이나 보고서로 작성하는 과정에서 타인의 논문이나 책 등을 참고하는 일은 자연스러운 일이다. 그런데 이 과정에서 연구 결과 위조나 논문 표절 등과 같은 연구 부정행위들이 종종 일어나며, 심각한 경우 사회적 이슈가 되기도 한다. 이 때문에 각 기관들은 연구윤리 규정을 마련해 놓아 연구 윤리 확립 및 연구 부정 행위 예방을 위해 노력하고 있다. 경희대학교 연구윤리규정은 연구 과정이나 결과 보고 및 발표 과정에서 나타나는 부정행위를 위조, 변조, 표절, 부당한 논문 저자 표시로 나누고 다음과 같이 정의하고 있다.

1. '위조'는 존재하지 않는 데이터 또는 연구결과 등을 허위로 만들어 내는 행위를 말한다.
2. '변조'는 연구 재료·장비·과정 등을 인위적으로 조작하거나 데이터를 임의로 변형·삭제함으로써 연구 내용 또는 결과를 왜곡하는 행위를 말한다.
3. '표절'이라 함은 타인의 아이디어, 연구내용·결과 등을 정당한 승인 또는 인용 없이 도용하는 행위를 말한다.
4. '부당한 논문저자 표시'는 연구내용 또는 결과에 대하여 과학적·기술적 공헌 또는 기여를 한 사람에게 정당한 이유 없이 논문저자 자격을 부여하지 않거나, 과학적·기술적 공헌 또는 기여를 하지 않은 자에게 감사의 표시 또는 예우 등을 이유로 논문저자 자격을 부여하는 행위를 말한다.

위조나 변조가 연구 계획 단계에서 세운 가설과 실제 연구 결과가 일치하지 않을 경우 실험·연구 과정이나 내용·결과 등을 임의로 왜곡·조작하는 경우라면, 표절이나 부당한 논문 저자 표시는 다른 사람의 연구 성과를 자신의 것으로 조작하는 것을 말한다. 이러한 부정행위들은 연구 결과에 대한 과도한 욕심 때문에 발생하는 경우가 많은데, 연구 결과가 학문적·사회적으로 끼칠 파장을 예상한다면 이는 명백한 불법 행위로서 연구자는 윤리적인 측면에서뿐만 아니라 법적 책임도 져야 한다.

학생들의 글쓰기에서 가장 빈번하게 일어나고 있는 문제 중 하나는 표절이다. 인터넷의 보편화와 함께 타인의 글을 무단으로 도용하는 일은 매우 손쉬워지고, 일상이 되다시피 하여 학생들은 문제의 심각성 자체를 인지하지 못하는 경우가 많다. 그러나 다른 사람의 글을 자기 글인 양 무단으로 가져다 쓰는 일은 비록 영리적인 목적이나 고의성이 없다고 하더라도 창작자의 자유와 권리를 침해하는 행위로서 사법적인 측면에서 문제가 될 수 있으므로 표절의 범위와 한계를 명확히 알아 둘 필요가 있다.

가장 흔한 표절의 예는 타인의 글이나 아이디어를 인용하면서 출전을 밝히지 않는 경우이다. 표절의 대상은 책, 잡지, 신문 등 인쇄물 형태의 출판물에만 한정되는 것은 아니다. 연극, 영화, 광고나 웹 사이트에 올라와 있는 글, 그림, 사진, 음악 등 모든 형태의 창작물을 두루 포함한다. 또한 출판 등을 통해서 공적으로 공표된 경우 외에도 강의 노트, 수업 시간에 배포된 자료, 다른 학생의 글, 강의나 연설 내용, 발표회 등에서 토론한 내용들 또한 고유성과 독창적이 인정되는 내용인 경우에는 임의로 출전 표기 없이 인용할 수 없다. 따라서 책이나 신문, 논문 등에서 인용하거나 참고한 내용에 출전 표기를 하지 않는 것은 물론이고, 다른 사람의 보고서나 논문을 자신의 것인 양 제출하는 경우나 인터넷 사이트에서 구매한 보고서나 논문을 제출하는 경우도 학생들의 과제에서 대표적인 표절에 해당된다. 단, 출판 공표된 내용이 아닌 경우, 학생들은 일반적인 내용인지 독창적인 내용인지 구분하기 어려운 경우가 많은데 그럴 경우, 선생님과 상의하여 결정하는 것이 좋다.

원문 전체 내용을 그대로 옮기면서 몇 개의 어휘만 바꾸어 자기의 것으로 만들거나 원문의 내용을 간접 인용하면서 자기화했을 때 출전을 달아주지 않는 경우도 있는데 이러한 경우도 표절에 해당되므로 인용한 문헌의 출처를 밝혀 주어야 한다. 내용뿐만 아니라 타인의 독창적인 생각이나 방법론을 차용했을 때에도 이를 밝혀 주어야 한다. 여러 문장을 인용하면서 한 문장에만 출전을 달아주는 것도 표절에 해당되므로 출전 표기는 엄격해야 한다.

정확한 출전표기는 타인의 지적 재산권을 보호한다는 의미 외에도 자신의 연구의 신뢰성을 높일 수 있다는 장점도 아울러 지니며 후속 연구를 위한 기반이 된다. 따라서 철저하고 꼼꼼한 출전 표기는 관련 분야 연구의 발전을 이루는 초석이 된다는 점에서 윤리적·법적 의무를 넘어서는 일이 된다.

부록

글쓰기의 기초 체력 다지기

1. 띄어쓰기

〈보기〉와 같이 아래 문장을 올바로 띄어 쓰시오.(띄어 쓸 부분에 ∨표)

> 〈보기〉
>
> 조금만∨연습하면∨나도∨띄어쓰기를∨잘할∨수∨있다.

1. 나도할수있어.
2. 애쓴만큼얻는다.
3. 여성도남성만큼일한다.
4. 갈데가없는바는아니다.
5. 진실은어디까지입니까?
6. 집이큰지작은지모르겠다.
7. 차한대굴리기너무힘들다.
8. 경기도는여기서부터입니다.
9. 남자밖에없으니내가웃을수밖에.
10. "알았으니까그만해"라고소리쳤다.
11. 집에서처럼망나니로굴어서는안된다.
12. 약을먹은지얼마나되었는지알수가없어.
13. 당신의아이디어를생각나는대로써보십시오.
14. 그남자는얼마나자상한지나에게매주한번씩편지를보낸다.
15. 띄어쓸수있는부분을붙여쓰는등띄어쓰기가잘못된곳이한두군데가아니다.
16. 먹을것이라고는옥수수뿐이어서하나먹었을뿐입니다.
17. 그가떠난지는얼마안되었으나따라갈수가없었다.
18. 아는대로말해주면약속대로석방하겠다.

19. 인간인양탈을쓴체행동해서속을뻔했다.
20. 중국에삼년육개월이십여일간체류했다.
21. 밥은커녕물한잔도못얻어먹었어.
22. 사람은좋은데능력이모자라.
23. 학교에지각하면안된다.
24. 철수는이미떠났는걸.
25. 후회할걸왜그랬어?
26. 이거얼마만이야?
27. 밥은먹을만하다.
28. 짐승만도못하다.
29. 무사해야할텐데.
30. 사랑을할거야.

2. 한글맞춤법 및 표준어

다음 중에서 맞는 것을 고르시오.

1. ① 왜 이렇게 법석을 떨어? ② 왜 이렇게 법썩을 떨어?
2. ① 털썩 주저앉다. ② 털석 주저앉다.
3. ① 뚝배기보다 장맛. ② 뚝빼기보다 장맛.
4. ① 짜장면 ② 자장면
5. ① 휴계실 ② 휴게실
6. ① 짬뽕 곱배기 ② 짬뽕 곱빼기
7. ① 선능역 ② 선릉역
8. ① 딱다구리 ② 딱따구리
9. ① 승낙 ② 승락
10. ① 빨치산 ② 빨찌산
11. ① 피잣집 ② 피자집
12. ① 갯수 ② 개수

13. ① 핑큿빛　　② 핑크빛

14. ① 장밋빛　　② 장미빛

15. ① 절대값　　② 절댓값

16. ① 촛점　　② 초점

17. ① 댓가(代價)　　② 대가

18. ① 횟수(回數)　　② 회수

19. ① 하굣길　　② 하교길

20. ① 수돗물　　② 수도물

21. ① 숫용　　② 수용

22. ① 숫소　　② 수소

23. ① 숫양　　② 수양

24. ① 숫꿩　　② 수꿩

25. ① 장롱　　② 장농

26. ① 닥달　　② 닦달

27. ① 파렴치　　② 팔염치

28. ① 모렴치　　② 몰염치　　③ 몰렴치

29. ① 어서 오십시요.　　② 어서 오십시오.

30. ① 어서 오세요.　　② 어서 오세오.

31. 춘자야, 어서 집에 돌아오기 {① 바람 / ② 바램}.

32. 초록빛 바닷물에 두 손을 {① 담궜다 / ② 담갔다}.

33. 모두 설 잘 {① 쇠라고 / ② 쇄라고} 전화했다.

34. 표를 {① 붙여서 / ② 부쳐서} 편지를 {① 붙혔다 / ② 부쳤다}.

35. 일을 너무 크게 {① 벌려 / ② 벌여} 놓았다.

36. 선생님, 그럼 내일 또 {① 뵈요 / ② 봬요}.

37. 엄마는 휴가 나온 아들을 위해 아들이 좋아하는 {① 창란젓 / ② 창난젓}을 내 놓으셨다.

38. 눈이 얼마나 {① 내리던지 / ② 내리든지} 눈을 뜰 수가 없었어.

39. 어둠이 깔리자 바다는 더욱 {① 시퍼레졌다 / ② 시퍼래졌다}.

40. 오늘은 {① 몇 월 몇 일입니까 / ② 몇 월 며칠입니까}?

41. 그는 {① 몇 일 / ② 며칠} 동안 집에 들어오지 않았다.

42. 오늘 열린 {① 심포지움 / ② 심포지엄}에 이상하게도 글쓰기 수강생들이 많이 참여하였다.

43. ① 실패율　　　　　　　② 실패률

44. ① 오뚜기　　　　　　　② 오뚝이

45. 첫걸음을 {① 내딛었다 / ② 내디뎠다}.

46. 내가 연필을 {① 갖았다 / ② 가졌다}.

47. 초보라서 운전이 {① 서틀렀다 / ② 서투렀다}.

48. 이따가 {① 들려라 / ② 들러라}.

49. 문을 꼭 {① 잠가야 / ② 잠궈야} 한다.

50. 일이 맘대로 {① 돼니 / ② 되니}?

51. 착한 사람이 {① 돼라고 / ② 되라고} 말씀하셨어.

52. 청소를 {① 깨끗히 / ② 깨끗이} 해라.

53. 나는 {① 솔직히 / ② 솔직이} 말해서 자신이 없다.

54. 침을 {① 깊숙히 / ② 깊숙이} 찔러 넣었다.

55. 모두들 의자에 {① 반드시 / ② 반듯이} 앉으시오.

56. 오늘은 {① 반드시 / ② 반듯이} 산꼭대기까지 올라가자.

57. {① 왠지 / ② 웬지} 가슴이 두근거린다.

58. {① 우뢰 / ② 우레}와 같은 박수를 받았다.

59. 현관 앞에서는 흡연을 {① 삼가합시다 / ② 삼갑시다}.

60. {① 거칠은 / ② 거치른 / ③ 거친} 벌판으로 달려가자.

3. 외래어 표기법

다음 중 외래어 표기법에 맞는 것을 고르시오.

1. cake ① 케이크 ② 케익 ③ 케잌

2. tape ① 테이프 ② 테입 ③ 테잎

3. window ① 윈도우 ② 윈도 ③ 위인도우

4. fighting! ① 화이팅 ② 파이링 ③ 파이팅 ④ 화이링

5. supermarket ① 슈퍼마켓 ② 수퍼마켓 ③ 슈퍼마켇 ④ 수퍼마켇

6. complex ① 컴플렉스 ② 컴프렉스 ③ 콤플렉스

7. Vladivostok ① 블라디보스톡 ② 블라디보스토크

8. Venezuela ① 베네수엘라 ② 베네주엘라

9. Las Vegas ① 라스베가스 ② 라스베이거스

10. Vancouver ① 벤쿠버 ② 밴쿠버

11. Marx ① 맑스 ② 마르크스

12. report ① 리포트 ② 레포트

13. buffet ① 뷔페 ② 부페

14. dry cleaning ① 드라이 크리닝 ② 드라이 클리닝

15. leadership ① 리더쉽 ② 리더십

16. jazz ① 재즈 ② 째즈

17. enquete ① 앙케이트 ② 앙케트

18. snow tire ① 스노타이어 ② 스노우타이어

19. humor ① 유모어 ② 유머

20. nonsense ① 넌센스 ② 난센스

21. festival ① 페스티발 ② 페스티벌

22. fitness ① 휘트니스 ② 피트니스

23. family ① 패밀리 ② 훼밀리

24. rock band ① 락 밴드 ② 록 밴드 ③ 롹 밴드

25. alcohol ① 알콜 ② 알코올 ③ 알코홀

26. scaling ① 스케일링 ② 스켈링 ③ 스캘링 ④ 스캐일링

27. sausage ① 소시지 ② 소세지 ③ 쏘시지 ④ 쏘세지

28. climax ① 크라이맥스 ② 크라이막스 ③ 클라이맥스 ④ 클라이막스

29. badge ① 뱃지 ② 배지 ③ 빽지 ④ 빼지
⑤ 빼찌

30. Catholic ① 카톨릭 ② 캐톨릭 ③ 가톨릭 ④ 카돌릭

31. doughnut ① 도나스 ② 도너스 ③ 도너츠 ④ 도넛

32. chocolate ① 초콜릿 ② 초콜렛 ③ 초코렛 ④ 초코릿

33. accessory ① 악세사리 ② 악세서리 ③ 액세서리 ④ 액세사리

34. workshop ① 워크숍 ② 워크샵 ③ 웍샵 ④ 웍샾

35. placard ① 플랭카드 ② 플랑카드 ③ 프랭카드 ④ 프랑카드
⑤ 플래카드

36. propose ① 프로퍼즈 ② 프로포즈 ③ 프러퍼즈 ④ 프러포즈
⑤ 푸로포즈

37. sash ① 새시 ② 샤시 ③ 샷시 ④ 샛시
⑤ 섀시

38. orange juice ① 오뤈지 쥬스 ② 오랜지 주스 ③ 오랜지 쥬스 ④ 오렌지 주스
⑤ 오렌지 쥬스

제목	학부
	학번
	이름

120

240

제목	학부
	학번
	이름

제목	학부
	학번
	이름

120

240

제목	학부
	학번
	이름

제목	학부
	학번
	이름